中国连锁经营协会推荐培训教材
高等教育自学考试指定教材

商品学基础

王晶　赵凯○主编

连锁经营管理专业系列教材

中国经济出版社
CHINA ECONOMIC PUBLISHING HOUSE
北京

图书在版编目（CIP）数据

商品学基础／王晶，赵凯主编.
北京：中国经济出版社，2013.11
ISBN 978－7－5136－2011－6
Ⅰ.①商… Ⅱ.①王…②赵… Ⅲ.①商品学—大专—教材
Ⅳ.①F76
中国版本图书馆 CIP 数据核字（20112）第 257454 号

责任编辑　路　巍
责任审读　贺　静
责任印制　张江虹
封面设计　巢新强

出版发行　中国经济出版社
印 刷 者　北京科信印刷有限公司
经 销 者　各地新华书店
开　　本　710mm×1000mm　1/16
印　　张　20.5
字　　数　298 千字
版　　次　2013 年 11 月第 1 版
印　　次　2016 年 11 月第 2 次
书　　号　ISBN 978－7－5136－2011－6/G·1872
定　　价　42.00 元

中国经济出版社 **网址** www.economyph.com **社址** 北京市西城区百万庄北街 3 号 **邮编** 100037
本版图书如存在印装质量问题，请与本社发行中心联系调换（联系电话：010－68319116）

连锁经营管理自考专业
系列教材编委会

前　言

商品学课程是我国高职高专教育经济管理类专业基础课或专业主干课程之一。本书广泛地汲取了国内外商品学研究的新成果，充分体现了高职高专教育中任务驱动、工学结合的教育理念。同时，本书也是作为高自考连锁经营管理专业核心课程《商品学》的指定教材。通过本课程的学习，学生可以初步掌握商品学的基础理论、基本知识和基本技能，为学好后续各门专业课以及从事具体的经营管理工作奠定扎实的基础。

商品学是一门研究商品使用价值及变化规律的科学，是以自然科学为主，将社会科学、经济学融合起来的一门应用性学科。商品学的研究内容是由商品学的研究对象所决定的，根据商品学的研究对象，综合研究了与商品生产、流通和消费各阶段的相关问题，对商品开发、商品贸易、商品质量管理与质量保证、商品消费及环境保护等应用领域都有重要的指导意义。本书深入浅出地论述了商品分类、商品质量、商品标准、商品检验、商品包装、商品质量监督与认证、商品养护等相关内容，此外还适当添加了时下关注度比较高的商品类别，诸如食品、珠宝、汽车、家用电器、纺织品等，体现了商品学的学科体系内容，并扩展了学生的视野。此外，为了加强学生能力的培养以及方便部分学生自学的需要，每一章都明确了学习目的与要求，安排了“导入案例”、“本章小结”与“复习题”等特色栏目，帮助学生可以更加全面、深刻地学习和理解教学内容。

本书共十四章，由北京财贸职业学院赵凯老师、王晶老师共同主编。其中分工为赵凯老师编写第一、第二、第三、第四、第九、第十、第十一章，王晶老师编写第五、第六、第七、第八、第十二、第十三、第十四章。本书在编写过程中参阅了大量资料，得到了出版社相关领导和编辑的大力支持和关心。在此对关心和支持我们工作的各位领导、同事和老师表示衷心的感谢。

由于编者的水平有限，加上时间仓促，本书中难免存在不足，欢迎广大读者提出宝贵意见和建议。

编　者

2013 年 9 月

contents

目录

上篇　概论商品学

第一章　商品学概述

第二章　商品分类

第三章　商品质量

下篇　分论商品学

第九章　黄金珠宝玉石及其商品特性

第十章　汽车商品

第十一章　家用电器

上篇

概论商品学

第一章

商品学概述

学习目的与要求

通过本章学习,了解商品学是一门什么样的学科及其产生和发展的简史,了解商品学知识、技能在商品经营管理中的作用,明确学习商品学的重要性和意义,为学好商品学打下良好的基础。

关键词

商品学　价值　使用价值　概论商品学　分论商品学

建议2课时

导入案例

绿色贸易壁垒

各国对进口商品的环保技术标准日趋复杂和严格，其中食品的环境技术标准是最高的，各国政府尤其是日本、欧盟、美国等发达国家对食品中的农药残留量和有毒物质含量标准的规定到了近乎苛刻的地步，过去我国大量出口冻猪肉和冻兔肉到欧洲，现在都被禁止。在农产品和食品出口中，我国正是一些发达国家名目繁多的卫生和检疫措施的直接受害者。如我国出口日本的大米，日方规定的检验项目多达56个，其中有90%以上是卫生和检疫措施项目（一般仅检9个项目）；又如我国出口日本的家禽，其卫生标准要求竟高出国际卫生标准500倍；出口至德国的蜂蜜曾经因为不能满足进口方的特殊卫生要求，使输往德国的3万多吨蜂蜜不得不停止出运，因而一度退出欧洲市场；出口至欧盟国家的冻兔肉也因卫生标准不符合进口方过于苛刻的规定而被迫退出市场；出口至美国的陶瓷产品（稻草包装）因与美国植物检疫措施相违而被勒令销毁；甚至因我国一家生产厂某一规格的蘑菇罐头有不符合检疫的嫌疑，而使我国几百家生产厂出口至美国的所有蘑菇罐头全部遭卡关，连已在美国市场上销售的也全部被撤下来，损失巨大。诸如此类，在过去的对外贸易中，我国有不少农产品和食品因不符合发达国家过于苛刻的卫生、检疫措施而遭拒收或卡关甚至退关或销毁，造成贸易障碍和重大经济损失的事件屡有发生。因此，在当今的农产品、食品贸易中，发达国家采取过于苛刻的卫生、检疫措施，是他们构筑非关税贸易壁垒的一个重要方面。乌拉圭回合农产品贸易谈判的矛盾和焦点，虽都集中反映在欧盟和美国等发达国家之间的利益冲突，“决议”的达成尽管也反映了他们的妥协，但真正受害的却是发展中国家。如欧盟为其统一大市场所采取的282项贸易措施中，除食品卫生措施外，关于动植物检疫的就有81项（其中动物检疫63项、植物检疫18项）。而且，这些新形成的欧洲统一的检疫标准均高于各成员国原来的水平，这就给发展中国家设置了更高更多的贸易障碍，其受害情况是显而易见的。

第一节　商品学的研究对象和内容

一、商品

（一）商品的定义

商品是为交换而生产（或用于交换）的对他人或社会有用的劳动产品。

第一，不是劳动产品就不能成为商品。比如，自然界中的空气、阳光等，虽然是人类生活所必需，但这些都不是劳动产品，所以它们不能叫做商品。

第二，作为商品，还必须要用于交换。商品总是与交换分不开的。也就是说，如果不是用来交换，即使是劳动产品，也不能叫商品。比如在古代，传统的男耕女织式的家庭生产，种出来的粮食和织出来的布，尽管都是劳动产品，但只是供家庭成员自己使用，并不是用来与他人交换的，因而也不是商品。

第三，商品是经过交换且非进入使用过程的劳动产品。

（二）狭义商品和广义商品

(1)狭义的商品仅指符合定义的有形产品。例如，我们开的车、吃的面包、喝的水等。

(2)广义的商品除了有形的产品外，还可以是无形的服务。例如，保险服务、金融产品、快递服务、旅游业务等。

（三）商品的基本属性

1. 商品的价值

商品价值，从字面上的意义而言，是指一件商品所蕴含的价值。但在马克思的《资本论》中将这个概念加以深化讨论，他认为商品价值是指凝结在商品中无差别的人类劳动。无差别的人类劳动则以社会必要劳动时间来衡量商品的价值，价值是商品的本质属性，商品的价值是商品所特有的。

2. 商品的使用价值

使用价值是物品能够满足人们某种需要的属性，它是商品的自然属性，是构成社会财富的物质内容，是人类社会赖以生存和发展的物质基础，它体现了人与自然的关系。

使用价值本身并不是政治经济学的研究对象。马克思主义政治经济学之所以要考察使用价值，是因为商品的使用价值是其交换价值的物质承担者。一种物品要成为商品，仅有使用价值是不够的，它还必须是用来交换的，即具有交换价值。

3. 商品的使用价值和价值的关系

商品的使用价值和价值是商品的二因素，应该把它们看作一个有机的整体。任何社会形态中的商品，都是使用价值和价值的矛盾统一体。一方面，商品的使用价值和价值是统一的，缺少任何一个因素都不成为商品。价值的存在要以使用价值的存在为基础，使用价值是价值的物质承担者。另一方面，商品的使用价值和价值又是矛盾的。使用价值作为商品的自然属性，反映的是人与自然的关系；价值作为商品的社会属性，反映的是商品生产者之间的社会关系。使用价值是一切有用物品包括商品所共有的属性，是永恒的范畴；价值是商品所特有的属性，是商品经济的范畴。

商品生产者生产一种商品，是为了取得商品的价值；商品消费者购买一种商品，则是为了取得该商品的使用价值。因此，商品只有先证明自己具有社会使用价值，才能实现其价值；而为了实现价值，又必须先具有使用价值。可见，一种具有使用价值的劳动产品，如果只是用来满足商品生产者自己的需要，或只是无偿地交付给别人使用，都不能成为商品；只有通过商品交换把商品卖出去，才能使商品生产者实现商品的价值，使消费者得到使用价值，商品的使用价值和价值的矛盾才能得到解决。

二、商品学

（一）商品学研究的主要内容

商品学是一门以自然科学为主，将社会科学、经济学融合起来的一门应用性学科，是研究商品使用价值及变化规律的科学。也就是说，商品学研究的是商品的自然属性，而不是商品的本质属性，即“价值”及其“价值量”的大小。根据商品学的研究对象，商品学研究内容以商品本身为基础，研究各种商品的共性问题和个性问题。

商品学由分论商品学和概论商品学构成,分论商品学研究某一类商品的相关问题,如汽车商品学、珠宝商品学、食品商品学,而概论商品学阐述的问题是分论商品学的共性问题,研究各类商品普遍存在的问题。

(二)商品学研究的目的和任务

1. 指导商品使用价值的形成

通过商品资源和市场的调查预测、商品的需求研究等手段,为有关部门实施商品结构调整、商品科学分类、商品的进出口管理与质量监督管理、商品的环境管理,以及制定商品标准及政策法规、商品发展规划提供科学依据;为企业提供商品基本质量要求,指导商品质量改进和新商品开发,提高经营管理素质,保证市场商品物美价廉,适销对路。

2. 评价商品使用价值的高低

商品质量是决定商品使用价值高低的基本因素,是决定商品竞争力强弱、销路、价格的基本条件。所以,它是商品学研究商品使用价值的中心内容。通过对商品使用价值的分析和综合,明确商品的质量指标、检验和识别方法,能全面准确地评价、鉴定商品的质量,杜绝伪劣产品流入市场,保证商品质量符合规定的标准或合同,维护正常的市场竞争秩序,保护买卖双方的合法权益,切实维护国家和消费者的利益,创造公平、平等的商品交换环境。

3. 防止商品使用价值的降低

分析和研究与商品质量有关的各种因素,提出适宜的商品包装、储运,保护商品质量,努力降低商品损耗。

4. 促进商品使用价值的实现

通过大力普及商品知识和消费知识,使消费者认识和了解商品,学会科学地选购和使用商品,掌握正确的消费方式和方法,由此促进商品使用价值的实现。

5. 研究商品使用价值的再生

通过对商品废弃物与包装废弃物处置、回收和再生政策、法规、运行机制、低成本加工技术等问题的研究,推动资源节约、再生和生活废物减量、保护环境的绿色行动。

（三）商品学的研究方法

1. 科学实验法

科学实验法是在实验室内运用一定测试仪器和设备，对商品的成分、构造、性能等进行理化分析、鉴定的研究方法。运用此方法所得出的结论较为准确、可靠。

2. 现场实验法

现场实验法是通过一些商品专家或有代表性的消费者群，凭人体感官的直觉，对商品质量做出评价的研究方法。这种方法简便易行，但结论可能受到人的主观因素和外界环境的影响较大。

3. 技术指标法

技术指标法是一种在分析实验的基础上，根据国内或国际生产力发展水平，对一系列同类商品确定其质量技术指标，供生产者和消费者共同鉴定商品质量的方法。

4. 社会调查法

社会调查法具有双向沟通的重要作用。通常可采用现场调查、问卷调查、直接面谈和定点统计调查等形式进行。

5. 对比分析法

对比分析法是将不同时期、不同地区、不同国家的商品资料收集积累，加以分析比较，从而找出提高商品质量、增加花色品种、扩展商品功能的新途径。

第二节 商品学的产生和发展

一、商品学的产生

（一）国外商品学的起源

国外商品学的起源可追溯到公元9—10世纪，阿拉伯人阿里·阿德·迪米斯基撰写了《商业之美》一书，其副标题是“关于优质商品和劣质商品的鉴别方法及对商品骗子和伪货的识别指南”。这算得上是国外最早涉及商品学内容的著作。

（二）中国商品学的产生

唐代的中国经济繁荣、商业发达，在此时期茶叶是主要的贸易商品之一。茶叶由江南传到北方，饮茶习惯逐渐盛行起来。人们普遍需要了解和掌握茶叶的栽培、加工和饮用等方面的知识。这一情况引起文人陆羽的极大兴趣，他大量收集茶叶的生产、加工、品尝以及经营销售等方面的知识，于公元767年写出《茶经》一书，共三卷十篇。全面详细介绍了种茶、采茶、制茶、饮茶、茶具的知识，以及茶叶的功能、评审、识别、储藏等方法，对茶叶生产和经营起到了指导作用。中国的茶叶之所以闻名于世，也与《茶经》的传播有密切关系，可以说《茶经》是世界上最早的一部茶叶商品学专著。

二、商品学的发展

到了16世纪中叶，随着欧洲工业的发展，新技术的应用，社会化大生产和生产关系的变革极大地促进了商品经济的发展。为了满足进口和出口商品的需要，商人们急需系统地了解有关商品的知识。在这个背景下，对于商业的研究不断向商品研究方向拓展。这个时期的著作有意大利药剂师普那裴特的《生药学》，以及法国人沙瓦利的《完美商人》等。

18世纪后期，在商人和学者的共同努力下，德国的大学和商学院开始商品学课程的讲授，并开始了商品学的研究工作。当时德国哥丁堡大学著名学者约翰·贝克曼教授在教学和科研的基础上，于1793—1800年编著了《商品学导论》，建立了商品学的学科体系，因此约翰·贝克曼被誉为商品学的创始人。

三、商品学研究内容方面的新进展

随着商品学学科的不断发展，根据需要又在本学科内部形成了不同的学科分类，如商品包装学、商品检验学、商品分类学、商品储藏学、商品养护学、商品储运学、商品美学等。随着现代科技和经济的高速发展，在商品学研究内容上，把商品学从着重研究商品本身，发展到研究商品与人、商品与时代和商品与环境等领域。在环保问题日益被关注的今天,商品学从着重研究环境对商品的污染,发展到同时研究商品对社会环境的污染,防止商品对人身心的损害,也研究商品对自然环境的污染和对生态环境的破坏问题。也就是说,商品学既研究清洁的商品生产技术,也研究商品流通和消费时的环保要求。

表 1-1 商品学发展历史中主要的著作

著作	作者	国别	时间	著作的地位
《茶经》	陆羽	中国	公元 780 年	可以说它是世界上最早的一部商品学专著
《商业之美》	阿里·阿德·迪米斯基	阿拉伯	公元 9—10 世纪	现存世界上最早的商业著作
《商品学导论》	约翰·贝克曼	德国	1793—1800 年	明确和扩展了商品学研究的范围,建立了学科体系
《商品论坛——科学与实践》	国际商品学会	奥地利	1976 年 10 月	活动中心设在维也纳中心大学,商品学在世界范围内建成了巩固的地位

复习题

一、简答题

1. 什么是商品?
2. 商品学的研究包含哪些内容?

本章小结

本章介绍了商品学的研究对象和研究内容以及商品学产生和发展的过程。通过本章的学习,使读者进一步理解商品的基本属性,初步了解《商品学基础》的基本内容,为进一步学习商品学知识打下基础。

第二章

商品分类

学习目的与要求

通过本章学习，使学生了解商品分类的概念和常用的分类标志，掌握商品分类和编码方法，熟悉商品条形码，熟悉常见的商品目录及分类体系，能够初步分析企业的商品结构特点。

关键词

商品分类　分类标志　商品编码　商品代码　商品条形码

建议5课时

导入案例

华联超市商品分类

华联超市经营的商品种类可以达到上万种，如何对这些商品进行管理，既适应陈列及顾客购买的需要，又能提高企业管理效率，这就需要超市对其经营的商品进行细致的分类编组，他们对所经营的商品分类编组如下：

第一大类：冷冻食品类

具体包括以下商品：冷冻家禽、冷冻肉类、冷冻水产品、速冻蔬菜、冷冻制品、熟肉制品、冷饮等。

第二大类：饮料食品类

具体包括以下商品：碳酸饮料、果汁、茶饮料、饮用水、纯奶、奶制品饮料、咖啡类、麦片、胶囊、片类、冲剂、酸奶、其他饮料补品。

第三大类：糖果糕点类

具体包括以下商品：奶糖、夹心糖、礼盒装糖果、巧克力、果冻、布丁、饼干、夹心饼干、巧克力饼干、膨化食品、薯片、锅巴、微波食品、中式糕点、西式糕点、蛋糕、面包、汉堡、奶油、黄油、自产糕点等。

第四大类：炒货蜜饯类

具体包括以下商品：香瓜子，葵花子、开心果、杏仁、豆子、果仁、松子、榛子、核桃、核桃仁、山楂、陈皮、果皮、梅、葡萄干、应子、芒果、水果干、水果片、水果圈、蜜饯类糕饼等。

第五大类：调味品类

具体包括以下商品：盐、糖、酱油、火锅调料底料、味精、鸡精、醋、糟醉料、炝料、蘸料、淀粉、汤羹料、色拉酱、花生酱、辣酱、麻油、辣油、蚝豉油、沙司、芥末、油等。

第六大类：烟酒茶类

具体包括以下商品：茶叶、白酒、黄酒、啤酒、米酒、葡萄酒、洋酒、果酒、补酒、其他烟、酒、茶类等。

第七大类:软包装食品

具体包括以下商品:肉干类、鱼干类、海苔类、油面筋、肉松、火腿肠、豆腐干、粽子、即食海带、海蜇、肫、其他软包装食品等。

第八大类:酱菜罐头类

具体包括以下商品:酱菜类、果酱、果泥、八宝粥、腐乳、肉制罐头、糟醉食品、猫狗粮、水果罐头、素制罐头、零称酱菜、其他罐头类等。

第九大类:南北货腌蜡制品

具体包括以下商品:桂圆、枣类、枸杞、木耳,银耳、菇类、笋类、莲心、百合、虾皮类、鱼制品类、豆类、仁类、海蜇、海带、紫菜、其他南北货、散装南北货、咸蛋、皮蛋、腌腊制品、散装腌腊制品、其他腌腊制品。

第十大类:洗涤、化妆类

具体包括以下商品:洗衣粉、洗衣液、柔顺剂、专用衣物洗涤剂、洗洁精、消毒液、玻璃清洁剂、厨房清洁剂、浴室清洁剂、地面(板)清洁剂、多用途清洁剂、洁厕用品、家具护理剂(蜡)、皮革护理剂(蜡)、地板蜡、鞋面护理用品、空气清香剂、固体空气清香剂、防霉防蛀用品、蚊香及辅助用品、灭虫、杀虫剂、灭虫、害片(固体)、洗发露、洗发膏、护发用品、发型定型用品、染发、局油剂、浴露、洗衣皂、香皂、特殊用途皂、洗手液、脸部清洁用品、化妆水、润肤霜、润肤露、润肤膏、润肤蜜、润肤油(包括甘油等)、防晒用品、护手(足)霜、花露水(防蚊水)、爽身粉、护理卫生用品、宠物洗涤用品、唇膏、彩装、礼品组合装、其他洗涤化妆类。

资料来源:百度文库。

第一节　商品分类的概念与原则

一、商品分类的概念

1. 分类的概念

商品、材料、物质乃至抽象概念等都是具有一定概念的集合体,任何集合体都可以按照一定的标志逐次地分成更小集合单元,这种将集合总体科学地、系统地逐次划分的过程称为分类。简单地说,分类即把无规律的事物分为有规律的,按照不同的特点分类事物,使事物更有规律。

2. 商品分类的概念

商品种类繁多,据不完全统计,在市场上流通的商品有25万种以上。为了方便消费者购买,有利于商业部门组织商品流通,提高企业经营管理水平,须对众多的商品进行科学分类。商品分类是指为了一定目的,选择适当的分类标志,将商品集合总体科学地、系统地逐级划分为门类、大类、中类、小类、品类以至品种、花色、规格的过程。

二、商品分类的层次

在不同的时期,商品的范围、分类对象并不完全相同,因此,商品分类的层次也不一样。我国通常将商品划分成门类、大类、中类、小类、细类或品类、细目等。

商品门类:按国民经济行业共性对商品总的分门别类,属最高类别。

商品大类、中类、小类:一般根据商品生产和流通经济活动类型的逐步细化来划分,如产业(行业)的细化。

商品细类或品类:具有若干共同性质或特征的商品品种的总称,它包括若干商品品种。

商品品种:按商品的性能、成分等方面的特征来划分,是指具体商品的名称。

商品细目:是对商品品种的详尽描述,包括商品的规格、花式、质量等级等,它更能具体地反映具体商品的特征。

三、商品分类的作用

商品分类是将千万种商品在商品生产与交换中实现科学化、系统化管理的重要手段。商品分类必然对发展生产、促进流通、满足消费以及提高现代化管理水平和企业效益起到积极作用,具体表现在以下几个方面:

1. 商品分类有利于信息工作的开展

商品分类种类繁多,特征多样,价值不等,用途各异,只有将商品进行科学的分类,统一商品用语,商品在生产、运输、储存、销售各环节中涉及的各项经济指标、统计数据和商品信息才具有可比性和实际意义。信息技术在经济管理中广泛应用,对商品的科学分类和编码提出了更新、更高的要求。

2. 商品分类有助于了解商品特征,进行科学的经营管理

在商品经营管理中,通过科学的商品分类和商品目录的编制,一方面能使经营者容易实施有效、科学的商品采购管理、陈列管理以及较好地掌握企业的经营业绩,达到易于统计、分析和决策的效果;另一方面有助于商店经营者有秩序地安排畅销商品和促销商品的有效供给以及合理地设计商品布局和陈列,从而便于消费者选购商品。

3. 商品分类有助于商品的现代化管理

随着科技的飞速发展和国际贸易的需要,要求对商品实行现代化管理。计算机在商品现代化管理中的广泛应用,为商品的科学分类、编码及快速处理和存储商品信息创造了条件,同时对商品分类和编码提出了更高的要求。许多国家在国内外贸易中利用计算机和商品信息系统查询商品的性能、生产国别、生产经营者、价格、货源量等信息,加速了商品现代化管理的进程。

4. 商品分类有助于商品学教学和科研的开展

商品学教学中,按照教学需要对商品进行分类,使讲授的知识系统化、专业化,便于在有限的学时内使学生掌握各类商品中的代表性商品,进行举一反三的教学。在商品学的科学研究中,也必须从个别商品特征归出各类商品特征,这样才能深入分析商品性能、研究商品质量和品种及其变化规律。

四、商品分类的原则

1. 科学性原则

商品分类的科学性原则指商品在分类中所选择的标识必须能反映商品的本质特征并具有明显的区别功能和稳定性,以满足分类的客观要求,发挥分类的作用。科学性是分类的基本前提:①要明确分类的目的,没有明确的目的就不可能有科学的分类。②要明确拟分类集合的范围。③要选择合理的分类标识。④要有适当的层次,层次太多,缺乏分类的必要性;层次太少

则达不到分类的目的。⑤要有统一的标识和名称，同一种商品在同一分类中只能有一个名称或者代码。

2. 系统性原则

商品分类的系统性原则是指以选定的商品属性或特征为依据，将商品总体按一定的排列顺序予以系统化，并形成一个合理的科学分类系统。商品总体分成若干门类后，门类分为若干大类，大类分为若干种类，中类分为若干小类，直至分为品种、规格、花色等。上下层次有相容关系，同一层次有明确的区别，每种商品在分类体系中只有一个位置，不可交叉。系统性是商品分类的关键。

3. 可延性原则

商品分类的可延性原则是指在建立商品分类体系时，要充分考虑到商品品种和种类的发展，需要在建立分类体系时，留有足够的空位或“其他”项，以保证今后方便添加而不会影响原有分类格局和条理。

4. 兼容性原则

商品分类的兼容性原则是指相关的各个分类体系之间应具有良好的对应和转换关系。例如，国家标准应尽可能地域国际标准一致，不可相互抵制、相互矛盾和相互违背。

5. 整体性原则

商品分类的整体性原则是指商品分类要从系统性角度出发，系统在整体上的性质并不等于它的多个组成部分在孤立状态下性质的机械相加，系统整体的新质是其要素、部分所没有的。在商品分类时，我们要考虑管理系统的整体效益和整体的最优化，要求局部利益服从整体利益。例如，行业或企业在建立自身商品分类体系的时候要充分考虑国家商品分类体系，不能违背相关原则。

第二节　商品分类标志与方法

一、选择商品分类标志的原则

商品分类标志是编制商品分类体系和商品目录的重要依据和基准。对商品进行分类，可供选择的标志很多，在选择分类标志时，应遵循以下基本原则：

1. 目的性

分类标志的选择必须保证在此基础上建立的分类体系能够满足分类的目的和要求。

2. 区分性

分类标志本身含义明确，必须能从本质上把不同类别的商品明显地区分开来，保证分类清楚。

3. 包含性

分类标志的选择必须保证在此基础上建立的分类体系能够包容拟分类的全部商品，并为不断纳入新商品留有余地。

4. 唯一性

分类标志的选择必须保证每个商品只能在体系内的一个类别中出现，不得在不同类别中反复出现；体系内的同一层级范围只能采用同一种分类标志，不得同时采用几种分类标志。

5. 层次和关联性

通过选择分类标志，使商品分类建立在并列从属关系的基础上，高一级的类别与可从属的类别间存在着有机的联系，下一级分类标志是上一级分类标志的合乎逻辑的继续和具体化。

6. 简便性

分类标志的选择必须保证建立起的商品分类体系在实际运用中便于操作，易于使用，有利于采用数字编码和运用电子计算机进行处理。

二、常用的商品分类标志

商品分类标志按其适用性可分为普遍适用和局部适用两类。

普遍适用的分类标志是指所有商品种类共存的特征、性质、关系或功能等。例如，所有的商品都有一定的物理形态；都可以按一定的大小比例（尺寸或体积）来划分；都有地理上的原产地，都要经过一定程度的运输，许多商品还要进行储存；都可按其物质结构和加工程度来区分；在自然界和经济领域循环过程中都占有一定的地位；都由一定的原材料和按一定的工艺方法制成；都可按一定的方法和规定提供给有关的经济部门；都有自身特定的用途和使用方法等。所有这些特征对各种商品来说都是适用的分类标志，也可以把它们称为商品的基本特征或基本分类标志。这些普遍适用的分类标志主要作为商品高层次类目的分类标志，作为划分商品大类、中类、小类、品类经常采用的分类标志。

局部适用的分类标志是指部分商品共有的特征，故也称为特殊分类标志。例如，化学组成、包装形式、动植物的部位、加工特点、储存方法、播种和收获季节、特殊的物理和化学性质、颜色、外形、功率和效率等。这些分类标志概念清楚、特征具体，容易区分，常用于某些商品种类、具体商品品种，以及规格、花色、质量等级、型号等细目的划分。

商品分类标志的实质是商品本身固有的种种属性。目前还未发现一种贯穿商品分类体系始终且对所有商品类目直到品种和细目都适用的分类标志。因此，在一个分类体系中，常采用几种分类标志，往往在每一个层次用一个适宜的分类标志。

商品分类实践中，常见的分类标志有以下几种：

1. 商品的用途

一切商品都是为了满足社会上的一定用途而生产的，商品的用途是体现商品使用价值的重要标志。以商品用途作为分类标志，不仅适合于对商品大类的划分，也适合于对商品类别、品种的进一步详细划分。

这种分类方法的优点是特别适用于具有单一用途的商品，便于比较相同用途的各种商品的质量水平、产销情况、性能特点和效用，能促使商品生产者提高质量、增加品种，并且能方便消费者对比选购，有利于生产、销售和消费的有机衔接。缺点是不适用于具有多用途的商品。

2. 商品的原材料

商品的原材料是决定商品质量、使用性能、特征的重要因素之一。以原材料作为商品分类标志,不仅使商品分类清楚,而且可以从本质上反映出每类商品的性能和质量特点以及使用、保管特征。但对那些由两种以上的原材料所构成的商品进行分类,则会产生一定的困难。如服装商品可以按照不同原料分为棉、麻、丝、毛、粘、涤、锦、腈等。

以原材料为标志分类的优点是分类清楚,能从本质上反映出各类商品的性能、特点,为确定销售、运输、储存条件提供了依据,有利于保证商品流通中的质量。缺点是对那些由多种原材料组成的商品如电视机、洗衣机、电冰箱等不宜用原材料作为分类标志。

3. 商品的加工方法

商品的加工方法或加工工艺,对商品质量特征和特性产生很大影响。很多商品即便采用相同的原材料,由于生产方法不同,也会使商品具有不同的质量特征,从而形成不同的品种。按生产方法分类,特别适用于原料相同,但可选用多种工艺生产的商品。

这种分类方法的优点是因为生产方法、工艺不同,突出了商品的个性,有利于销售和工艺的革新。但对于那些虽生产方法有差别但商品性能、特征没实质性区别的商品不宜采用。

4. 商品的主要成分或特殊成分

商品的很多性能都取决于它的化学成分。在很多情况下,商品的主要成分是决定其性能、质量、用途或贮运条件的重要因素。而有些商品,主要成分虽然相同,但由于含有某种特殊成分,而使商品的质量、性能和用途完全不同。因此商品的特殊成分也可用作分类的标志,如合金钢的主要成分为铁,但由于合金元素种类不同,使之用途、性质不同。

这种分类方法的优点是能反映商品的本质特性,对于深入研究商品的特性、保管和使用方法以及开发新品种、满足不同消费者的需要等具有重要意义。但对化学成分复杂的商品(如水果、蔬菜、粮食等)或化学成分区分不明显的商品(收音机)则不适用。

5. 商品的外观形态

商品的外观形态包括形状、色泽和表面组织结构,许多商品的外形与其品质有密切关系,某些商品的外形是决定其用途的重要因素。例如,钢材根据形状可以分成型钢、板钢、管钢等;型钢按形状又分为圆钢、方钢、扁钢、工字钢、槽钢、角钢、半圆钢、六角钢等。

6. 商品的生产季节

农产品和畜产品由于生产季节不同,品质也有所区别,所以可以按照生产季节的不同进行分类。例如,羊毛按生产季节的不同分为春毛、秋毛和伏毛。

7. 商品的产地

某些商品由于生产地区的自然气候条件、原料质量、培育方式的不同,而使同类产品往往具有不同的品质特征,因此产地也就成为一些商品的分类标志。例如,功夫红茶习惯上以产地命名,如祁红、滇红、闽红、宜红、川红、宁红、湖红等。

三、商品分类方法

基本的商品分类方法有两种,一种是线分类法,另一种是面分类法。

1. 线分类法

线分类法也称层级分类法。线分类法按选定的若干属性(或特征)将分类对象逐次地分为若干层级类目,并排列成一个有层次的、逐级展开的分类体系。同一分支的同层级类目之间构成并列关系,不同层级类目之间构成隶属关系。同层级类目互不重复,互不交叉。

2. 面分类法

面分类法又称平行分类法。面分类法是把拟分类的商品集合总体,根据其本身固有的属性或特征,分成相互之间没有隶属关系的面,每个面都包含一组类目。将某个面中的一种类目与另一个面的一种类目组合在一起,即组成一个复合类目。用面分类法分类时,所选用的标志之间没有隶属关系,每个标志层面都包含着一组类目。

服装的分类就是按面分类法组配的。把服装用的面料、款式、穿着用途分为三个互相之间没有隶属关系的“面”,每个“面”又分成若干个类目。使用时,将有关类目组配起来。如纯毛男式西装、纯棉女式连衣裙等。

第三节　商品编码

一、商品编码及其意义

商品编码就是赋予某种或某类商品的一个或一组有序的符号排列,是便于人和计算机识别与处理的代表符号。代表符号可以由数字、字母和特殊标记组成。

商品编码是在商品分类的基础上,对各类、各种商品都赋予一定规律性商品编码的过程。商品编码往往是商品目录的组成部分,商品分类与编码共同构成了商品目录的完整内容。故商品目录又叫“商品分类与代码集”。

商品编码与商品分类密切相关,分类在前,编码在后,在实践中也称为商品分类编码。

商品编码可以区别不同产地、不同原料、不同色泽、不同型号的商品品种,便于企业经营管理,以及计划、统计、物价和核算等工作的开展,有助于避免差错,提高工作效率。商品编码为电子计算机进行数据处理创造了前提条件,是现代化管理的基础。

二、商品编码的原则

1. 唯一性

唯一性是指在同一个商品编码集中,每一个(组)商品代码只能代表一类(种)商品。

2. 合理性

合理性是指商品代码结构应与商品科学分类体系和商业经营实际需要相对应。

3. 可扩充性

商品编码时要求留足备用编码,以备新产品出现时扩充编码的需要。

4. 简明性

商品编码的简明性要求商品编码结构在留足后备容量的前提下尽量简单。

5. 适用性

商品编码要尽可能反映出各类型商品的特点。

6. 规范性

商品编码的类型、结构、编写格式,在同一套商品分类编码集中要统一规范。

三、商品编码的种类及编码方法

(一)商品编码的种类

目前,商品编码的种类主要有数字型编码、字母型编码、混合型编码和条形码四种。

1. 数字型编码

数字型编码是用阿拉伯数字对商品进行编码形成的代码符号,它是将每个商品的类别、品目、品种等排列成一个数字或一组数字。按数字型编码方法,棉布婴儿服装的编码是“21011007”,香脂的编码是“38221003”。数字型编码是世界各国普遍采用的方法之一,这种类型的编码更便于国际之间的经济往来,其特点是结构简单,使用方便,易于推广,便于利用计算机处理。

2. 字母型编码

字母型编码是用一个或若干个字母表示分类对象的代码。按字母顺序对商品进行分类编码时,一般用大写字母表示商品大类,用小写字母表示其他类目。字母型编码便于记忆,可提供便于人们识别的信息;但当分类对象数目较多时,往往会出现重复现象。因此,在商品分类编码中很少使用。

3. 混合型编码

混合型编码是数字、字母混合型编码,是由数字和字母混合组成的代码。字母常用于表示商品的产地、性质等特征,可放在数字前边或后边,用于辅助数字代码。

4. 条形码

商品条形码是由一组按一定规则排列的条、空及对应字符(阿拉伯数字)所组成的用于表示商店自动销售管理系统的信息标记,或者对商品分类编码进行表示的标记。

(二)商品编码的方法

商品编码的方法主要有顺序编码法、层次编码法、平行编码法和混合编码法四种。

1. 顺序编码法

顺序编码法是按商品类目在分类体系中出现的先后次序,依次给予顺序代码的一种编码方法。这种编码法简单,常用于容量不大的编码集合体。

2. 层次编码法

层次编码法是以分类对象的从属、层次关系为排列顺序而编制代码的一种方法。这种方法常用于线分类体系,编码时将代码分成若干层级,并与分类对象的分类层级相对应。代码自左至右表示层级由高至低,代码左端为最高位层级代码,右端为最低位层级代码,各层级的代码常采用顺序编码或系列顺序编码(见图 2-1)。

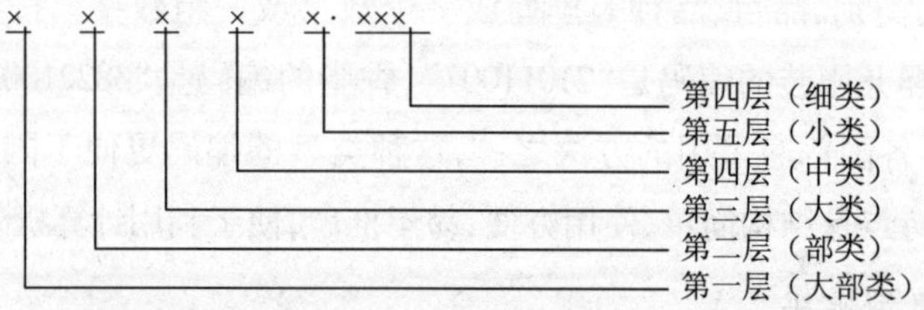

图 2-1 层次编码结构

3. 平行编码法

平行编码法是将分类对象按其特征分成若干个面,再把每个面内的类目排列的顺序代码加以组合而形成代码的一种方法。这种方法常用于面分类体系,编码时按照面的排列顺序将各个面内类目的代码分别加以组合。

4. 混合编码法

混合编码法是由层次编码法和平行编码法组合而成的一种编码方法。编码时先选择分类对象的各种特征，然后将某些特征用层次编码法表示。其余特征用平行编码法表示。

第四节　商品条形码

一、商品条码的概念

商品条码是将表示一定信息的字符代码转换成用一组宽窄不同、黑白（或彩色）相间的平行线条，按一定的规则排列组合而成的特殊图形符号。

商品条码是由一组按一定规则排列的条、空及对应的字符组成的标记，用来表示一定的信息。商品条码由两部分组成，其条、空组合部分，称为条码符号，用于条码阅读机快速扫描、准确识读；其对应的下方的一组 13 位数字，是供人识别字符，也就是该条码所表示的商品标识代码。国家标准《商品条码》规定了商品条码的编码、结构、尺寸及技术要求。

根据我国国家标准《商品条码》（GB 12904—2003）的定义，商品条码是指由国际物品编码协会（EAN）和统一代码委员会（UCC）规定的，用于表示商品标识代码的条码，包括 EAN 商品条码（EAN－13 和 EAN－8 商品条码）和 UPC 商品条码（UPC－A 和 UPC－E 商品条码）。

二、商品条码的作用

（1）条形码是商品的“身份证”，是商品流通于国际市场的“共同语言”。商品条形码是计算机输入数据的一种特殊代码，包含有商品的生产国别、制造厂商、产地、名称、特性、价格、数量、生产日期等一系列商品信息。

（2）条形码是快速、准确地进行商品信息流和物流控制的现代化手段。只要借助于光电扫描阅读设备，即可迅速地将条码所代表的信息准确无误地输入电子计算机，并由计算机自动进行存储、分类排序、统计、打印或显示出来。这不仅实现了售货、仓储、订货的自动化管理，而且通过产供销信息系统把销售信息及时提供给生产厂家，实现了产供销之间的现代化管理。

(3)条形码是进入 POS(point of sales) 超市的入场券。一个最简单的条码 POS 系统可以由一台微型计算机、一个条码阅读器(光电识读设备)、一台打印机组成。这个系统利用现金收款机作为终端机与主计算机相连，并借助光电识读设备为计算机录入商品信息。当带有条码符号的商品通过结算台扫描时，条码所表示的信息被录入到计算机，计算机从数据库文件中查寻到该商品的名称、价格等，并经过数据处理，打印出收据。POS 系统的建立，可以采集到大量的商品信息，使批发商、零售商及时了解经营情况，减少库存，降低成本；使制造商获得准确的商品及市场销售信息，及时调整生产结构，提高竞争力。同时也为顾客提供了更加快捷、方便的服务。

(4)条码技术还广泛地应用于交通管理、金融与商业文件管理、病历管理、血库血液管理以及各种分类技术方面。条码技术作为数据标识和数据自动输入的一种手段，已渗透到计算机管理的各个领域。

三、商品条码的种类

商品条码根据其发展先后及先进性程度，可分为一维条码和二维条码两大类。目前，在商品上的应用仍以一维条码为主，故一维条码又被称为商品条码；二维条码则是一种渐受重视的条码，其功能较一维条码强，应用范围也更加广泛。

1. 一维条码

世界上约有 225 种以上的一维条码。每种一维条码都有自己的一套编码规定，规定每个字母(可能是文字或数字或文数字)是由几个线条(bar)、几个空白(space)以及字母的排列组成。较常见的一维条码有 EAN 码、UPC 码、Code39 码(标准 39 码)、Codabar 码(库德巴码)、Code25 码(标准 25 码)、ITF25 码(交叉 25 码，在物流管理中应用较多)、Matrix25 码(矩阵 25 码)、中国邮政编码(矩阵 25 码的一种变体)、Code - B 码、MSI 码、Code10 码、Code93 码、Code128 码(包括 EAN128 码)、Code39EMS(EMS 专用的 39 码)，以及专门用于书刊管理的 ISBN 码、ISSN 码等。

2. 二维条码

一维条码仅仅只是一种商品的表示，不含有对商品的任何描述，人们只有通过后台的数据库,提取相应的信息才能明白商品标识的具体含义。可见,一维条码所携带的信息只能依赖商品数据库的支持,离开了预先建立的数据库,这种条码就没有意义了。因此,在一定程度上也限制了条码的应用范围。于是,20 世纪 90 年代出现了二维条码。常见的二维条码有 PDF417 码、Code49 码、Code16K 码、Data Matrix 码、MaxiCode 码等。

中国物品编码中心负责编制的国家标准《417 条码》(GB/T 17172—1997)于 1997 年 12 月正式颁布。这是我国第一个自动识别技术领域中二维条码的国家标准。

四、常见商品条码

目前世界上常用的码制有 EAN 条形码、UPC 条形码、二五条形码、交叉二五条形码、库德巴条形码、三九条形码和 128 条形码等,不同的码制具有不同的特点,适用于特定的应用领域。最常使用的是 EAN 商品条形码。

1. EAN 条码

EAN 商品条形码亦称通用商品条形码,由国际物品编码协会制定,通用于世界各地,是目前国际上使用最广泛的一种商品条形码。我国目前在国内推行使用的也是这种商品条形码。EAN 商品条形码分为 EAN－13(标准版)和 EAN－8(缩短版)两种(见图 2－2)。

图 2－2　EAN 码图例

EAN－13 通用商品条形码一般由前缀码、企业代码、商品代码和校验码组成。前缀码是用来标识国家或地区的代码,赋码权在国际物品编码协会,如 00－09 代表美国、加拿大,45－49 代表日本,690－695 代表中国大陆,471 代表中国台湾地区,489 代表中国香港特别行政区。企业代码的赋权在各个国家或地区的物品编码组织,我国由国家物品编码中心赋予企业代码。商品代码是用来标识商品的代码,赋码权由产品生产企业自己行使,生产企业按照规定条件自己决定在自己的何种商品上使用哪些阿拉伯数字为商品条形码。商品条形码最后用1位校验码来校验商品条形码中左起第1～12数字代码的正确性(见表2－1)。

表2－1　EAN－13代码

结构种类	企业代码	商品代码	校验码
结构一	X_{13} X_{12} X_{11} X_{10} X_9 X_8 X_7	X_6 X_5 X_4 X_3 X_2	X_1
结构二	X_{13} X_{12} X_{11} X_{10} X_9 X_8 X_7 X_6	X_5 X_4 X_3 X_2	X_1
结构三	X_{13} X_{12} X_{11} X_{10} X_9 X_8 X_7 X_6 X_5	X_4 X_3 X_2	X_1

EAN－8条码由7位数字表示的商品代码和一位数字表示的校验码组成,无企业代码,其商品代码由国家物品编码管理机构分配,在使用上严格控制。商品条码印刷面积超过商品包装面积或标签可印刷面积的1/4的,可申请使用缩短版商品条码(见表2－2)。

表2－2　EAN－8代码

商品代码	校验码
X_8 X_7 X_6 X_5 X_4 X_3 X_2	X_1

2. UPC条码

UPC码是美国统一代码委员会制定的一种商品用条码,主要用于北美地区,是一种长度固定、连续性的条码。由于其应用范围广泛,又被称为万用条码。UPC码仅可用来表示数字,故其字码集为数字0～9。

UPC码共有A、B、C、D、E五种版本,其中较为常用的是UPC－A和UPC－E两种(见图2－3)。

UPC－A　　UPC－E

图2－3　UPC码图例

UPC－A码的代码结构中没有前缀码,它的系统字符为一位数字,用以标识商品类别,其系统字符一般为“0,6 或 7”。

UPC－E 码是 UPC－A 码的缩短版,是 UPC－A 码系统字符为 0 时,通过一定规则压缩得到的(见表 2－3)。

表 2－3　UPC 码的各种版本

版本	格式	应用对象
UPC－A	SXXXXX XXXXXC	通用商品
UPC－B	SXXXXX XXXXXC	医药卫生
UPC－C	XSXXXXX XXXXXCX	产业部门
UPC－D	SXXXXX XXXXXCXX	仓库批发
UPC－E	XXXXXX	商品短码

注:S—系统码,X—资料码,C—检查码。

3. 其他条码

(1)ITF25 码(交叉 ITF25 码)

ITF25 码的条码长度没有限定,但是其数字资料必须为偶数位,允许双向扫描。ITF25 码在物流管理中应用较多,主要用于包装、运输、国际航空系统的机票顺序编号、汽车业及零售业(见图 2－4)。

1234567890

图 2－4　ITF25 码

(2)Codabar 码(库德巴码)

这种码制可以支持数字、特殊符号及 4 个英文字母,由于条码自身有检测的功能,因此无须检查码。主要应用在工厂库存管理、血库管理、图书馆借阅书籍及照片冲洗业(见图 2－5)。

a000800a

图 2－5　Codabar 码

(3)Code39 码

在 Code39 码的 9 个码素中,一定有 3 个码素是粗线,所以 Code39 码又被称为“三九码”。除数字 0～9 以外,Code39 码还提供英文字母 A～Z 以及特殊的符号，它允许双向扫描，支持44组条码，主要应用在工业产品、商业资料、图书馆等场所(见图2-6)。

1234ABCD

图2-6 Code39码

(4)Code128码

Code128码是目前我国企业内部自定义的码制，可以根据需要来确定条码的长度和信息。这种编码包含的信息可以是数字，也可以包含字母，主要应用于工业生产线领域、图书管理等(见图2-7)。

Aux(124)-TR

图2-7 Code128码

(5)ISBN码(国际标准书号)

ISBN是因图书出版、管理的需要以及便于国际间出版物的交流与统计而出现的一套国际统一的编码制度。每一个ISBN码由一组有ISBN代号的10位数字所组成，用以识别出版物所属国别地区、出版机构、书名、版本以及装订方式。这组号码也可以说是图书的代表号码，大部分应用于出版社图书管理系统。

第五节 商品分类体系及商品目录

一、商品分类体系

(一)商品分类体系概念

在任一商品分类中，可将任一商品集合总体逐次划分为包括大类、中类、小类、品类在内的完整的、具有内在联系的类目系统。这个类目系统即为商品分类体系。

（二）建立商品分类体系的原则

要使商品分类体系满足科学研究和生产实践的需要，就必须遵循以下一些基本原则：

1. 科学性原则

必须明确要分类的商品所包括的范围，这样进行的商品分类才能符合客观实际；同时商品的命名要统一、科学、准确；分类的层次的划分要客观、合理，关键在于选择的分类依据应该是分类对象最稳定的本质特征或属性，这样才能经得起时间的考验。

2. 系统性原则

将待分类对象按规定的归类原则选择合适的分类标志进行分类，形成一个由若干个相互联系、相互制约的子系统构成的大系统。每个分类对象在这个序列中都占有一个位置，并反映出它们彼此之间既有联系又有区别的关系。

3. 可扩性原则

商品分类要充分考虑到科技进步、新产品不断涌现的现实情况，在设置商品分类体系时，要留出足够的空位来安置新商品，从而使商品分类体系具有可扩性。

4. 兼容性原则

兼容性是指相关的各个分类体系之间应具有良好的对应与转换关系。建立新的分类体系时，要尽可能与原有的分类体系保持一定的连续性，使相应的分类体系之间相互衔接和协调，同时要考虑与国际统一的分类体系对应和协调，以利于推广使用、沟通和交流。

5. 实用性原则

商品分类要有利于从商品生产、销售、经营习惯出发，最大限度地满足消费者的需要，并保持商品在分类上的科学性。

（三）主要的商品分类体系

1. 基本分类体系

基本分类体系是按商品的基本使用价值即商品的用途作为分类标志，将商品分为生活资料商品（供衣、食、住、行、用等的商品）和生产资料商品(工业生产资料商品、农业生产资料商品)两大类。基本分类体系对于组织生产和消费水平的宏观调控具有重要作用(见下图2-8)。

- 按商品用途分类
  - 生活资料用品
    - 住宅商品
    - 燃料商品
    - 食品商品
    - 日用商品
    - 衣着商品
  - 生产资料用品
    - 工业生产资料商品
    - 农业生产资料商品

图2-8　按商品用途分类

2. 应用分类体系

应用性分类体系是以实用性为原则,为满足使用者的需要进行分类所形成的分类体系。这种分类体系是从处理商品方便角度出发的,没有统一的分类标志。根据商品的某些共性加以分类,可以适应不同分类目的的需要,是一种实用性很强的分类体系(见图2-9)。

- 按商品某些共性分类
  - 按原料来源分类:植物性商品、动物性商品、矿物性商品等
  - 按加工工程序分类:粗制品和精制品
  - 按行业分工分类:农产品、林产品、水产品、畜产品、工业品等
  - 按产地分类:进口产品、国内产品、地方产品等
  - 按使用期限分类:耐用商品和易耗商品
  - 按质量分类:优质产品、名牌产品和一般产品等

图2-9　按商品某些共性分类

3. 国际贸易商品分类体系

世界各国间的贸易活动以及各国在海关管理、征收关税、市场及关税研究、贸易经济、贸易管理、商情研究、进出口业务及制度贸易政策等方面都需要有一个统一的国际贸易商品分类体系。目前,由有关国际组织主持编制、发布和实施,具有相当高的科学性和完整性,在国际上被公认并广泛采用的国际商品分类体系有《海关合作理事会分类目录》(简称CCCN)、《国际贸易标准分类》(简称SITC)和《商品分类和编码协调制度》(简称H.S)。

4. 国家标准分类体系

国家标准分类体系是为适应现代化经济管理的需要,以国家标准形式

对商品进行科学、系统地分类编码所建立的商品分类体系。1987 年我国颁布了《全国工农业产品(商品、物资)分类与代码》(GB 7635－87),这是全国各部门、各地区必须一致遵守的商品分类与商品编码准则。该体系把我国生产的全部工农业产品、商品、物资划分为 99 个大类、1000 多个中类、7000 多个小类、总计 36 万多个品种。

二、商品目录

(一)商品分类目录概念

商品目录是指国家或部门根据商品分类的要求,对所经营管理的商品编制的总明细分类集。商品目录是以商品分类为依据,因此也称为商品分类目录或商品分类集。商品分类是在商品逐级分类的基础上,用表格、符号和文字全面记录商品分类体系和编排顺序的书本式工具。

在编制商品目录时,国家或部门都是按照一定的目的,首先将商品按一定的标志进行定组分类,再逐次制定和编排。也就是说,没有商品分类就不可能有商品目录,只有在商品科学分类的基础上,才能编制出层次分明、科学、系统、标准的商品目录。商品目录的编制是商品分类的具体体现;商品目录是实现商品管理科学化、现代化的前提,是商品生产、经营、管理、流通的重要手段。

(二)商品分类目录种类

商品目录由于编制目的和作用不同,因此种类很多。如按商品用途不同编制的目录有食品商品目录、纺织品商品目录、交电商品目录、化工原料商品目录,等等;按管理权限不同编制的目录有一类商品目录、二类商品目录、三类商品目录;按适用范围不同编制的目录有国际商品目录、国家商品目录、部门商品目录、企业商品目录等。

1. 国际商品目录

国际商品目录是指由国际上有权威的各国际组织或地区性集团编制的商品目录。如联合国编制的《国际贸易标准分类目录》、国际关税合作委员会编制的《商品、关税率分类目录》、海关合作理事会编制的《海关合作理事会商品分类目录》和《商品分类及编码协调制度》等。

2. 国家商品目录

国家商品目录是指由国家指定专门机构编制，在国民经济各部门、各地区进行计划、统计、财务、税收、物价、核算等工作时必须一致遵守的全国性统一商品目录。如由国务院批准原国家标准局发布的《全国工农业产品(商品、物资)分类与代码》等。

3. 部门商品目录

部门商品目录是指由行业主管部门即国务院直属各部委或局根据本部门业务工作需要所编制并发布的仅在本部门、本行业统一使用的商品目录。如国家统计局编制发布的《综合统计商品目录》、原商业部编制发布的《商业行业商品分类与代码》等。部门商品目录的编制原则应与国家商品目录保持一致。

4. 企业商品目录

企业商品目录是指由企业在兼顾国家和部门商品目录分类原则基础上，为充分满足本企业工作需要，而对本企业生产或经营的商品所编制的商品目录。企业商品目录的编制必须符合国家和部门商品目录的分类原则，并在此基础上结合本企业的业务需要，进行适当的归并、细分和补充。如营业柜组经营商品目录、仓库保管商品经营目录等，都具有分类类别少、对品种划分更详细的特点。

复习题

一、名词解释

1. 商品分类
2. 线分类法
3. 面分类法
4. 商品目录

二、简答题

1. 商品分类有哪些重要作用?
2. 以商品的用途作为分类标志有何特点?
3. 按适用范围编制的目录如何分类?

三、实训项目

对两家或两家以上互为竞争对手的零售企业进行调查，比较企业或某柜（组）的商品结构异同，写出报告。

本章小结

本章介绍了商品分类、分类标志以及方法、商品编码、商品条形码、商品分类体系及商品目录等内容。通过本章的学习，应树立对品种众多的商品进行分类管理，并使之清晰化、科学化的观念；学会使用商品目录，具有商品结构优化的思维。

第三章

商品质量

学习目的与要求

通过学习,使学生理解质量和商品质量的概念,了解商品质量的基本要求,初步分析影响商品质量的主要因素,了解质量管理的发展历程、全面质量管理的思想,并能够对常见商品进行简单的综合质量评价。

关键词

质量　商品质量　质量特性　质量管理

建议 5 课时

导入案例

1985 年海尔“砸冰箱”事件

海尔集团创立于1984年，当时是一个亏空147万元的集体小厂，“砸冰箱”的故事改变了这家不知名小厂的命运。

1985年12月的一天，时任青岛海尔电冰箱总厂厂长的张瑞敏收到一封用户来信，反映工厂生产的电冰箱有质量问题。张瑞敏带领管理人员检查了仓库，发现仓库的400多台冰箱中有76台不合格。张瑞敏随即召集全体员工到仓库开现场会，问大家怎么办？当时多数人提出，这些冰箱是外观划伤，并不影响使用，建议作为福利便宜点儿卖给内部职工。而张瑞敏却说：“我要是允许把这76台冰箱卖了，就等于允许明天再生产760台、7600台这样的不合格冰箱。放行这些有缺陷的产品，就谈不上质量意识。”他宣布，把这些不合格的冰箱要全部砸掉，谁干的谁来砸，并抡起大锤亲手砸了第一锤。

“砸冰箱”砸醒了海尔人的质量意识，砸出了海尔“要么不干，要干就要争第一”的精神。在1988年的全国冰箱评比中，海尔冰箱以最高分获得中国电冰箱史上的第一枚金牌。在海尔的发展中，质量始终是海尔品牌的根本。如今，海尔冰箱已经成为世界冰箱行业中销量排名第一的品牌，海尔集团已经成长为世界第四大白色家电制造商。

资料来源：创业财网，2010-12-30。

产品的质量是企业的生命。只有优质、高效的企业才能在任何挑战中永远立于不败之地，所以企业必须把好质量关。无论从事任何经营，都要严格要求产品质量。如经营管理没有质量管理的观念，那么这个企业就不能发展。用高品质的产品和服务来征服市场，赢得顾客，而精益求精是质量的精髓。

第一节　现代商品的全面质量观

商品质量是商品学研究商品使用价值的核心内容,是商品学研究的中心问题。用质量或品质来表示优劣程度是普遍概念,它适用于任何领域。不同的领域、不同的角度,由于侧重面不同,质量的概念也不相同。随着科学技术的发展,质量也处于动态深化之中。商品学对其商品质量的认识,也是一个动态变化和深化的过程。商品质量是研究商品的本质和核心问题。商品是一个整体的概念,质量也是一个整体的概念。因此商品学中所研究的商品质量是一个全面的商品质量。

一、质量及商品质量

(一)质量的概念

国际标准 ISO 9000:2000《质量管理体系——基础和术语》对"质量"定义为:"一组固有特性满足要求的程度。"

定义中"特性"是指事物所特有的性质;"固有特性"是事物本来就有的,通过产品、过程或体系设计和开发及其后之实现过程形成的属性。例如,物质特性(机械、化学、电气)、官感特性(视觉、嗅觉、味觉、触觉)、行为特性(诚实、礼貌)、时间特性(可靠性、可用性、准时性)等,这些固有特性的要求大多是可测量的。固有特性的反义——赋予特性,则并非是产品、体系或过程所固有的,而是完成产品后因不同的要求对产品所增加的特性,如某一产品的价格、供货时间、售后服务等特性。固有特性和赋予特性是相对的,某产品的固有特性亦可能是其他产品的赋予特性。例如,供货时间及方式对一台电冰箱而言就是赋予特性,但对于物流公司的运输服务来说,就是固有特性。

关于"质量"有以下几点解释:

(1)满足要求就是应满足明示的(如明确规定的)、通常隐含的(如组织的惯例、一般习惯)或必须履行的(如法律法规、行业规则)的需要和期望。

(2)"质量"一词可用形容词如差、好或优秀等来修饰。

(3)质量的内容十分丰富,随着社会经济和科学技术的发展,也在不断充实、完善和深化,同样,人们对质量概念的认识也经历了一个不断发展和深化的历史过程。

(二)商品质量的概念

商品质量的含义分为狭义和广义两种。

狭义的质量指产品质量,习惯上称为商品品质。它是指产品与其规定标准技术条件的符合程度。它以国际标准、专业标准、地方标准(企业标准)或订购合同中的有关规定作为最低技术条件,如加工精度、操作性能、使用寿命、安全可靠性、外观要求等。

目前,在学术界较典型的狭义商品质量有两种:

(1)商品质量的自然属性观点。这种观点认为商品质量是评价商品使用价值优劣程度的各种自然属性的综合。用自然属性的商品质量来衡量商品使用价值的大小。商品是否符合预先提出的使用目的、要求的总性能,通常用商品质量表达。我国商品学学术界在建国后曾一度持这种观点。

(2)商品质量的社会属性观点。这种观点认为质量是指特定的商品,在特定的时间、特定的市场,以社会的观点全面评价的结果作为基础,表现为平均使用价值的客观形态。这种观点渗透了商品销售学的观点,带有全面质量管理的质量概念色彩,偏重于商品质量的社会属性。

广义的商品质量是指一定的条件下评价商品使用价值优劣程度的各种自然属性和社会属性、商品有形质量和无形质量、内在质量和外观质量、商品满足明确需要和隐含需要能力的特性和特征的总和。其质量范围包括产品的制造质量和产品的服务质量。广义的商品质量实际上是消费者最满意的商品质量,它具有以下四个方面的含义:

(1)各种商品均需在一定使用(或食用)条件和范围内按设计要求或食用要求合理使用或食用。若超出它的使用(或食用)条件,即使是优质品也很难反映出它的实际功能,甚至会完全丧失其使用价值。

(2)说明商品质量的基本要求。质量的基本要求是商品的性能必须符合一定用途。

(3)说明商品质量的基本内容。商品中有用的属性形成各种性能,各种性能综合在一起组成商品质量的内容。

(4)说明商品的适用对象。人们对商品的需求是多种多样的,这就要求商品质量必须反映对使用者(用户或个人消费者)满足的程度,即商品的适用性。

上述的商品质量观念反映了商品学的全面商品质量观念,它从商品学研究的特定对象和范畴、商品使用价值的全面属性,即自然属性和社会属性的全面观点出发,从各个不同角度全面地研究商品质量。商品质量中的“商品”是泛指商品品种的集合。

定义中的“在一定条件下”,反映了商品质量的动态观念。不同历史时期和不同的生产力发展阶段,商品质量属性的内涵也在发生变化。其商品质量随着社会的发展,在不断地修订、发展、变化。例如,可持续发展性商品——绿色商品,将是今后的发展方向。

定义中的“有形质量和无形质量、内在质量和外观质量”反映商品自然属性和社会属性的有形和无形状态、内在和外在的质量特性。

定义中的“明确需要和隐含需要能力”则是从商品标准、法律和法规规范的角度约束商品质量。这种限定是不可缺少的。

二、商品质量的意义

商品具有满足人们某种需要的使用价值,是商品进入流通领域、走向国内外市场的基本条件;商品质量是决定商品使用价值高低的重要因素。当前,国内外市场商品竞争日趋激烈,商品质量关系到商品竞争力的强弱,这种竞争的核心是高新科学技术和现代化科学管理,它集中反映在商品质量上。保证和提高商品质量对国家和企业的经济腾飞、不断地改善人民日益增长的精神生活和物质生活具有十分重要的意义。随着经济的发展,人们消费水平不断地提高,特别是工业发达、高工资、高消费的国家和地区,对商品质量的要求越来越严格,一般对商品的要求,首先是质量优,其次才是同样质量比价格。因此,以“低价低质取胜”的时代已过去,“以质优取胜”才是当今世界各国发展对外贸易的战略。

1. 质量是水平的标志

商品质量是一个国家生产力发展水平、技术和经济水平的一个重要标志,也是衡量企业生产能力、企业素质的象征。保证和提高商品质量是直接关系到我国社会主义现代化建设成败、关系到国民经济发展的大问题。

2. 质量是企业的生命

在激烈的国内、国际市场竞争中，竞争力的强弱、价格高低、交易成败的关键问题是商品质量。质量是商品的生命，质量是企业的生命。企业要振兴，国家要振兴，靠的是质量。质量是关系到企业生死存亡的重大问题，劣质商品给企业带来的最终结果是倒闭。

3. 质量是供给的基础

质量和数量是辩证的关系，它们共处一个矛盾统一体之中。提高商品质量，增加商品数量，是增加社会财富的两个渠道。从质量和数量的关系来看，低质量的商品不顶用，或几个顶不了一个用，数量再多也无用，数量越多浪费越大；无效商品的数量越多，会使数量的有效性大打折扣；高质量的商品一个顶几个用，是最大的增产节约，实际上等于增加了商品的数量。因此，可以说质量是数量有效性的前提，是保证商品长期有效供给的基础和关键。

4. 质量提供效益

现代质量观是质量与效应的统一观，质量提供效益。我们还必须坚持经济效益与社会效益统一的观点。企业的经营目的是最大限度地满足社会和消费者的需求，企业在取得好的社会效益的同时，必将获得好的经济效益。而这一切都与商品质量密切相关，质量是效益的前提，效益是质量的结果，有质量才有效益，没有质量就没有效益。因此质量是发展经济和取得效益的关键。

5. 质量控制市场

市场的竞争，实质上是占领市场的商品竞争，而竞争的焦点集中在质量、品种和价格上，这其中最关键的是质量。因此，市场竞争实质是质量竞争。竞争的基本规律是优胜劣汰，胜利者最终占领市场，失败者退出市场。企业必须凭借现代先进的科学技术和现代化管理手段，紧紧抓住质量不放，充分利用市场机制，保证市场中商品的高质量优先地位，巩固市场并扩大市场。

第二节 商品质量的基本要求

商品的用途要满足消费需求,必须对商品质量提出基本要求。商品种类繁多,各有不同用途及决定用途的特点,因此不同用途的商品对其质量的要求也不同。商品可分为有形商品和服务性商品,有形商品主要包括吃、穿、用等。服务性商品主要指服务性行业提供的服务。如交通运输、邮电通信、商业金融保险、饮食、宾馆、医疗卫生、文化娱乐、旅游、信息咨询等组织提供的服务。由于服务含义的延伸,有时也包括工业产品的售前、售中、售后服务,以及企业内部上道工序对下道工序的服务。

一、对有形商品的质量要求

(一)使用性

使用性是指商品为满足一定的用途所必须具备的各种性能,它是构成商品使用价值的基本条件。例如,冰箱的制冷保温性能、钟表的准确计时性能、服装的遮体保暖功能、食品的营养功能等。对于原料性商品或半成品,使用性能还意味着易加工性能。

使用性除商品用途所要求的基本性能以外,还包括商品在该用途方面应尽量符合人体工程学原理,满足使用方便等要求。例如,商品的结构要与人体尺寸和形状及各个部位相适应;商品要与人的视觉和听觉能力、触觉能力、味觉和嗅觉能力、速度能力、知觉能力以及信息再处理能力相适应;复杂商品的使用操作要符合简单、宜掌握、不易出错等要求。

商品的多功能化扩大了商品的适用范围,使用起来更加方便,比单一功能的商品更受欢迎,已成为现代商品的发展趋势。

(二)安全卫生性

安全卫生性是指商品在储存、流通和使用过程中保证人身安全和健康不受伤害的性能。

食品的卫生无害性就是指食品中不应含有或不能含有超过允许限量的

有害物质和微生物等。这也是食品类商品的最基本的质量要求,因为食品卫生关系到人们身体健康和生命安全,甚至还会影响到子孙后代。因此,食品必须符合有关的卫生规定和标准,若超过规定的卫生要求,其他质量要求随之失去意义。食品有害物质的来源,通常有食品本身产生的毒素、物质对食品的污染、加工中混入的毒素、保管不善产生的毒素、环境或化学药物造成的污染等。

纺织品的卫生安全性就是指纺织品保证人体健康和人身安全而应具备的性质。主要包括纺织品的卫生无害性、抗静电性等。纺织品的卫生无害性不仅要求纺织品纤维对人体无害,还要求纺织品在加工和染色过程中使用的染料、防缩剂、防皱剂、柔软剂、增白剂等化学物质对人体无害。这些化学物质如残留在纺织品表面,就可能造成对皮肤的刺激。吸湿性差的涤纶、腈纶、氯纶、丙纶等合成纤维容易形成静电,降低静电的方法,一是在纺织品中混入导电纤维,二是将静电剂加入合成纤维内部或固着在纤维表面。

日用工业品的卫生安全性就是指日用工业品在使用时,有关保护人身安全和人体健康所需要的各种性质。例如,盛放食物的器皿、化妆品、玩具等商品应具有无毒性和无刺激性;电器商品应具有防人身触电、防引起火灾、防损害人身安全措施。

商品的安全卫生性除包括对商品使用者的安全卫生保障之外,按照现代观念考虑,还应包括不给第三者的人身安全、健康,即社会和人类的生存环境造成危害,如空气污染,水源污染以及噪声、辐射、废弃物等现代化社会问题。在现代社会中,有关安全卫生的社会要求正越来越受到人们的重视,环境保护问题已成为当今社会的一大主题。

(三)审美性

审美性是商品能够满足人们审美需要的属性。随着社会进步和商品生产的极大发展,人们已不再仅仅满足于物质需求,而对商品有了极高的精神要求。现代社会中,人们不仅要求商品实用,而且还要求商品能给人以美的享受,体现人们的自身价值,这就要求商品要有物质方面的实用价值与精神方面的审美价值的高度统一,要求商品既实用又美观。商品的审美属性主要表现在商品的形态、色泽、质地、结构、气味、味道和品种多样化等方面。商品的审美性已成为提高商品竞争能力的重要手段之一。

食品的审美性要求食品应具有良好的色、香、味、形,这些对引起人的食欲、购买欲,提高各种营养成分的消化、吸收程度等有着重要的影响。例如,食品若具有柔和的颜色、诱人的香气、可口的滋味和喜人的外观,那么只要一接触(看到或闻到)它们,就会引起人们良好的反应,人体各消化器官就会分泌较多的消化液,帮助消化和吸收食品中的营养成分,提高食品的营养价值。

人们购买服装商品的目的已不是单纯地为了遮体御寒,更主要的是为了体验美的享受。服装的审美是指纺织物表面所呈现的外观质量,在色泽、花纹、图案、色彩、款式、风格等方面应具有时代的艺术特色,体现现代开放式的生动、活泼、舒畅的生活风貌;适用季节变化以及人们的年龄差异、个性特点、文化素养等。服装的审美性不仅能使人们的生活丰富多彩,而且能体现人们的精神风貌,充分反映出时代的气息。

日用工业品的审美性主要表现在商品的外观良好,不得有表面瑕疵;商品要有精美的外观,具有艺术性、装饰性、时尚性等,如造型式样新颖、花纹色彩丰富、材料质地考究、装潢大方典雅、有较强的时代感等。

商品的审美性除了商品本身的审美质量以外,还包括其包装装潢的审美性。好的、优质的商品也要有精美的包装,以满足人们对美的需求,同时也可以提高商品的价值,增加商品的竞争力。

(四)经济性

对于消费者来说,总是希望商品的质量特性最好,而其价格又要最低,同时其使用、维护成本也要最低。商品的经济性就是指商品的生产者、经营者、消费者都能用尽可能少的费用获得较高的商品质量,从而使企业获得最大的经济效益,消费者也会感到物美价廉。经济性反映了商品合理的寿命周期费用及商品质量的最佳水平。经济性包括在物美价廉基础上的最适度质量、商品价格与使用费用的最佳匹配。离开经济性孤立地谈质量,没有任何实际意义。

(五)寿命和可靠性

寿命通常指使用寿命,有时也包括储存寿命。使用寿命是指工业品商品在规定的使用条件下,保持正常使用性能的工作总时间。储存寿命则指商品在规定条件下使用性能不失效的储存总时间。

可靠性是指商品在规定条件下和规定时间内,完成规定功能的能力。

它是与商品在使用过程中的稳定性和无故障性联系在一起的质量特性,是评价机电类商品质量的重要指标之一。可靠性通常包括耐用性和设计可靠性,有时维修性也包括在内。

(六)信息性

信息性是指应为消费者提供的关于商品的有用信息,主要包括:商品名称、用途、规格、型号、重量、原材料或成分;生产厂名、厂址、生产日期、保质期或有效期;商标、质量检验标志、生产许可证;储存条件;安装使用、维护方法和注意事项;安全警告;售后服务内容;等等。这些信息的提供有利于消费者了解商品、比较选购、正确使用、合理维护和安全储存商品,并能使消费者在其权益受到侵害时进行自我保护。

二、对服务性商品的质量要求

对服务性商品的质量要求主要有功能性、时间性、文明性、安全性、舒适性和经济性。

功能性是指服务实现的效能和作用。例如,交通运输的功能是将旅客或货物送达目的地。邮政通信的功能是传递有关信息,使顾客获得这些服务效能是对邮政通信服务的基本要求。

时间性是指服务能否及时、准确、省时地满足服务需求的能力。对服务来说,时间性非常重要。

文明性不仅仅指对顾客要笑脸相迎,还包括对顾客的谦逊、尊重、信任、理解、体谅和与顾客有效的沟通,是满足顾客精神需求的程度。这是服务质量中最难把握但却非常重要的质量特性。

安全性是指服务提供方在对顾客进行服务的过程中,保证顾客人身不受伤害、财物不受损害的能力,即没有任何风险、危险和疑虑,如航空服务是否安全。安全性的提高或改善与服务设施、环境有关,也与服务过程中组织、服务员的技能、态度有关。

舒适性是指服务对象在接受服务的过程中感受到的舒适程度。舒适性与服务设施是否适用、方便、舒服,服务环境是否清洁、美观、有秩序等有关。

经济性是指为得到相应服务,顾客所需费用的合理程度。这与有形商品质量的经济性是类似的。

第三节　影响商品质量的因素

商品质量是由多方面的因素决定的，因此，对于具体商品要做具体分析，找出决定和影响商品质量的关键因素，这样才能有效地提高和保护商品质量。按照商品的形成过程到消费过程的顺序分析，在诸多因素中，决定和影响来自工业加工的商品质量的因素主要取决于原材料、生产工艺及包装、保管、运输、销售条件和使用方法等。对直接来自农、林、牧、副、渔业生产的产品，其品种及饲养、栽培、收获方法和生长条件、收获季节等，是对该类商品的质量起决定作用的因素。

一、生产过程影响商品质量的因素

（一）原材料的影响

原材料是构成商品的物质基础，在其他条件相同的情况下，它的好坏直接决定着商品质量的优劣。因此，在分析和鉴别商品质量时，首先要对原材料和零配件的质量进行分析。

原材料对质量的影响，主要表现在对它们的成分、性质、结构方面所引起的差别。例如，制造玻璃制品时，若硅砂中含有铁离子的成分过高，就会影响制品的色泽和透明度；用牛羊脂做的肥皂，去垢力就强，而且耐用；利用不同质量的原材料制成的食品，其营养价值和色香味等风味特点就有很大的差别。

在分析原材料质量对商品质量影响的同时，还要考虑到合理利用原材料问题。在生产中节约原材料和使用代用原材料的目的，是为了改善产品性能和更合理利用原材料，绝不能把节约原材料同保证和提高商品质量对立起来，应当是不断发掘新材料、开发新产品，并提高材料利用率。当然必须在确保商品质量的前提下厉行节约，否则，将会造成更大的浪费。

（二）生产工艺的影响

商品的有用性及外形、宏观结构等都是在生产过程中形成的，因此，生产工艺同样对商品质量起着决定性的作用。例如,采用相同的原材料可能生产出质量差距相当大的成品,其直接因素主要有设计、配方、操作规程、设备条件、技术水平等。如果这些条件都是良好的,要使生产顺利进行,还必须使这些条件根据工艺、技术的要求相互结合起来,形成科学的生产组织。

科学组织生产就是正确处理人、机器设备和原材料的关系,其中人是决定性的因素。一个企业要保证产品的质量,首先要充分调动人的主观能动性,通过人认识生产的客观规律,熟练掌握和运用其他条件,创造性的生产出人们所需要的产品。

二、流通过程中影响商品质量的因素

流通过程是指商品离开生产过程进入消费过程前的整个区间。商品在流通过程中,都要经过时间和空间的转移,商品的储存和运输是不可避免的。在这期间,由于受到各种外界因素的影响,会发生商品质量不断降低的现象。商品在流通中停留的时间越长,质变的机会就越多。因此,商品的包装、运输、保管和销售条件及方法也是十分重要的因素。如果在流通中恰当选择包装材料、保管场所、运输工具、销售地点、环境等,合理进行包装、储存和运输,控制各种外界因素对商品质量的影响,就可以延缓商品质量向劣化的方向发展,并使其趋于稳定。所以研究分析这些因素,对于降低商品损耗、保护商品使用价值有着实际意义,它也是商业企业进行科学管理的重要内容。

三、使用过程中影响商品质量的因素

商品在使用过程中,除了合理应用、保养外,安装、使用方法和使用环境对商品质量也有重要影响。如各种机械商品、电器用品的安装;药品、农药、化肥、塑料制品的合理使用;液化气灶具的操作规程、设备的安装环境等。如方法不当、环境条件不利,不仅损坏了商品体,而且有些能直接危及消费者人身安全。所以,对有些商品应认真细微地编制使用(食用)和养护说明书,并采取多种形式向消费者宣传、传授使用(食用)和养护知识,设立必要的咨询中心、维修网点等,这些都是在使用过程中保护商品质量的重要途径和措施。

第四节 商品质量管理

一、质量管理定义

根据国际标准 ISO 9000:2000 的定义,质量管理是“指导和控制组织的与质量有关的相互协调的活动”。质量管理通常包括制定质量方针和质量目标以及质量策划、质量控制、质量保证和质量改进等一系列活动。质量管理是企业为了使其产品、服务能更好地满足不断变化的顾客要求而开展的计划、组织、实施、检查、调整、协调、控制、信息反馈和审核等管理活动的总和。

二、质量管理发展历程

(一)检验质量管理阶段(20 世纪初期—40 年代)

检验质量管理阶段也称质量检验阶段,它是质量管理发展的初级阶段。20 世纪初,美国的企业管理队伍中出现了专职检验人员和专职检验部门。这种有人专职制定标准、有人负责实施标准、有人按标准对产品质量进行检验的质量管理,称为检验员的质量管理。

质量检验依靠既定的质量标准,挑出不合格品,将合格品送入流通领域。其管理对象仅限于对产品本身的管理,局限于生产制造过程。这是一种“事后把关”、消极防范型管理,管理职能较弱,只能杜绝不合格产品进入流通领域,却无法防止生产过程中次品、废品的产生。

(二)统计质量管理阶段(20 世纪 40 年代—50 年代末期)

按照商品标准,由专业质量控制工程师和技术人员运用数理统计原理,在从设计到制造的生产工序过程中进行质量控制,预防次品、废品的发生并检验产品的质量,从中找出规律、发现问题,以保证质量。管理对象包括产品质量和工序质量。这是一种预防型(事先监控)管理。其局限性是过分强调质量管理的数理统计方法,而忽视了组织管理工作和人的能动作用。

（三）全面质量管理阶段（20 世纪 60 年代至今）

全面质量管理是指调动企业各部门及全体职工的积极性，综合运用以数理统计方法为主的现代管理技术、专业技术和科学方法，控制影响质量全过程的各个因素，建立设计、制造以及使用服务过程的质量管理体系，以确保产品质量，满足消费者的需求。

全面质量管理的核心是强调调动人的积极因素，通过提高人的工作质量来确保产品质量，提高企业和社会经济效益。

全面质量管理是一种全面的、全过程的、全员参与的积极进取型管理。全面质量管理的质量观从传统的质量管理符合性标准上升到以消费者满意为标准，把实施质量管理当做一项长期、动态的战略工程。

全面质量管理并不同于质量管理，质量管理只是组织中所有管理活动之一，与其他管理活动，如生产管理、计划管理、财务管理、人事管理等并存。而全面质量管理则适用于组织的所有管理活动和所有相关方，全面质量管理被称为质量管理的最高境界。

全面质量管理有以下特点：

1. 全面质量的管理

全面质量包括产品质量、过程质量和工作质量。产品质量通过产品的性能、寿命、可靠性、安全性和经济性等表现出来；过程质量和工作质量包括经营管理工作、技术工作和组织工作等，它通过产品质量及经济效益集中表现出来。

2. 全过程的管理

把质量活动贯穿于产品质量产生、形成和实现的全过程，全面落实预防为主的方针，逐步形成一个包括市场调研、设计开发、采购供应、工艺策划和开发、生产制造、质量检验、包装储存、销售分发、安装运行、技术服务与维修、用后处置等所有环节在内的质量保证体系。若某一过程出现差错，都会直接影响产品质量。

3. 全员参与的管理

商品质量的优劣是企业各项工作的综合反映，涉及企业的所有员工。只有企业领导和每个职工都重视商品质量，提高质量意识，参与质量管理，立足自身的职责和作用，发挥自己的积极性、创造性，齐心协力，才能向消费者提供满意的优质产品。

4. 全社会推动的管理

一个完整的产品往往是由许多企业共同协作来完成的。全面质量管理需要全社会的重视,需要质量立法、认证和监督,进行宏观上的控制引导,即需要全社会的推动。

5. 全面运用各种管理方法和手段

质量管理在长期的实践中形成了多样化、复合型的方法体系和先进的管理手段。全面质量管理就是要以市场需求为依据,以用户满意为基础,以生产技术为基础,运用先进的科技管理手段和方法对影响产品质量的人、机器、材料、方法、检验以及环境条件等主要因素进行系统的有效控制,科学分析和整理,从中找出规律,指导工作实践,稳定和提高产品质量,达到最佳的实际使用效果和经济社会效益。

知识链接

六西格玛(6σ)管理法

6σ 管理法是一种统计评估法,核心是追求零缺陷生产,防范产品责任风险,降低成本,提高生产率和市场占有率,提高顾客满意度和忠诚度。6σ 管理既着眼于产品、服务质量,又关注过程的改进。σ 是希腊文的一个字母,在统计学上用来表示标准偏差值,用以描述总体中的个体离均值的偏离程度,测量出的 σ 表征着诸如单位缺陷、百万缺陷或错误的概率牲,σ 值越大,缺陷或错误就越少。6σ 是一个目标,这个质量水平意味的是所有的过程和结果中,99.99966% 是无缺陷的,也就是说,做 100 万件事情,其中只有 3.4 件是有缺陷的,这几乎趋近到人类能够达到的最为完美的境界。6σ 管理关注过程,特别是企业为市场和顾客提供价值的核心过程。因为过程能力用σ 来度量后,σ 越大,过程的波动越小,过程以最低的成本损失、最短的时间周期、满足顾客要求的能力就越强。6σ 理论认为,大多数企业在 3σ ~4σ 间运转,也就是说每百万次操作失误在 6210 ~66800,这些缺陷要求经营者以销售额在 15% ~30% 的资金进行事后的弥补或修正,而如果做到 6σ,事后弥补的资金约降低到销售额的 5%。

案例

脆弱的三株“帝国”

在中国企业群雄榜上，三株公司是一个绕不过去的名字。1994 年 8 月，当吴炳新、吴思伟父子在山东济南创立三株公司的时候，怎么也不会料到自己会创造出中国保健品行业最辉煌的历史。今天，三株公司的辉煌传奇和其瞬间衰落瓦解的故事一样，仍然为人们津津乐道。

1994—1996 年的短短 3 年间，三株公司销售额从 1 个多亿跃至 80 亿元；从 1993 年底 30 万元的注册资金到 1997 年底 48 亿元的公司净资产。三株公司在全国所有大城市、省会城市和绝大部分地级市注册了 600 个子公司，在县、乡、镇有 2000 个办事处，吸纳了 15 万销售人员。紧接着，公司开始向医疗、精细华工、生物工程、材料工程等行业发展，兼并 20 多家企业。迅速崛起的三株公司不仅达到了自身发展的顶峰时刻，更创造了中国保健品行业史上的纪录，其年销售额 80 亿的业绩至今在业内仍然无人可及。

然而，没有一个人会想到，三株公司“帝国”的终结者竟会是湖南乡下的一个叫陈伯顺的老汉。

1996 年 6 月 3 日，湖南常德汉寿县的退休老船工陈伯顺在三株口服液“有病治病，无病保健”的广告承诺打动下，花 428 元买回了 10 瓶三株口服液。当服用到 3 ~4 瓶时，老汉出现遍体红肿、全身瘙痒的症状；第 8 瓶服完，陈老汉全身溃烂，流脓流水。6 月 23 日，老汉被送到县医院求诊，医院诊断为“三株药物高蛋白过敏症”。其后，陈老汉病情不断反复，于 9 月 3 日死亡。陈老汉死后，其妻子、儿女一纸诉状把三株公司告到了常德中级人民法院。

1998 年 3 月，法院一审宣判三株公司败诉后，20 多家媒体炮轰三株公司质量问题，引发了三株口服液销售地震。从当年 4 月下旬开始，三株公司的全国销售急剧下滑，月销售额从数亿元一下子跌到不足 1000 万元。4—7 月全部亏损，生产三株口服液的两个工厂全面停产，6000 名员工放假回家，口服液的库存积压达 2400 万瓶，相当市场价值 7 亿元。5 月，三株公司向有关方面申请破产，由于欠下巨额贷款，其申请最终未被批准。

一家年销售额曾经高达 80 亿元、累计上缴利税 18 亿元、拥有 15 万员工的庞大“帝国”就这样轰然倒塌……

资料来源：百度百科，“三株公司口服液”词条相关内容整理。

思考题

1. 三株公司“帝国”轰然倒塌的原因。

2. 谈谈三株公司事件中得到的启示。

复习题

一、简答题

1. 生产过程中对商品质量的影响因素包括哪些环节?

2. 质量管理发展经历了哪三个阶段?

二、综合题

1. 概述对食品商品质量的基本要求。

2. 用ISO对全面质量管理的观点阐述TQM基本内容。

三、实训项目

1. 选择一种熟悉的商品简要分析,说明影响商品质量的因素有哪些。

2. 通过调研,收集某热点商品质量问题的资料,总结分析问题出现的原因,并提出自己的建议。

本章小结

本章介绍了质量和商品质量的概念,保证和提高商品质量的意义,商品质量的基本要求,影响商品质量的因素以及商品质量的管理等内容。商品质量可以从狭义、广义两个方面进行理解和评价,而影响商品质量的因素可以从多角度去分析。通过本章的学习,要对质量、商品质量有较深的理解,加深质量意识。

第四章

商品标准

学习目的与要求

通过本章的学习，使学生理解商品的概念和基础知识，掌握商品标准的种类、分级和基本内容，明确标准的作用，能够在生活和工作中运用标准保护自己或企业的正当权益。

关键词

标准　商品标准　国家标准　商品标准化

建议5课时

导入案例

靠标准撑起“安全伞”

山西焦煤汾西矿业集团新峪公司把加强标准化工作作为安全生产的重头戏，狠抓标准化不放松，在全公司推行按标准管理、按标准操作、按标准验收的矿井质量标准化工作，夯实了安全基础，改善了职工的生产生活条件。截至目前，未发生一起重大伤亡事故，掉道、电机烧损等零星事故也比去年减少90%以上。

在标准管理方面，该公司狠抓采掘质量达标、井巷生产环境、职工培训等措施，在全公司开展了“大排查、大整改”活动，针对标准化管理的薄弱环节，自我加压，突出安全专项整治工作，投入一定资金完善矿井各系统，进一步提高矿井的抗灾能力。此外，对各采区、工作面的电缆、水管、风管等都统一标准进行吊挂，补充和完善了标准化考核奖罚办法，细化标准，明确责任，进一步健全了队组标准化考核运行机制，把标准化工作落实到了安全生产的全过程；同时，充分以“每日一题”为载体，通过每天的班前会，不断提高职工的业务素质和安全意识，提高职工责任心，用标准规范职工操作行为，促进安全生产。在标准操作方面，该公司严格按照标准操作，从一架支架、一架棚子抓起，严格工人规范，把标准化工作渗透到安全生产的每一个环节、每一个岗位，形成“事事有标准、人人有标准、时时抓标准”的良好氛围。严把标准验收关，做到现场监督、现场检查，严格实行一票否决制，只要安全质量不达标，不论产量任务完成好坏，均要严格处罚，并实行跟踪管理直至达标。

资料来源：中国质量报，2007年1月2日。

第一节　标准与商品标准

一、标准的概念

标准是对重复性事物和概念做的统一的规定，它是以科学、技术和实践经验的综合成果为基础，经有关方面协商一致，由主管机构批准，以特定形式发布，作为共同遵守的准则和依据。

“标准”包含以下含义：

(1)标准是针对某类事物所做的一种要求人们共同遵守的规定或规范。以文件或非文件形式如实物，其作用内容可以是技术的、管理的，也可以是工作内容的。

(2)重复性是指事物(或概念)的反复性特征，只有他们反复出现和应用时，对该事物(或概念)才有制定标准的必要。

(3)标准产生的基础是科学技术和实践经验的综合成果。一方面标准是新技术、新工艺、新材料等科学技术进步创新的结果；另一方面又是人们在实践中不断总结和吸收普遍性和规律性经验的结果。

(4)标准形成的程序事先经有关各利益方(生产商、经销商、消费者和政府等)共同协商一致，再由公认的标准化机构或团体批准，最后以特定形式(特殊文件格式或特定事物)公开发布。

二、商品标准的概念和作用

商品标准是对商品质量以及与质量有关的各个方面(如商品的品名、规格、性能、用途、使用方法、检验方法、包装、运输、储存等)所做的统一技术规定，是评定、监督和维护商品质量的准则和依据。

商品标准是科学技术和生产力发展水平的一种标志，它是社会生产力发展到一定程度的产物，又是推动生产力发展的一种手段。凡正式生产的各类商品，都应制定或符合相应的商品标准。商品标准由主管部门批准、发布后，就是一种技术法规，具有法律效力，同时，也具有政策性、科学性、先进性、民主性和权威性。它是生产、流通、消费等部门对商品质量出现争议时执行仲裁的依据。

商品标准的作用有以下几点：

(1)商品标准是社会生产力发展的产物，是科学技术和生产发展水平的重要标志，具有推动社会生产力发展大重要作用；

(2)商品标准有利于促进技术进步，保证商品质量，维护国家和人民利益，促进社会主义市场经济发展；

(3)商品标准是商品生产、质量检验、选购验收、贸易洽谈、储存运输、使用维护等的技术依据和准则；

(4)商品标准是对商品质量争议做出仲裁的依据，对保证和提高商品质量、提高生产、流通和使用的经济效益，维护消费者和用户的合法权益等具有重要作用；

(5)有利于提高我国企业和产品的国际竞争力。

三、商品标准的分类

商品标准种类很多，可以说是一个庞大而复杂的系统。商品标准分类目的不同，采用的分类标志也有所不同。

（一）按表达方式分：文件标准和实物标准

文件标准是指用特定的规范文件，通过文字、表格、图样等形式表述商品的规格、质量、检验等有关技术内容的统一规定。一般包括商品的品种、规格、基本参数、尺寸、质量要求、性能、检验方法、标志、包装等。绝大多数商品标准都是文件标准。文件标准在其开本、封面、格式、字体、字号等方面都有明确的规定，应符合《标准化工作导则标准出版印刷的规定》(GB 1.2—81)的有关规定。

实物标准，也称为标准样品或标准物质，它是指对某些难以用文字准确表达的质量要求(如色、香、味、形、手感等)，由标准化主管机构或指定部门(行业或订货方)用实物制成与文件标准规定的质量要求完全或部分相同的标准样品，按一定程序颁布，用以鉴别商品质量和评定商品等级。

实物标准是文件标准的补充，实物标准要经常更新。作为文件标准的补充，同样是生产、检验等有关方面共同遵守的技术依据。例如，粮食、茶叶、羊毛、蚕茧等农副产品,都有分等级的实物标准。GSB 61003—87 就是“汾酒实物标准”(“S”代表实物)。

(二)按实施方式或约束性分:强制性标准和推荐性标准

强制性标准,又称法规性标准,它是指由法律、行政法规规定,要强制实行的标准,即一经批准发布,在其规定的范围内,有关方面都必须严格贯彻执行。国家对强制性标准的实施依法进行有效监督。

推荐性标准,又称自愿性标准,即国家制定的标准由各企业自愿采用、自愿认证,国家采取优惠措施鼓励企业采用。实行市场经济的国家大多数实行推荐性标准。例如,国际标准及美国、日本、等国的大多数标准。

我国《标准化法》规定:凡涉及保障人体健康、人身、财产安全的标准及法律、行政法规的规定强制执行的标准,为强制性标准,其余为推荐性标准,国家采取优惠措施鼓励企业自愿采用推荐性标准。我国从 1985 年开始实行强制性和推荐性标准相结合的标准体制。截止到 2000 年底,我国已有国家标准 19278 项,其中强制性国家标准 2653 项,占国家标准的 13. 8%;推荐性国家标准 16625 项,占 86. 2% 。

(三)按成熟程度分:正式标准和试行标准

试行标准与正式标准具有同等效用,同样具有法律约束力。试行标准一般在试行 2 ~3 年后,经过讨论修订,再作为正式标准发布。现行标准绝大多数为正式标准。

(四)按保密程度分:公开标准和内控标准

我国的绝大多数标准都是公开标准。少数涉及军事技术或尖端技术机密的标准,只准在国内或有关单位内部发行,称为内控标准。

(五)按性质分:技术标准、管理标准、工作标准和服务标准

技术标准包括基础、产品、方法、安全、卫生、环保等标准。管理标准包括技术管理、生产管理、经济管理、行政管理与业务管理等标准。工作标准包括基础工作、工作质量、工作程序和工作方法等的标准。

(六)按生产过程阶段或要素分

按生产过程阶段或要素把商品标准分为 11 类:基础标准、新产品开发标准、设计标准、产品标准、原材料与零件标准、制造标准、试验与检验标准、设

备标准、包装与储存标准、管理标准、服务标准。

（七）按层次分

按商品标准的层次分：国际标准、区域标准、国家标准、行业标准、地方标准、企业标准。

第二节 商品标准的级别

为使商品标准适应不同的生产技术水平、不同的管理水平以及满足各种不同的经济技术要求，以便更有效地促进商品质量的提高和改善，对商品标准规定了不同的适用领域和有效范围，从而形成了商品标准的不同级别。

一、我国商品标准的级别

在我国，商品的标准依据其适用范围的不同分为国家标准、行业标准、地方标准和企业标准四类。

（一）国家标准

国家标准是指由国家标准化主管机构批准发布，对国家经济、技术发展有重大意义，必须在全国范围内统一的标准。

我国国家标准主要包括重要的工农业产品（商品）标准，基本原料、材料、燃料标准，通用的零件、部件、元件、器件、构件、配件和工具、量具标准，通用的试验和检验方法标准，商品质量分等标准，广泛使用的基础标准，有关安全、卫生、健康和环境保护标准，有关互换、配合通用技术术语标准等。

强制性国家标准代号为 GB，推荐性国家标准代号为 GB/T，其编号采用顺序号加发布年代号，中间加一横线分开，如 GB 18383—2001，GB/T 19000—2000。

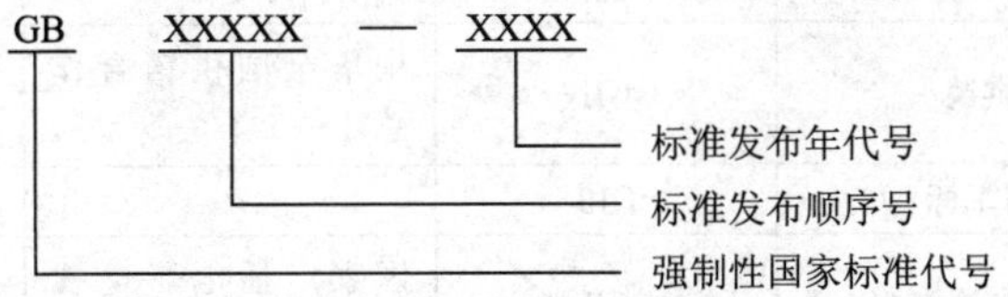

图 4－1 国家标准编号顺序

（二）行业标准

我国行业标准是指在没有国家标准的情况下，需要在行业范围内统一制定和实施的标准。行业标准包括行业范围内的主要产品标准，通用的零件、配件标准，设备、工具和原料标准，工艺规程标准，通用的术语、符号、规则、方法等基础标准。

行业标准不能与有关的国家标准相抵触，已有国家标准的不再制定这类标准。已制定有行业标准的，在发布实施相应的国家标准后，该标准即行废止。

行业标准的编号由行业标准代号、标准顺序号和年号组成（见表4－1）。

表4－1　中国行业标准一览表

序号	标准类别	标准代号	批准发布部门	标准组织制定部门
1	安全生产	AQ	国家安全生产管理局	
2	包装	BB	国家发改委	中国包装工业总公司
3	船舶	CB	国防科学工业委员会	中国船舶工业总公司
4	测绘	CH	国家测绘局	国家测绘局
5	城镇建设	CJ	建设部	建设部
6	新闻出版	CY	国家新闻出版总署	国家新闻出版总署
7	档案	DA	国家档案局	国家档案局
8	地震	DB	中国地震局	中国地震局
9	电力	DL	国家发改委	国家发改委
10	地质矿产	DZ	国土资源部	国土资源部
11	核工业	EJ	国防科学工业委员会	中国核工业总公司
12	纺织	FZ	国家发改委	中国纺织工业协会
13	公共安全	GA	公安部	公安部
14	建工国标5万号以上	GBJ	国防科工委	
15	供销	GH	中华全国供销合作总社	中华全国供销合作总社
16	国军标	GJB		
17	广播电影电视	GY	国家广播电影电视总局	国家广播电影电视总局

续表

序号	标准类别	标准代号	批准发布部门	标准组织制定部门
18	航空	HB	国防科学工业委员会	中国航空工业总公司
19	化工	HG	国家发改委	中国石油和化学工业协会
20	环境保护	HJ	国家环境保护总局	国家环境保护总局
21	海关	HS	海关总署	海关总署
22	海洋	HY	国家海洋局	国家海洋局
23	机械	JB	国家发改委	中国机械工业联合会
24	建材	JC	国家发改委	中国建筑材料工业协会
25	建筑工业	JG	建设部	建设部
26	建工行标	JGJ		
27	金融	JR	中国人民银行	中国人民银行
28	交通	JT	交通部	交通部
29	教育	JY	教育部	教育部
30	旅游	LB	国家旅游局	国家旅游局
31	劳动和劳动安全	LD	劳动和社会保障部	劳动和社会保障部
32	粮食	LS	国家粮食局	国家粮食局
33	林业	LY	国家林业局	国家林业局
34	民用航空	MH	中国民航管理总局	中国民航管理总局
35	煤炭	MT	国家发改委	中国煤炭工业协会
36	民政	MZ	民政部	民政部
37	农业	NY	农业部	农业部
38	轻工	QB	国家发改委	中国轻工业联合会
39	汽车	QC	国家发改委	中国机械工业联合会
40	航天	QJ	国防科学工业委员会	中国航天工业总公司
41	气象	QX	中国气象局	中国气象局
42	国内贸易	SB	商务部	商务部

续表

序号	标准类别	标准代号	批准发布部门	标准组织制定部门
43	水产	SC	农业部	农业部
44	石油化工	SH	国家发改委	中国石油和化学工业协会
45	电子	SJ	信息产业部	信息产业部
46	水利	SL	水利部	水利部
47	商检	SN	国家质量监督检验检疫总局	国家认证认可监督管理委员会
48	石油天然气	SY	国家发改委	中国石油和化学工业协会
49	海洋石油天然气	SY(10000 号以后)	国家发改委	中国海洋石油总公司
50	铁道	TB	铁道部	铁道部
51	土地管理	TD	国土资源部	国土资源部
52	铁道交通	TJ	铁道部标准所	
53	体育	TY	国家体育总局	国家体育总局
54	物资管理	WB	国家发改委	中国物流与采购联合会
55	文化	WH	文化部	文化部
56	兵工民品	WJ	国防科学工业委员会	中国兵器工业总公司
57	外经贸	WM	外经贸部科技司	
58	卫生	WS	卫生部	卫生部
59	文物保护	WW	国家文物局	
60	稀土	XB	国家发改委稀土办公室	国家发改委会稀办公室
61	黑色冶金	YB	国家发改委	中国钢铁工业协会
62	烟草	YC	国家烟草专卖局	国家烟草专卖局
63	通信	YD	信息产业部	信息产业部
64	有色冶金	YS	国家发改委	中国有色金属工业协会
65	医药	YY	国家食品药品监督管理局	国家食品药品监督管理局
66	邮政	YZ	国家邮政局	国家邮政局
67	中医药	ZY	国家中医药管理局	国家中医药管理局

（三）地方标准

我国地方标准是指在没有国家标准和行业标准的情况下，需要在某地区内统一制定和使用的标准。

地方标准的范围主要控制在工业产品安全卫生要求和有地方特色的产品标准以及农业标准，不能扩大到工业产品标准。建立地方标准的目的主要是考虑到我国各地经济发展的不平衡，是为了促进地方经济的发展，但不能形成市场分割和贸易保护。

地方标准为省、自治区和直辖市标准行政主管部门编制计划、组织草拟、统一审批、编号和发布，并报国务院标准行政主管部门和国务院有关行政主管部门备案。

地方标准的代号是“DB”加上省、自治区、直辖市行政区划代码的前两位数再加上斜线所组成。其顺序号和年号与国家标准、行业标准相同。

（四）企业标准

我国企业标准是指由企业制定发布，在该企业范围内统一使用的标准。

企业生产的产品没有国家标准和行业标准时，应当制定企业标准，作为企业组织生产、经营活动的依据。已有国家标准和行业标准的，企业也可以制定严于国家标准或行业标准的内控企业标准，以提高产品质量水平，保证产品质量超过国家标准或行业标准甚至国际标准的要求。

企业标准原则上由企业自行组织制定、批准和发布实施，报当地质量技术监督部门和有关行政主管部门备案。

二、国际商品标准的级别

从世界范围看，标准通常被分为国际标准、区域标准、国家标准、行业或专业团体标准。

（一）国际标准

国际标准是指国际标准化组织（ISO）、国际电工委员会（IEC）和国际电信联盟（ITU）制定的标准，以及国际标准化组织确认并公布的其他国际组织制定的标准（见表4－2）。

表4-2　ISO(国际标准化组织)确认并公布的其他国际组织

1. 国际计量局(BIPM)	26. 国际有机农业运动联合会(IFOAM)
2. 国际人造纤维标准化局(BISFA)	27. 国际煤气工业联合会(IGU)
3. 空间数据系统咨询委员会(CCSDS)	28. 国际制冷学会(IIR)
4. 国际建筑结构研究与改革委员会(CIB)	29. 国际焊接学会(IIW)
5. 国际照明委会员(CIE)	30. 国际劳工组织(ILO)
6. 国际内燃机理事会(CIMAC)	31. 国际海事组织(IMO)
7. 食品法典委员会(CODEX)	32. 国际石油理事会(IOC)
8. 烟草科学研究中心(CORESTA)	33. 国际种子检验协会(ISTA)
9. 国际牙科联合会(FDI)	34. 国际皮革工艺师和化学家协会联合会(IULTCS)
10. 国际货运代理协会联合会(FIATA)	35. 国际理论与应用化学联合会(IUPAC)
11. 国际信息与文献联合会(FIB)	36. 国际毛纺组织(IWTO)
12. 森林管理理事会(FSC)	37. 国际兽医局(OIE)
13. 国际原子能机构(IAEA)	38. 国际法制计量组织(OIML)
14. 国际航空运输协会(IATA)	39. 国际葡萄与葡萄酒局(OIV)
15. 国际民航组织(ICAO)	40. 国际铁路运输政府间组织(OTIF)
16. 国际谷类加工食品科学技术协会(ICC)	41. 材料与结构研究实验所国际联合会
17. 国际文化财产保护与修复研究中心	42. 国际铁路联盟(UIC)
18. 国际民防组织(ICDO)	43. 联合国经营、交易和运输程序和实施促进中心(UN/CEFACT)
19. 国际排灌委员会(ICID)	44. 联合国教科文组织(UNESCO)
20. 国际辐射防护委员会(ICRP)	45. 万国邮政联盟(UPU)
21. 国际辐射单位与测量委员会(ICRU)	46. 国际海关组织(WCO)
22. 国际糖分析统一方法委员会(ICUMSA)	47. 世界卫生组织(WHO)
23. 国际乳品业联合会(IDF)	48. 世界知识产权组织(WIPO)
24. 因特网工程特别工作组(IETF)	49. 世界气象组织(WMO)
25. 国际图书馆协会与学会联合会(IFLA)	

(二)区域标准

区域标准是指由世界某一区域性标准化组织制定的标准。区域标准的目的在于促进区域性标准化组织成员国进行贸易,便于该地区的技术合作和技术交流,协调该地区与国际标准化组织的关系。国际上较为重要的区域标准有欧洲标准化委员会(CEN)制定的欧洲标准(EN)、欧洲电工标准化委员会(CENELEC)制定的标准、亚洲标准咨询委员(ASAC)制定的标准、泛美技术标准委员会(COPANT)制定的标准、非洲地区标准化组织(ARSO)制定的标准等。

（三）国家标准

各国国家标准由国家标准化主管机关批准发布，部分国家标准编号如表4－3所示：

表4－3 部分国家标准编号

序号	代号	含义	负责机构
1	ANSI	美国国家标准	美国标准学会 ANSI
2	BS	英国国家标准	英国标准学会 BSI
3	DIN	德国国家标准	德国标准化学会 DIN
4	JIS	日本工业标准	日本工业标准调查会 JISC
5	NF	法国国家标准	法国标准化协会 AFNOR

（四）行业或专业团体标准

一些国家的专业团体（学会、协会或其他民间团体）也发布标准，其中有些标准也是国际上公认的权威标准，它们为行业提供了很好的技术规范并被广泛采用。

例如，美国试验与材料协会（ASTM）主要从事发展机械工程及其有关领域的科学技术，鼓励基础研究，促进学术交流，发展与其他工程学、协会的合作，开展标准化活动，制定机械规范和标准。其他的有美国石油学会标准（API）、美国机械工程师协会标准（ASME）、美国食品与药物管理局标准（FDA）、美国机动车工程师协会标准（SAE）、美国电信工业协会标准（TIA）、美国军用标准（MIL）、美国电子工业协会标准（EIA）、美国电气制造商协会标准（NEMA）、英国船级社（LR）、德国电气工程师协会标准（VDE）等。

第三节 商品标准的内容

一、商品标准的制定原则

商品标准的制定遵循以下原则：

（1）贯彻国家的有关方针、政策、法律、法规；

（2）充分考虑消费需求和社会需求；

(3)有利于保障安全和人民的身体健康;

(4)技术先进,经济合理;

(5)有利于合理开发利用国家资源,保护自然资源和生态环境;

(6)积极采用国际标准和国外先进标准,充分考虑对外经济技术合作和贸易的需要;

(7)协调统一,完整配套,军民通用;

(8)掌握制定商品标准的时机,并根据科技发展和经济建设的需要适时修订。

二、商品标准的基本内容

根据《标准化工作导则》编写标准的一般规定,商品的文件标准由概述部分、技术内容部分和补充部分三部分组成。

(一)概述部分

概述部分概括地说明标准化的对象和内容、适用范围以及批准、发布、实施的时间等。包括封面、目录、标准名称、引言等内容。

(二)技术内容部分

技术内容部分是整个标准化的核心,其中对标准化对象的实质性内容作了具体规定。技术内容部分包括名词术语、符号代号、产品品种规格、技术要求、试验方法、检验规则、标志、包装、运输、储存等内容。

(三)补充部分

补充部分是对标准条文所作的必要补充说明和提供使用的参考资料。包括附录和附加说明两部分。

三、商品标准的实施

商品标准的实施是整个标准化活动的一个重要环节。商品标准的贯彻与实施,要依靠技术监督部门、产品归口部门、设计部门和企业等各方面相互配合,分工协作,共同努力。

(1)商品标准一经批准发布,就成为商品生产、流通、消费领域的技术依据，各部门在贯彻执行中不得擅自更改或降低标准。

(2)质量监督检验部门要严格按照标准进行商品质量监督与认证，这是保证标准贯彻实施的重要手段。

(3)在贯彻实施商品标准过程中，还要做好信息反馈、调查研究等工作，为将来的修订准备条件。

第四节　商品标准化

一、商品标准化的概念

(一)标准化的概念

我国 GB/T 20000. 1—2002 对“标准化”的定义：“为了在一定范围内获得最佳秩序，对现实问题或潜在问题制定共同使用和重复使用的条款的活动。”

(1)标准化是一项活动，一个过程。其对象是共同的可重复的事物，包括从标准的编制、发布到实施的全过程。

(2)标准化所涉及的现实问题或潜在问题范围非常宽广，除了生产、流通、消费等经济活动以外，还包括科学、技术、管理等活动。

(3)标准化的目的就是要在一定范围内获得最佳秩序。

标准化的实质是一种制定、发布、实施和修改标准的活动过程。标准是标准化活动的中心。

(二)商品标准化的概念

商品标准化是指在商品生产和流通的各个环节中制定、发布以及实施商品标准的活动，以获得最佳市场秩序和社会效益。

商品标准化水平是衡量一个国家生产技术水平和管理水平的尺度，是现代化的重要标志。

商品标准化的内容包括名词术语统一化、商品质量标准化、商品质量管理与质量保证标准化、商品分类编码标准化、商品零部件通用化、商品品种规格系列化、商品检验与评价方法标准化、商品包装、储运、养护标准化和规范化等。

商品标准化是一项系统管理活动，涉及面广，专业技术要求高，政策性强，因此，必须遵循统一管理与分级管理相结合的原则，建立一套完善的标准化机构和管理体系，调动各方面的积极性，搞好分工协作，汲取国外标准化的先进经验，才能顺利完成商品标准化的任务。

依据《中华人民共和国标准化法》中的规定，国务院标准化行政主管部门统一管理全国标准化工作，国务院有关行政主管部门分工管理本部门、本行业的标准化工作。为充分发挥生产、使用、科研、教学和管理等方面科技人员和专家在标准化工作中的作用，国家质监总局在各个领域组建了“全国专业标准化技术委员会”。截至1999年，我国已成立了258个全国专业标准化技术委员会，420多个分委员会，聘请26500多名各方面专家和管理人员为委员会委员。

二、商品标准化的形式

商品标准化的形式主要有简化、统一化、系列化、通用化、组合化和模数化等。简化和统一化是最古老的、初级的一般标准化形式；而系列化、通用化、组合化和模数化是标准化发展的高级形式。

（一）简化

简化是在一定范围内缩减商品的类型数目，使之在既定时间内足以一般需要的商品标准化形式。简化是商品标准化的初级形式，也是实践中应用较广泛的一种形式。简化一般在事后进行，它是商品系统发展的外在动力，是对商品类型有意识控制的有效形式，是控制复杂性、防止多样性自由泛滥的一种手段。

简化的目的是控制商品类型的盲目膨胀，而不是一般的限制多样性。通过合理简化，消除不必要的商品类型以及同类商品中多余的、重复的和低功能的商品品种。简化的原则包括事后进行原则和限定时空原则（这种缩减在一定时空范围内进行，其结果应能保证在既定时间和空间内满足一般需要）。

（二）统一化

统一化是把同类商品两种以上的表现形式归结为一种或限定在一定范围内的商品标准形式。统一化是商品标准化活动中内容最广泛、开展最普通的一种形式。在商品标准化的活动中需要统一的对象很多，如概念、符号、代号、术语、标识、质量指标、检验、包装、储运、质量管理等。

（三）系列化

系列化是对同一类商品中的一组商品进行标准化的一种形式。它是通过对同一类商品发展规律的分析研究，国内外产需发展趋势的预测，结合我国生产技术条件，经过全面的技术经济比较，将商品的主要参数、型式、尺寸、基本结构等做出合理的安排与规划，以协调同类商品和配套商品之间的关系，从而使某一类商品系统的结构优化、功能最佳的标准化形式。

（四）通用化

通用化指在相互独立的系统中，选择和确定具有功能互换性或尺寸互换性的子系统或功能单元的标准化形式。

（五）组合化

组合化是指按照标准化的原则，设计并制造出一系列通用性较强的（标准）单元，根据需要拼合成不同用途的商品的一种标准化形式。

组合化的过程既包括分解，也包括组合，是分解与组合的统一。在商品设计、生产和使用过程中，可以运用组合化的方法。组合化的内容主要是选择和设计标准单元和通用单元，又称"标准组合元"。确定组合元的程序是：先确定其应用范围，然后划分组合元，编排组合型谱；检验组合元是否能完成各种预定的组合；设计组合元件并制定相应的标准；根据标准预先制造和储存一定数量的标准组合元；根据需要组装成不同用途的商品。组合化的原理和方法已广泛应用于机械类商品、仪器仪表、家具等的制造与使用。

（六）模数化

模数化是指在系统设计、计算和结构布局中，制定和使用尺寸协调的标准模数的活动。

应用标准模数使产品和建筑物的结构尺寸达到模数配合，当所有的配合尺寸都是模数或是基本模数（M）的倍数时，称为完全的模数配合。模数配合作为尺寸指南，不但给制造单位一套协调的产品尺寸，而且给设计人员提供了可供最佳选择的尺寸，使产品或建筑物具有最佳结构。

由于模数具有优良的尺寸拼加性，在外包物与内包物之间具有良好的容纳性。因此，在仪器仪表工业中，元件、器件、零部件与机箱、机柜之间，集装箱与包装箱之间等具有尺寸对接关系的积木组装结构制品中具有广泛应用。

三、商品标准化的作用

(1)标准化是现代化商品生产和流通的必要前提,是巩固和发展专业化协作生产的基本条件;

(2)标准化是建立最佳秩序,实现现代化科学管理以及全面质量管理的基础;

(3)标准化是提高商品质量和合理发展商品品种,提高企业竞争力的技术保证;

(4)标准化是合理利用资源、保护环境、增产节约、促进经济全面发展和提高社会经济效益的有效手段;

(5)标准化是积累实践经验,推广应用新技术,促进技术进步的桥梁;

(6)标准化是国际经济技术交流的纽带和国际贸易的调节工具。

四、商品标准化与国际贸易

(一)国际贸易壁垒

贸易壁垒又称贸易障碍,是对国外商品劳务交换所设置的人为限制。主要是指一国对外国商品劳务进口所实行的各种限制措施。贸易壁垒一般分为关税壁垒和非关税壁垒。

关税壁垒指进出口商品经过一个国家的关界时,由海关向进出口商征税的一种贸易壁垒。

非关税壁垒是指关税以外的一切限制进口的措施,是通过法律、政策等措施形成的限制进口的贸易壁垒。非关税壁垒分为两类:①进口国直接对进口商品的数量或金额加以限制,如进口配额制、进口许可证制、外汇管制等;②技术壁垒是指由各种技术法规和技术标准形成的贸易壁垒。各国为解决进出口贸易的不平衡,保护本国或本地区的利益,纷纷由关税壁垒转向技术壁垒。

（二）贸易技术壁垒的主要表现形式

贸易技术壁垒主要有以下表现形式：

(1)各种技术法规。

(2)严格的技术标准。

(3)商品及其包装的特殊要求和规定。

(4)工业产权、知识产权的技术保护。

(5)质量认证和认可制度、物品编码系统、计量单位、标志等。国际贸易中质量认证和认可制度易、物品编码、标志、计量单位等往往也成为技术壁垒的手段。国际贸易对商品的质量认证、认可制度尤为重视，有些国家甚至限制没有经过认证的商品进入本国市场。

（三）采用国际标准，打破贸易技术壁垒

现在国际贸易中采用的标准有四种类型：①国际标准；②出口国要参考进口国的标准；③按本国标准生产；④采用买方或卖方或买卖双方共同协商同意的技术要求。

国际标准是大多数国家所能接受的，使交易双方都处于平等的地位，不会因标准的差异而产生技术壁垒；此外，采用国际标准还可以提高本国的标准水平和商品在国际市场上的竞争力，公正地解决国际贸易中的纠纷。

案例

中国打火机遭遇新壁垒——打火机安全装置案

2001 年 10 月，在我国胜利完成加入世贸组织的各项谈判时，一个旨在保护欧洲打火机制造商利益的贸易法案也在悄然拟定中，这就是欧盟卫生和消费者保护协会主持制定的《打火机——防止儿童开启要求及测试方法》(简称 CR 法规)。

这一消息通过欧洲打火机进口商协会传到了温州日丰打火机有限公司董事长黄发静耳里。他一听到这个信息，立即意识到问题的严重性。黄发静一边向与他们有共同利益的境外盟友——欧洲打火机进口商征询，有没有可供采取的举措；一边向国内的外经贸专家请教，从 WTO 法规中寻找突破口，进行合法的抗辩和抵制；同时通过行业协会，联合温州打火机生产企

业，开展积极的应诉和游说活动。这是我国加入WTO后第一起为抵制不公正贸易法规而采取的抗辩行动。作为此次行动的发起人，黄发静已联合了温州最大的21家打火机生产企业，开展统一的抵制活动。他们的这种积极应对态度和措施，得到外经贸部的高度重视和大力支持，专门应对各种贸易纠纷而组建的外经贸部公平贸易局，也及时介入了他们抵制欧盟CR法规的行动。

检验打火机是否符合CR法规标准的方法，是随机召集100名年龄在51个月以下的儿童，在无人指导的情况下让他们开启被检验的打火机，如果有85%以上儿童难以开启，这批产品才算符合CR规定，否则不准进口。要达到CR法规标准，就必须在每个打火机上加装一个安全装置，俗称安全锁。不难想象，如此一来，一会增加生产成本，使我国产品失去价格优势，二会因为使用不便，使部分顾客放弃使用加锁的产品，失去市场。而且，这种安全装置大多在欧美国家申请了专利权，要在打火机这么个小产品上研制同一效果的装置，又不能涉及他人专利，是非常困难的，况且它的技术还须得到进口国相关机构的认可，认证权实际上掌握在竞争对手的手里，这就难上加难。

由此可见，这种以安全为由的技术壁垒，实际是套在我国企业脖子上的一条条绳索，随时可以用来制约你，但在应对上要比反倾销起诉更复杂、更艰难，对我国出口企业来说，这是个全新的领域、全新的课题，是一次新的艰巨的挑战。CR法规虽然看起来冠冕堂皇，无懈可击，但仔细推敲，它违反了世贸组织的有关规则，带有明显的贸易歧视倾向。

首先，一个产品的价格定位，是依据它的生产成本和合理利润，最终的价格定位取决于市场的接受程度和供求关系，跟安全与否无关。但CR法规却把价格作为产品的安全标准而加以限制，显然违反了自由贸易的原则，是一种价格歧视。事实上，打火机生产有一套国际通行的安全标准，这就是ISO 9994国际安全标准，从2001年6月1日开始，温州出口的打火机全部纳入这一法定的安全检验和检测，检测机构是国家质检局天津危险品中心实验室，并且在产品上标明禁止儿童使用。如果说，打火机对儿童安全有潜在威胁，那世界上任何打火机一旦被儿童接触或被拿去玩耍，都有危险，而不是2欧元以下的才有危险，2欧元以上的就没有危险。

其次，从技术角度讲，温州生产的金属外壳可充气打火机，采用的气胆材料通常为尼龙和聚甲醛，其耐压性能、抗压性能和高温承受性能都超过一次性打火机,同时还有金属外壳保护。而CR法规混淆一次性打火机和金属外壳打火机的区别,笼统地以价格为标准加以限制,是有意混淆概念,造成竞争的不公平。如果单纯从安全角度讲,欧美等国家生产的以汽油为燃料的汽油打火机更有危险性。

为在国际贸易中争得公平的地位和待遇,在政府有关部门的统一部署下,温州市烟具行业协会和成员企业积极运用世贸规则,收集相关材料,与欧洲打火机进口商协会联手,在进口国进行游说和抗辩。与此同时,温州打火机生产企业也组织了一个民间游说团,利用各自的渠道到各进口国游说,抵制CR法规。据说,目前他们已在欧盟成员国中争取到了20多张反对CR法规的表决票,如果能再争取到十多张,就能成功抵制该法规出台。

资料来源:百度文库WTO－TBT案例。

思考题

1. 结合案例分析各种国际商品标准的理解解释对企业商品销售的影响。
2. 案例对从事生产经营特别是国际化企业的启示是什么?

复习题

一、简答题

1. "标准"概念有哪几方面的含义?
2. ISO是个什么组织?它的宗旨和主要活动是什么?
3. 采用国际标准的含义是什么?

二、实训项目

教师选定2～3种商品,要求学生通过查找标准了解这些商品在质量、包装、储存等方面的要求。

本章小结

商品标准是指为保证商品的适用性,对商品必须达到的部分或全部要求所制定的标准,包括商品品种、规格、技术要求、检测规则、包装、贮藏、运输和储存等。商品标准按照表现形式分为文件标准和实物标准;按照对象特征分为技术标准、管理标准和工作标准;按照约束力分为强制性标准和推荐性标准。制定标准、组织实施和对标准进行监督,是标准化的主要任务。

【附录】《中华人民共和国国家标准—小麦》(GB 1351—2008)

本标准全文强制。

本标准是对 GB 1351—1999《小麦》的修订。

本标准与 GB 1351—1999 的主要技术差异：

——修改了杂质等术语和定义；

——增加了硬度指数术语和定义；

——以硬度指数取代角质率、粉质率作为小麦硬、软的表征指标；

——对分类原则和指标进行了调整；

——对质量要求中的不完善粒指标做了修改；

——增加了检验规则；

——增加了有关标签标识的规定。

本标准自实施之日起代替 GB 1351—1999《小麦》。

本标准由国家粮食局提出。

本标准由全国粮油标准化技术委员会归口。

本标准起草单位：国家粮食局标准质量中心、北京国家粮食质量监测中心、河南省粮食局、国家粮食局科学研究院、中国储备粮管理总公司、河南工业大学、农业部谷物及制品质量监督检验测试中心、山东省粮食局、河北省粮食局、安徽省粮食局、内蒙古自治区粮食局、黑龙江省粮食局、江苏省粮食局、四川省粮食局、新疆维吾尔自治区粮食局、陕西省粮食局、吉林省粮食局。

本标准主要起草人：杜政、唐瑞明、龙伶俐、朱之光、谢华民、李玥、周光俊、尚艳娥、周展明、王彩琴、尹成华、张玉琴、孙辉、袁小平、吴存荣、王乐凯、杜向东、肖立荣、丁世琪、伊军、徐向颖、顾雅贤、杨军、刘玉平、张雪梅、宋长权。

本标准所代替标准的历次版本发布情况为：GB 1351—1986、GB 1351—1999。

小 麦

1. 范围

本标准规定了小麦的术语和定义、分类、质量要求、检验方法、检验规则、标签标识，以及包装、储存和运输要求。

本标准适用于收购、储存、运输、加工和销售的商品小麦。

本标准不适用于本标准分类规定以外的特殊品种小麦。

2. 规范性引用文件

下列文件中的条款通过本标准的引用而成为本标准的条款。凡是注日期的引用文件，其随后所有的修改单（不包括勘误的内容）或修订版均不适用于本标准，然而，鼓励根据本标准达成协议的各方研究是否可使用这些文件的最新版本。凡是不注日期的引用文件，其最新版本适用于本标准。

GB 2715 粮食卫生标准

GB 13078 饲料卫生标准

GB 5491 粮食、油料检验 扦样、分样法

GB/T 5490 粮食、油料及植物油脂检验 一般规则

GB/T 5492 粮食、油料检验 色泽、气味、口味鉴定法

GB/T 5493 粮食、油料检验 类型及互混检验法

GB/T 5494 粮食、油料检验 杂质、不完善粒检验法

GB/T 5497 粮食、油料检验 水分测定法

GB/T 5498 粮食、油料检验 容重测定法

GB/T 小麦硬度测定——硬度指数法

3. 术语和定义

下列术语和定义适用于本标准。

3.1　容重（test weight）

小麦籽粒在单位容积内的质量，以克/升（g/L）表示。

3.2　不完善粒（unsound kernel）

受到损伤但尚有使用价值的小麦颗粒。包括虫蚀粒、病斑粒、破损粒、生芽粒和生霉粒。

3.2.1　虫蚀粒：被虫蛀蚀，伤及胚或胚乳的颗粒。

3.2.2　病斑粒：粒面带有病斑，伤及胚或胚乳的颗粒。其中：

3.2.2.1　黑胚粒：籽粒胚部呈深褐色或黑色，伤及胚或胚乳的颗粒。

3.2.2.2　赤霉病粒：籽粒皱缩，呆白，有的粒面呈紫色，或有明显的粉红色霉状物，间有黑色子囊壳。

3.2.3　破损粒：压扁、破碎，伤及胚或胚乳的颗粒。

3.2.4　生芽粒：芽或幼根虽未突破种皮但胚部种皮已破裂或明显隆起且与胚分离的颗粒，或芽或幼根突破种皮不超过本颗粒长度的颗粒。

3.2.5 生霉粒:粒面生霉的颗粒。

3.3 杂质(foreign material)

除小麦粒以外的其他物质,包括筛下物、无机杂质和有机杂质。

3.3.1 筛下物:通过直径1.5毫米圆孔筛的物质。

3.3.2 无机杂质:砂石、煤渣、砖瓦块、泥土等矿物质及其他无机类物质。

3.3.3 有机杂质:无使用价值的小麦,异种粮粒及其他有机类物质。

注:常见无使用价值的小麦有:霉变小麦、生芽粒中芽超过本颗粒长度的小麦、线虫病小麦、腥黑穗病小麦等籽粒。

3.4 色泽、气味(colour and odour)

一批小麦固有的综合颜色、光泽和气味。

3.5 小麦硬度指数(hardness index)

在规定条件下粉碎小麦样品,留存在筛网上的样品占试样的质量百分数,简称HI。硬度指数越大,表明小麦硬度越高,反之表明小麦硬度越低。

4. 分类

根据小麦的粒质和皮色分为以下五类:

4.1 硬质白小麦:种皮为白色或黄白色的麦粒不低于90%,硬度指数不低于60%的小麦。

4.2 软质白小麦:种皮为白色或黄白色的麦粒不低于90%,硬度指数不高于45%的小麦。

4.3 硬质红小麦:种皮为深红色或红褐色的麦粒不低于90%,硬度指数不低于60%的小麦。

4.4 软质红小麦:种皮为深红色或红褐色的麦粒不低于90%,硬度指数不高于45%的小麦。

4.5 混合小麦:不符合第4.1条至第4.4条规定的小麦。

5. 质量要求和卫生要求

5.1 质量要求

各类小麦质量要求见表1。其中容重为定等指标,3等为中等。

表 1　小麦质量要求

等级	容重（g/L）	不完善粒（%）	杂质（%）		水分（%）	色泽、气味
			总量	其中：矿物质		
1	≥790	≤6.0	≤1.0	≤0.5	≤12.5	正常
2	≥770					
3	≥750	≤8.0				
4	≥730					
5	≥710	≤10.0				
等外	<710	—				

注："—"为不要求。

5.2　卫生要求

5.2.1　食用小麦按 GB 2715 及国家有关规定执行。

5.2.2　饲料用小麦按 GB 13078 及国家有关规定执行。

5.2.3　其他用途小麦按国家有关标准和规定执行。

5.2.4　植物检疫按国家有关标准和规定执行。

6. 检验方法

6.1　扦样、分样：按 GB 5491 执行。

6.2　色泽、气味检验：按 GB/T 5492 执行。

6.3　小麦皮色检验：按 GB/T 5493 执行。

6.4　小麦硬度检验：按 GB/T XXXX 执行。

6.5　杂质、不完善粒检验：按 GB/T 5494 执行。

6.6　水分检验：按 GB/T 5497 执行。

6.7　容重检验：按 GB/T 5498 执行。

7. 检验规则

7.1　检验的一般规则按 GB/T 5490 执行。

7.2　检验批为同种类、同产地、同收获年度、同运输单元、同储存单元的小麦。

7.3　判定规则：容重应符合表 1 中相应等级的要求，其他指标按国家有关规定执行。

8. 标签标识

应在包装物上或随行文件中注明产品的名称、类别、等级、产地、收获年度和月份。

9. 包装、储存和运输

9.1　包装

包装应清洁、牢固、无破损，封口严密、结实，不得撒漏；不得给产品带来污染和异常气味。

9.2　储存

应储存在清洁、干燥、防雨、防潮、防虫、防鼠、无异味的仓房内，不得与有毒有害物质或含水量较高的物质混存。

9.3　运输

应使用符合卫生要求的运输工具和容器运输，运输过程中应注意防止雨淋和被污染。

第五章

商品检验

学习目的与要求

本章介绍了商品检验方面的相关知识，要求学生理解商品检验的概念和分类；掌握商品抽样的概念、方法以及商品检验的基本方法；熟悉商品品级的概念及商品品级的划分。

关键词

商品检验　抽样　商品检验方法　商品品级

建议 5 课时

导入案例

苏州对上市食品进行抽检

今日，苏州市食品安全委员会办公室联合该市卫生、质监、工商等部门，发布了食品安全抽检信息公告。苏州市场上食品抽检合格率为96.3%，共有55个批次的商品被查出不合格。

公告显示，苏州市各食品安全监管部门对蔬菜、水果、食用菌、大米、食用植物油、奶制品、肉制品等进行了日常监督抽检。总计1482批次，不合格55批次，总体合格率96.3%。

在不合格产品的黑名单上，这些商品涉及卤菜、白酒、调味品、粉丝等多个品种，其中一些来自大型知名超市。如苏州悦家超市有限公司家乐福体育中心店销售的300克/袋的龙须红薯粉丝，被测出菌落总数超标；该店销售的散称卤香猪头肉、卤香牛肉，被测出大肠菌群超标。江苏华润万家超市有限公司苏州绿宝店销售的80克/袋的润之家锅巴（孜然味），和18克/包×40包/袋的福马牌油炸休闲小点心（虾味），都被测出大肠菌群超标。

资料来源：现代快报，2012年3月16日。

第一节 商品检验概述

一、商品检验的概念和分类

（一）商品检验的概念

商品检验是指商品的供货方、购货方或者第三方在一定条件下，借助某种手段和方法，按照合同、标准或国际、国家有关法律、法规、惯例，对商品的质量、规格、重量以及包装等方面进行检查，并做出合格与否或通过检验与否的判定；或者为维护买卖双方合法权益以及避免或解决双方争议而出具各种有关证书的业务活动。

商品的质量检验是商品检验的中心内容，也是商品学研究的一个重要内容，除涉及进出口商品检验外，一般所说的商品检验就是指商品质量检验。因此它属于狭义的商品检验。但即使全面质量管理不断发展，商品质量检验仍然是商品质量管理工作的一项重要内容。

（二）商品检验的分类

1. 根据商品检验目的分类

商品检验依据目的不同，可分为生产检验（第一方检验）、验收检验（第二方检验）和第三方检验三种。

第一方检验也称生产检验，是商品生产者为了维护企业的信誉、保证商品质量对半成品和成品进行检验的活动；第二方检验也称验收检验，是指商品的买方为了维护自身及顾客的利益，保证所购商品的质量满足合同的规定或标准要求所进行的检验活动；第三方检验是指处于买卖利益之外的第三方，以公正权威的非当事人身份根据有关法律、法规、合同或标准所进行的检验。

2. 根据被检验商品有无破坏分类

商品检验按有无破坏性可分为破坏性检验和非破坏性检验。破坏性检验是指为了取得必要的质量信息，经测定，实验后的商品遭受破坏性的检验；非破坏性检验是指经测定、实验后的商品仍能够正常使用的检验，也称无损检验。

3. 根据检验商品的数量分类

商品检验按检验商品的相对数量可以分为全数检验、抽样检验和免于检验。

全数检验是对被检批商品逐个（逐件）地进行检验，也称百分之百检验。这种检验可以提供较多而准确的信息，但这种方法只适用于商品批量小、商品特性少、非破坏性的商品检验。实际工作中，全数检验只用于贵重、质量不够稳定的商品的质量检验。

抽样检验是商品检验中的常见方式，它是按照事先确定的抽样方案，从被检批商品中随机抽取少量样品，组成样本，再对样品逐一测试，并将检验结果与标准或合同技术要求进行比较，最后由样本质量状况统计推断受检商品的整体质量是否合格的检验。它适用于批量大、价值低、质量特性多且质量较为稳定的商品检验。

免于检验是指对于生产技术和检验条件较好，具有良好的质量运行体系，成品质量长期稳定的生产企业的商品，在企业自行检验合格后，商业和外贸部门可以直接收货，免于检验。获得免检的产品，可按规定自愿在商品或其品牌、包装物、使用说明书、质量合格证上使用免检标志，并在三年内免于各地区、各部门各种形式的质量监督检查。

二、商品检验的目的与任务

商品检验的目的就是运用科学的检验技术和方法正确、公正地评定商品质量。从宏观来看，商品检验是保证国家利益和民族安全的有力武器，是一个国家对经济实行有效管理的重要手段。从微观来看，商品检验可以维护消费者和企业的利益，把好质量关，确保进入流通领域的商品质量、确保商品等价交换得以公平进行，实现商品的使用价值。

商品检验的任务主要包括以下几个方面：

(1)从商品的用途和使用条件出发，分析和研究商品的成分、结构、性质及其对商品质量的影响，准确地确定商品的质量。

(2)拟定检验商品的质量指标。商品质量是根据多方面的因素来确定的，为确定商品质量的高低，需事先根据商品的用途及其使用条件，将商品需达到的基本质量要求所做的规定质量指标作为商品检验的项目，通过检验为正确评价商品质量提供依据。

(3)科学地确定检验方法。不断研究商品检验的科学方法和条件，提高商品检验的科学性、精确性、可靠性，使商品检验工作更科学化、现代化；探讨提高商品质量的途径和方法，促进商品质量的提高，并为选择适宜的包装、保管和运输方法提供依据。科学地确定检验方法在进出口贸易中显得尤为重要。

(4)确定商品包装、保管、运输的条件。根据商品性能、特点及其物理、化学特性，提出包装、运输、储存的科学方法和条件。

三、商品检验的依据

为使检验结果更具有公正性和权威性,必须根据具有法律效力的质量法规、标准及合同等开展商品检验工作。

1. 商品质量法规

商品质量法规是国家组织、管理、监督和指导商品生产和商品流通,调整经济关系的准绳,具有足够的权威性、法制性和科学性,是各部门共同行动的准则,也是商品检验活动的重要依据。质量法规包括商品检验管理法规、产品质量责任制法规、计量管理法规、生产许可证及产品质量认证管理法规等。

2. 技术标准

技术标准对产品的结构、规格、质量要求、实验检验方法、验收规则、计算方法等均做了统一规定,是生产、检验、验收、使用、洽谈贸易的技术规范,也是商品检验的主要依据,它对保证检验结果的科学性和准确性,具有重要意义。

3. 购销合同

供需双方约定的质量要求必须共同遵守。一旦发生质量纠纷,购销合同的质量要求,即仲裁、检验的法律依据。购销合同必须符合《中华人民共和国经济合同法》的要求。

四、商品检验的程序

商品质量检验工作程序通常包括以下内容:定标—抽样—检验—比较—判定—处理。

1. 定标

检验前根据合同或标准规定,明确技术要求,掌握检验手段和方法以及商品合格判定原则,拟定商品检验计划。

2. 抽样

按合同或标准规定的抽样方案,随机抽取样品,使样品对商品批总体具有充分的代表性,同时要对样品进行合理的保护。

3. 检验

在规定的环境条件下,使用规定的试验设备和试验方法,检测样品的质量特性。

4. 比较

将检查的结果同要求进行比较,衡量其结果是否合乎质量要求。

5. 判定

通过将检测的结果与合同及标准所规定技术指标进行比照,根据合格判定原则,对被检商品合格与否做出判定。

6. 处理

对检验结果出具检验报告,反馈质量信息,对不合格的商品做出处理。

五、商品检验的内容

(一)品质检验

根据合同和有关检验标准规定或申请人的要求对商品的使用价值所表现出来的各种特性、运用各种检验手段,包括感官检验、物理检验、化学分析、仪器分析、微生物检验、生理学检验等方法,对商品的品质、等级等进行检验。其目的就是判别、确定该商品的质量是否符合合同中规定的商品质量条件。品质检验包括外观品质和内在品质检验两种。

1. 外观品质检验

对商品外形、花色、结构、款式、表面色彩、表面精度、软硬度、光泽度、新鲜度、成熟度、气味等的检验。

2. 内在品质检验

对商品的化学组成、性质和等级等技术指标的检验。内在品质包含的内容较多,如成分检验包括有效成分的种类及含量、杂质及有害成分的限量等;性能检验包括商品应具备的强度、硬度、弹性、伸长率、耐热性等物理性能,耐酸碱性、抗 腐蚀性、溶解性等化学性能;机械性能检验包括抗压、抗拉、冲击、振动、跌落等;使用性能检验包括汽车的车速、刹车要求,电视机的声响、图像效果等。

（二）规格检验

规格表示同类商品在量（如体积、容积、面积、粗细、长度、宽度、厚度等）方面的差别，与商品品质优次无关。如鞋类的大小、纤维的长度和粗细、玻璃的厚度和面积等规格，只表明商品之间在量上的差别，而商品品质取决于品质条件。商品规格是确定规格差价的依据。

由于商品的品质与规格是密切相关的两个质量特征，因此，贸易合同中的品质条款中一般都包括了规格要求。

（三）数量和重量检验

数量和重量是贸易双方成交商品的基本计量和计价单位。商品重量和数量的多少，直接关系着双方的经济利益，也是对外贸易中最敏感而且容易引起争议的因素之一，因此要求检验机构做出检验和鉴定。数量检验是按照发票、装箱单或尺码明细单等规定，对整批商品进行逐一清点，证明其实际交货数量。它们包括了商品个数、件数、双数、打数、长度、面积、体积、容积和重量等。重量检验就是根据合同规定，采用不同的计量方式，对不同的商品计量出它们准确的重量。

（四）包装检验

包装检验是根据外贸合同、标准和其他有关规定，对商品的外包装和内包装以及包装的标志、数量、完整性等进行检验。主要包括：

(1)包装是否合乎国家、地方政府、行业主管部门以及双方合同的有关规定。

(2)销售包装是否标明了国家、地方政府、行业主管部门规定必须检验的内容，以及双方合同规定的内容。如预包装食品、化妆品、食品、服装、家用电器等商品国家都有相应的标准，规定了其运输包装、销售包装应该标注的内容。

(3)包装是否完好无损，包装材料、包装方式和衬垫物等是否符合合同规定要求。对外包装破损的商品，要另外进行验残，查明货损责任方以及货损程度。

(4)包装的数量是否正确。对于大多数代销商品，多数商业企业不需要打开包装进行检验。对于价值大的、购销的商品，很多企业要求必须逐件打开包装检验签收。

(5)对出口商品包装的检验,除包装材料和包装方法必须符合外贸合同、标准规定外,还应检验商品内外包装是否牢固、完整、干燥、清洁,是否适于长途运输和确保商品的质量、数量。

(五)卫生检验

卫生检验主要是根据《中华人民共和国食品卫生法》、《化妆品卫生监督条例》、《中华人民共和国药品管理法》等法规,对食品、药品、食品包装材料、化妆品、玩具、纺织品、日用器皿等进行的卫生检验,以保障人民健康和维护国家信誉。如《中华人民共和国食品卫生法》规定:"食品、食品添加剂、食品容器、包装材料和食品用工具及设备,必须符合国家卫生标准和卫生管理办法的规定。"

(六)安全性能检验

安全性能检验是根据国家规定和外贸合同、标准以及进口国的法令等要求,对商品有关安全性能方面的项目进行的检验,如易燃、易爆、易触电、易受毒害、易受伤害等,以保证生产使用和生命财产的安全。目前,除船舶及主要船用设备材料和锅炉及压力容器的安全监督检验,根据国家规定分别由船舶检验机构和劳动部门的锅炉、压力容器安全监察机构负责监督检查外,其他商品涉及安全性能方面的项目,由商检机构根据有关规定和要求进行检验,以维护人身安全和确保经济财产免遭侵害。

第二节 商品抽样

进行商品检验时,必须遵守为保证检验结果准确性的各种规定,其中正确的商品抽样方法是保证获得准确检验结果的重要因素。

一、抽样的概念

抽样是根据合同或标准所确定的方案,从被检批商品中抽取一定数量有代表性的、用于检验的单位商品的活动,又称为取样或拣样。

被检批商品应为同一来源、同质的商品，一般以一个订货合同为一批，若同批质量差异较大或订货量很大或连续交货，也可分为若干批。

1. 单位商品

为了实施抽样检查的需要而划分的基本单位，其划分形式有自然划分和按抽检需要人工划分两种。如有些产品可自然划分，如一只铅笔、一把胡琴、一套服装等；有些则不能自然划分，需要根据人们的习惯来划分，如每瓶墨水、每袋花生、每百米电线等。

2. 批

具有大致相同的生产加工条件、生产时间大致相同的同等级、同品种、同规格尺寸、同原材料工艺的产品可组成商品批。一批商品中每个单位商品的性质、功能必须接近。

3. 批量

被检批商品中所包含的单位商品的总数称为批量，用 N（自然数）表示。批量大小应由商品特点和生产、流通条件决定。体积小、质量稳定的，批量可大些；反之，批量则小些。根据抽样检验的要求，批量不宜太小或太大。批量太小则检验量大、费用高，失去抽样检验的优越性；而批量太大，一方面容易混淆不同来源、不同质量的商品，另一方面若因不合格而拒收，则再进行全数检验或返工或退货的工作量大，造成供货方损失增加，同时批量太大还会给抽样带来困难。

4. 样本

由被检批中抽取用于检验的单位商品（即样品）的全体。样本中所包含的单位商品数量称为样本大小或样本量，通常用 n 表示。

二、商品抽样的方法

商品抽样是商品检验工作的重要环节，由于商品数量多、商品检验时间长，有些商品检验带有一定的破坏性，所以除批量太少的商品或绝对不允许有不合格品存在而必须进行百分之百检验的商品外，其他商品都要采用抽样检验。商品抽样的结果可能会出现如下两种情况：①样品的质量优于被测商品的质量，这样会使被测商品质量等级高于实际商品质量的等级，而会损害消费者的利益;②样品的质量劣于被测商品的质量,这样会使被测商品的质量等级低于实际商品质量等级,这样会损害生产者的利益。因此,正确的商品抽样方法是保证获得准确检验结果的重要前提。

抽样检验的目的在于用尽量小的样品来反映待检测商品批量的真实质量状况,从而来统计推断整批商品的质量。抽样时所抽取的样品,必须具有普遍性,因而用什么方法抽样,对准确判定整批商品的质量水平十分重要。商品抽样的方法很多,在目前的方法中应用最为普遍的是采用随机抽样的方式。随机抽样是抽样中不带任何主观偏见,完全用偶然的方法抽取样品的方法。随机抽样的方法主要有简单随机抽样、分层随机抽样、多段随机抽样等形式。

(一)简单随机抽样

简单随机抽样是在同一批同类商品中不加挑选地抽取若干商品作为样品,做到对一批中全部商品完全随机化,任何商品都有被抽出的机会。这种方法简单、随机性强,对发现商品的共同性缺陷行之有效,适用于批量不大商品的抽样。具体执行时又有直接抽样法、抽签法和随机数表法等形式。

1. 直接抽样法

直接抽样法是检验人员在现场不加选择地随机拣取试样。

2. 抽签法

抽签法是先将商品编号,然后随机抽取或用器械摇出中选商品的编号,严格按照摇取的商品编号把编号相同的商品抽取出来作为试样。

3. 随机数表法

随机数表是将数字随机组合编写而成的系列数字表格,可以根据应用数字范围多少自制。抽样前,先将待抽样商品逐一编号,编号的次序与方法不受任何限制。然后用铅笔在随机数表中任意指定一点,从所指数开始向任意方向数去,依次选取与待抽商品个(件)数相等的号码个数,按选取的号码抽取相应号码的商品。此方法可利用计算机程序来实现。

(二)分层随机抽样

分层随机抽样是先将一批同类待检商品划分为若干部分,然后从每一部分中随机抽取若干等量试样,合在一起组成一个样本。这种方法尤其适用于批量较大且质量也可能波动较大的或来自不同生产线的商品。分层随机抽样的样本有很好的代表性，是目前使用较多的一种抽样方法。

例如，出口散装矿产品，可在装卸加工、堆垛过程中分几层抽样，一般不少于三层，根据每层的质量按比例在新露出的面上均匀布点取样，再将不同层的样本组合成待检测的样本；又如船舱散料抽样，将每一舱位散料视为一批，将每一批分上、中、下三层分别均匀布点抽取样品合成检查样本。

（三）多段随机抽样

多段随机抽样是把一批同类商品先划分成若干部分，用简单随机抽样法随机拣取几个部分，然后再从每个部分中随机捡取若干个商品。最后，将上述拣出的所有商品集中起来即为试样。此法适用于一个大包装有几个独立小包装商品的抽样。

如在一批茶叶中抽出若干箱，在每一箱内的不同位置抽出若干小包装，将所有待检测的小包装茶叶拆包混合在一起，用分样器分得检测样品。

三、抽样检验的特点

（一）抽样检验的优点

（1）检查的商品数量少，省时省力，比较经济合算。

（2）检查人员能集中精力仔细检查，便于发现问题。

（3）生产方或卖方必须保证自己的产品质量，否则会出现整批商品拒收的情况，给生产方或卖方造成经济损失。

（4）适用于破坏性测试，通过少数商品的破坏检查，正确判断整批商品的质量。

（5）抽样检查中，搬运损失少。

（6）对商品的生产部门和检查部门的组织管理工作是一个促进，及时发现问题，采取措施加以改进，能起某种预防检查的作用。

（7）抽样检查的对象是一批产品，而不是每个产品。

（二）抽样检验的缺点

（1）由于是进行抽样，有时会将优质批误判为不合格批，或将劣质批误判为合格批，因而存在接受“劣质”批和拒收“优质”批的风险。不过，对于统计的抽样检查,这两种错误均可控制在合理数值以内。

(2)由于抽取样本较少,所以反映整批产品质量状况的信息一般不如百分之百检验那样多,有时会存在片面性。

第三节　商品检验方法

商品质量检验方法是指获取商品质量检验结果所采取的检验器具、检验原理和检验条件的总称。由于商品种类繁多,检验项目各异,因而就有各种商品检验方法。但不管哪类商品,其检验的基本方法却是一致的,通常可将检验方法划分为感官检验法、理化检验法和生物学检验法三大类。

一、感官检验法

感官检验又称感官分析、感官检查或感官评价,它是以人的感觉器官作为检验器具并运用人的实践经验,对商品的色、香、味、形、触、声等感官质量特性做出判定或评价的检验方法。其优点是简便易行、快速灵活、成本较低,而且适用范围广。感官检验法特别适用于目前还不能用仪器定量评价其感官指标的商品以及不具备组织昂贵、复杂仪器进行检验的企业和团体。感官检验法在食品、化妆品、艺术品等商品的检验中就显得尤其重要,是其他检验法所无法替的。在实际应用中,感官检验法正从经验上升为理论,通过运用统计学的方法分析和处理感官检验数据的基础方法,将不易确定的商品感官检验的指标客观化、定量化,从而使感官检验更具有可靠性和可比性。

(一)感官检验的分类

1. 按照人的感觉器官的不同分类

按照感觉器官的不同,感官检验可分为视觉检验、嗅觉检验、味觉检验、触觉检验和听觉检验。

(1)视觉检验。

视觉检验是用视觉来检查商品的外形、结构、颜色、光泽以及表面状态、疵点等质量特性。由于外界条件如光线的强弱、照射方向、背景对比以及检验人员的生理、心理和专业能力,会影响视觉检验效果,因此,视觉检验必须在标准照明条件下和适宜的环境中进行,并且应对检验人员进行必要的挑选和专门的训练。

视觉检验法是一种应用极为广泛的商品检验方法。在实际应用中,对商品进行感官检验时,首先要进行视觉检验,看其表面特征是否正常。在检验日用工业品、纺织品时主要检验其美学特点和表面缺陷,在检验食品时则主要检验其新鲜度、成熟度和加工水平。例如,茶叶的外形、叶底;水果的果色、果型;棉花色泽的好坏,疵点粒数的多少;玻璃罐的外观缺陷等。

(2)嗅觉检验。

由商品发散到空气中的物质微粒作用于鼻腔上的嗅觉细胞,产生兴奋,再传入大脑皮层引起嗅觉,因而嗅觉检验就是通过嗅觉检查商品的气味,进而评价商品的质量。嗅觉检验广泛用于食品、药品、化妆品、日用化学制品等商品质量检验,并且对于鉴别纺织纤维、塑料等燃烧后的气味差异也有重要意义。嗅觉检验受检验人员生理条件、检验经验及环境条件的影响很大,所以必须对检验人员进行测试、严格选择和培训。同时,在检验中应避免检验人员的嗅觉器官长时间与强烈的挥发物质接触,检验的顺序也应从气味淡向气味浓的方向进行,并注意采取措施防止串味等现象。

(3)味觉检验。

味觉是溶解于水或唾液中的化学物质作用于舌面和口腔黏膜上的味觉细胞(味蕾)产生的兴奋并传入大脑皮层而引起的感觉。人的基本味觉有酸、甜、苦、咸四种,其余都是混合的味觉。味觉检验是利用人的味觉来检查有一定滋味要求的商品(如食品、药品等),通过品尝商品的滋味和风味来检验食品质量的好坏。食品的滋味和风味是决定食品品质的重要因素,凡是品质正常的食品均具有应有的滋味和风味。同一原料来源的食品,由于加工调制方法的不同,滋味和风味也不同。质量发生变化的食品,其滋味必然变劣,产生异味。所以味觉评定是检验食品品质的重要手段之一。为了顺利地进行味觉检验,一方面要求检验人员必须具备辨别基本味觉特征的能力,并且被检样品的温度要与对照样品温度一致;另一方面要求检验人员必须采取正确的检验方法,遵循一定的规程。如检验时不能吞咽物质,应使其在口中慢慢移动,每次检验前后必须用水漱口等。

(4)触觉检验。

触觉检验是指利用触觉,即人的触觉感受器官对于被检验商品轻轻作用的反应来评价商品质量的检验方法。触觉是皮肤感受到机械刺激而引起的感觉,包括触压觉和触摸觉,是皮肤感觉的一种。除皮肤感觉外,还有痛觉、热觉、冷觉的表面特性、强度、厚度、弹性、紧密程度等质量特性。触觉检验主要用于检查纸张、塑料、纺织品以及食品的表面特性、强度、厚度、弹性、紧密程度、软硬等质量特性。触觉检验时,应注意环境条件的稳定和保持手指皮肤处于正常状态,并加强对检验人员的专门培训。

(5)听觉检验。

听觉检验是凭借人的听觉器官,根据商品发出的声音来检查商品质量的检验方法。听觉检验一般用来检验玻璃制品、瓷器、金属制品有无裂纹或其内在的缺陷;评价以声音作为质量指标的乐器、家用电器等商品;评定食品成熟度、新鲜度(如根据鸡蛋是否有水声,判断鸡蛋的新陈)、冷冻程度等。此外,听觉检验还广泛地用于塑料制品的鉴别、纸张的硬挺性与柔韧性、粮食含水的多少及西瓜是否成熟等的检验。听觉检验和其他感官检验一样,需要适宜的环境条件,即力求安静,避免外界因素对听觉灵敏度的影响。听觉检验至今尚无法用仪器来替代,其主要原因之一就是人的耳朵灵敏度高且范围广。

要想做好感官检验工作,绝不是一件轻而易举的事情,要求操作者具有较好的生理、心理素质,有较为扎实的商品知识和较丰富的实践经验。以上五类检验方法,各有特点,但绝不是相互孤立的,鉴定商品时应当综合运用、相互补充。由于感官检验的独特优点,决定了感官检验的广泛应用。

2. 按照感官检验目的的不同分类

感官检验又可分为分析型感官检验与偏爱型感官检验两大类:

(1)分析型感官检验(感官分析),又称Ⅰ型或A型感官检验(感官分析),它是以经过培训的评价员的感觉器官作为“仪器”,来测定商品的质量特性或鉴别商品之间的差异等。例如,质量检验、商品改进、商品评优等都属于此类型。这种检验(分析)要求评价员对商品做出客观评价,尽量避免人的主观意愿对评价结果的影响。为此在进行试验时,必须满足以下条件:评价尺度和评价基准应统一化、标准化;试验条件应该规范化;评价员在经过适当的选择和训练后,应维持在一定的水平。

(2)偏爱型感官检验(感官分析),又称Ⅱ型或B型感官检验(感官分析),它是以未经训练的消费者对商品的感觉判断来了解消费者对商品的偏爱程度,所以是一种主观评价方法。例如,在新商品开发过程中对试样的评价及市场调查中使用的感官检查等,都属于此类型。这种检验不像分析型那样需要统一的评价标准和条件,全凭评价者的生理、心理的综合感觉而定,即其感觉程度和主观判断起着决定性作用,因而评价结果往往因人、因时、因地而异,并且允许有相反判断。

二、理化检验法

理化检验法是在一定的实验室环境条件下,利用各种仪器、器具和试剂做手段、运用物理、化学的方法来测定商品质量的方法。理化检验主要用于商品的成分、结构、物理性质、化学性质、安全性、卫生性以及对环境的污染和破坏性等方面的检验。理化检验与感官检验相比,其结果可以用数据定量表示,较为准确客观,但要求有一定的设备和检验条件,同时对检验人员的知识和操作技术也有一定的要求。理化检验法的特点是能客观、准确地反映商品质量情况,而且能得到具体数据,深入阐明商品的化学组成、结构和性质,也能探明某些商品的内部疵点,对商品质量鉴定具有较强的科学性,较感官检验更为客观和精确,因此理化检验法应用越来越广泛。理化检验法根据其原理可以分为物理检验法、化学检验法和生物学检验法。

(一)物理检验法

物理检验法因其检验商品的性质和要求不同、采用的仪器设备不同,可以分为一般物理检验法、力学检验法、光学检验法、电学检验法、热学检验法等。

(1)一般物理检验法主要是通过各种量具、量仪、天平、秤或专业仪器来测定商品的一些基本物理量。如长度、细度、面积、体积、厚度、重量、密度、容重、表面光洁度等。这些基本的物理量指标往往是商品贸易中的重要交易条件。

(2)力学检验法是通过各种力学仪器测定商品力学性能的检验方法。这些性能主要包括商品的抗拉强度、抗压强度、抗弯曲强度、抗冲击强度、抗疲劳强度、硬度、弹性、耐磨性等各方面的力学性能。

(3)光学检验法是通过各种光学仪器来检验商品品质的一种方法。这种方法不仅可以用来检验商品的物理性质,还可以用来检验某些商品的成分和化学性质,常见的仪器有显微镜、折光仪、旋光仪、比色计等。例如,利用折光仪测定油脂的折光率,可判断油脂的新陈、掺假或变质;利用旋光仪测定糖的比旋光度,可确定糖中蔗糖的含量。

(4)电学检验法是利用电学仪器测定商品的电学方面质量特性的检验方法。检验的项目通常有电阻、介电系数、电容、电压、电流强度、静电性等。通过商品的某些电学特性的测定,如电阻、电容等的测定,往往还可以间接测定商品的其他特性,如吸湿性等。电学检验法可节省大量的材料,能迅速得出较准确的结果或数据,使用简便。

(5)热学检验法是利用热学仪器测定商品的热学质量特性、检验商品质量的方法。商品的热学特性主要包括熔点、凝固点、沸点、耐热性、导热性、热稳定性等。商品的很多热学性质与商品的质量、使用条件及使用性能有很大的关系。

(二)化学检验法

化学检验法是用化学试剂或化学仪器对商品的化学成分及其含量进行测定,进而判定商品是否符合规定的质量要求的方法。依据操作方法的不同,化学检验法可分为化学分析法和仪器分析法。

1. 化学分析法

化学分析法是根据检验过程中试样和试剂所发生的化学反应和在化学反应中试样和试剂的用量,测定商品的化学组成成分及各成分所占比例的相对含量,以物质的化学反应为基础的化学分析法,是一种传统的化学分析方法。在食品检验中,主要用于营养素、食品添加剂、有毒有害物质及发酵、酸败、腐败等食品变质的成分变化指标测定;在纺织品与工业品检验中,主要分析有效成分、杂质成分、有害成分的含量,以及耐水、耐酸碱、耐腐蚀等化学稳定性质方面的测定。其特点是设备简单、准确度高,是其他化学分析方法的基础,也称为常规分析法。

化学分析方法依据其所用的测定方法不同,又分为重量分析法、容量分析法和气体分析法。

(1)重量分析法是一种较准确的分析方法,它选择某种试剂与被测定成分反应,生成一种难溶的沉淀物,再通过过滤、洗涤、干燥、灼烧等过程,使沉淀与其他成分分离,然后根据这种沉淀物的重量计算被测成分的含量。

(2)容量分析法是在被测定成分溶液中,滴加一种已知准确浓度的试剂(标准溶液),根据它们反应完全时所消耗标准溶液的体积计算出被测成分的含量。容量分析法操作简便,并能达到一定的准确度,应用非常广泛。

(3)气体分析法是用适当的吸收剂吸收试样(混合气体)中的被测成分,从气体体积的变化来确定被测成分的含量。

2. 仪器分析法

仪器分析法是采用光学、电学方面较为复杂的仪器,通过测量商品的光学性质、电化学性质来确定商品的化学成分的种类、含量及化学结构,进而对商品品质进行判断的检验方法。仪器分析法已在商品检验领域中发展成为一个极重要的和独立的分支,它包括光学分析法和电化学分析法。

(1)光学分析法。通过被测成分吸收或发射电磁辐射的特性差异来进行化学鉴定的方法。主要有比色法、分光光度法、核磁共振波谱法、荧光光谱法和发射光谱法等。

(2)电化学分析法。利用被测物的化学组成与电物理量(电极电位、电流、电量或电导等)之间的定量关系来确定被测物的组成和含量,包括伏安法、极谱法、电位滴定法、电导滴定法和电解分析法等。

仪器分析法适用于微量成分含量的分析,操作较简便、快捷,但对某些成分灵敏度较低,不如化学分析法准确,且前处理费时,仪器价格较贵,对操作人员要求较高,从而使其应用有一定的局限性。

三、生物学检验法

生物学检验法是食品类、动植物及其制品、医药类和日用工业品类商品质量检验的常用方法之一,它包括微生物检验法和生理学检验法两种。

1. 微生物学检验法

微生物检验是采用微生物技术手段,检测商品中的有害生物的存在与否以及数量多少的方法。该法是利用显微镜观察法、培养法、分离法和形态观察法等,对商品中有害微生物存在与否及其存在数量进行检验,并判定其是否超过允许限度。这些有害微生物包括大肠杆菌、沙门氏菌、致病性微生物及霉腐微生物等，它们直接危害人体健康或危及商品的安全储存。微生物学检验法是判断商品卫生质量的重要手段。需要进行微生物检验的商品有食品及其包装物、化妆品、卫生用品等。

2. 生理学检验法

生理学检验法是以特定的动物或人群为受试对象，用于检验食品商品的可消化率、发热量、维生素和矿物质对机体的作用以及食品和其他商品中某些成分的毒性等。该法多用活体动物进行试验，常用鼠、兔等动物进行生理学检验。只有经过无毒害性试验后，视情况需要并经有关部门批准后，才能在人体上进行试验。

第四节　商品品级

一、商品品级的概念

商品质量分级是商品质量检验活动中的一个重要环节，是对商品内在质量和外在质量综合评判的结果。

商品品级是表示商品质量优劣的一种标志，是指对同一品种的商品，按其达到商品质量标准的程度所确定的等级。我国根据商品质量标准和实际质量检验结果，将同种商品区分为若干等级的工作，称为商品分级。商品分级是商品检验的重要内容之一。

二、商品品级划分原则

商品品级通常用等或级的顺序来表示，其顺序反映商品质量的高低，我国国家标准《工业产品质量分等导则》(GB/T 12707—91)规定了产品质量等级的划分原则，详细规定了优等品、一等品和合格品的分级条件。

(1)优等品。其质量标准必须达到国际先进水平，且实物质量水平与国外同类产品相比达到近五年内的先进水平。

(2)一等品。其质量标准必须达到国际一般水平，且实物质量水平达到国外同类产品的一般水平。

(3)合格品。按中国现行标准(国家标准、地方标准、行业标准或企业标准)组织生产,实物质量水平必须达到相应标准的要求。

商品品级的合理划分有利于促进企业加强管理,完善管理机制,不断提高生产技术水平和产品质量;有利于对企业进行合理的效益评价,维护企业和消费者双方的利益;有利于限制劣质商品进入流通领域,便于消费者选购商品;有利于物价部门的监督和管理,促进社会主义市场经济的健康发展。

三、商品品级划分方法

商品品级的划分是以商品标准规定的质量指标为准绳,以商品检验的结果为依据,通过对商品外观质量和内在质量标准的检验,确定商品的品级。商品分级的方法很多,其常用方法有百分记分法、限定记分法和限定缺陷法三种。

1. 百分记分法

百分记分法是按照商品的各项质量指标的要求,以定量的方式规定各项指标一定分数,其中重要的质量指标所占分数较高,次要的质量指标所占分数较低。如果各项质量指标完全符合标准规定的要求,其各项质量指标的分数总和为100分。如果某一项或几项质量指标达不到标准规定的要求,则相应扣分,总分就要降低。分数总和达不到一定等级的分数线,则相应降低等级。这种方法在食品和部分日用工业品中采用得比较多。例如,啤酒的评分方法,满分为100分,其中色10分、香20分、味50分及泡沫20分。

2. 限定记分法

限定记分法是将商品的各种质量缺陷(即质量指标不符合质量标准)规定为一定的分数,累计缺陷分数,以此来确定商品的质量等级。商品的缺陷越多,分数的总和越高、商品的品级就越低、商品质量就越差。例如,纺织品在长40米、宽1.1米的本色棉布的布面上,视其疵点打分,评分累计限度为:

一等品	不大于	10分
二等品	不大于	20分
三等品	不大于	60分
等外品	大　于	60分

3. 限定缺陷法

限定缺陷法是在标准中规定商品的每个质量等级所限定的质量缺陷的种类、数量以及不允许出现的某些质量缺陷，用以确定商品质量等级的分级方法。此种方法一般用于工业品商品的评级。例如，在全胶鞋 13 个外观指标中，鞋面起皱或麻点在一级品中规定"稍有"，二级品中规定为"有"；鞋面砂眼在一级品中规定为"不准有"，而在二级品中规定为"砂眼直径不超过 15 毫米、深不超过鞋面厚度"等。

复习题

1. 简述商品检验的概念与分类。
2. 商品有哪些检验方法？

本章小结

本章介绍了商品检验的基本概念与常见的商品检验方法；介绍了商品抽样的概念与方法；简要介绍了商品品级的基本知识。

第六章

商品包装

学习目的与要求

通过本章的学习,要求学生了解商品包装的概念和作用;掌握各种商品包装材料的性能及商品包装各种技法;能识别各种商品包装标识以及国家对商标的有关规定。

关键词

商品包装　商品包装材料　包装技法　包装标识

建议 4 课时

导入案例

商品“过度包装”少点再少点

中秋国庆长假后，许多消费者在家整理亲友送来的礼物时都能拆出一座小山似的包装来。这些包装留之无用，弃之心痛。

由一只纸袋里装着一只沉甸甸的礼盒，打开沉甸甸的盒盖，揭开朦胧的糯米纸，却发现里面不过是六块月饼，但每块月饼还分别再密封在塑料小盒中。另一家知名水果网站的水果包装也很“壮观”：每只生梨装一只盒子，每六个枇杷装一只盒子，每五只苹果装一只盒子，且每只盒子都是用双层瓦楞纸按不同水果量身定制，只能叠放不能套放。把这些水果从盒子里“解放”出来，足足用了20分钟。

商家致力于包装，不外乎是为了让商品看起来更诱人，吸引更多买家。而买家购买包装华丽的商品，也无非是为了使自己的礼物看起来更体面。古有郑人买椟还珠，善于“卖椟”是能力，但注重产品的核心竞争力才更能可持续发展。试看淮海中路销售鲜肉月饼“铁三角”——光明、长春食品商店、哈尔滨食品厂的门口，一年四季都排着长队。其实排队的人心中所念想的，只是那简陋牛皮纸袋中装着的只只月饼。那月饼，哪怕裸露着也是美丽、美味的。

“过度包装”虽然是个老话题，但还是希望“过度包装”能够少点再少点。

资料来源：解放日报，2012年10月16日。

第一节　商品包装概述

商品包装是商品生产的重要组成部分，只有经过包装，商品生产过程才算完成，商品才可能进入流通和消费领域。随着市场竞争的日益激烈、售货方式的变化，商品包装的功能已不仅局限于保护、容纳和宣传产品，而更重要的是通过包装来提升商品的附加值,提高商品的竞争力。商品包装已成为竞争中的重要手段之一。

一、商品包装的概念

我国国家标准《包装通用术语》(GB 4122—83)中,对现代商品包装做了明确定义:“为了在流通过程中保护产品,方便储存,促进销售,按一定技术方法而采用的容器、材料及辅助物等的总称。”也指“为了达到上述目的采用的容器、材料和辅助物的过程中施加一定技术方法等的操作活动”。这一定义表明商品包装具有下述特征:包装首先是一类特殊商品,它本身是具有价值和使用价值的物质实体;包装又是促使被包装商品实现其价值和使用价值的手段;包装同时是按一定技术要求操作的生产活动,是商品生产的重要组成部分。

包装需要做好以下几个方面的工作:①要选用合适的包装材料;②保护商品不受损失;③采用一定的包装技术。

随着环保意识的加强,人们又提出了绿色包装的概念。绿色包装,又称环保包装,是指既可充分发挥各种包装功能,又有利于环境保护,废弃物最少,易于循环复用及再生利用或自行降解的包装。其具有节约资源、能源,避免废弃物产生,易回收、可循环利用、可降解等具有生态环境保护的作用。

二、商品包装的功能

商品包装的功能是指它与外部环境间相互作用的能力。商品包装在商品从生产领域转入流通和消费领域的整个过程中,都起着非常重要的作用。人和社会需要的不是包装物本身,而是商品包装的功能。例如,人们购买商品而需要包装,是因为包装给人们带来了方便携带、方便使用、提供某些心理满足的功能等。因此分析包装的功能就是分析包装的使用价值,其主要功能有保护功能、容纳功能、便利功能、促销功能、卫生与环保功能。包装的这些功能已成为商品不可缺少的一部分。

(一)保护功能

保护功能是指包装对商品施加保护的功能,它是最基本也是最重要的功能。它应能保护商品,使之不受损害和损失。商品在运输、储存和销售过程中,会受到各种因素的影响,如环境条件、人为因素等,可能发生物理、机械、化学、生物等变化,造成商品的损坏。因此,必须依据商品的特性、运输和储运条件,选择适当的包装材料、包装容器和包装方法,采用一定的包装技术处理,对商品进行科学的防护包装,以防止商品受损,达到保护商品的目的,使商品完好无损地到达消费者手中,最大限度地减小商品劣变损耗。例如,照相胶卷必须用黑纸包装才能保持其使用价值,液体商品必须盛入容器内才能进入流通领域和消费市场。

(二)容纳功能

容纳功能是指一定容积的包装所具有的容入和纳置商品的功能。许多商品本身没有一定的集合形态,如液体、气体和粉状商品。这类商品只有依靠包装的容纳功能才具有特定的商品形态,没有包装就无法运输和销售。同时,包装的容纳功能不仅有利于商品的流通和销售,而且还能提高商品的价值。

容纳功能的延伸就发展为成组、配套、适量等功能。成组功能是指包装能把许多个体或个别的包装物统一组合起来,化零为整、化分散为集中,这种成组的容纳可大大方便运输,同时减少流通费用。例如,二十支香烟组成一包、十包香烟组成一条等。配套功能是将几种有关联的产品放置于同一包装内。例如,化妆品中的洗面奶与润肤露的组合等。适量功能是将适量物品置于小包装供一次使用。例如,小包装饮料、小包装餐巾纸等。

(三)便利功能

商品包装的便利功能是指包装为商品从生产领域向流通领域和消费领域转移,以及在消费者使用过程中提供的一切方便。现代商品包装能为人们带来许多方便,对于提高工作效率和生活质量都能发挥重要作用。包装的便利功能包括范围较广,涉及多个领域。例如,在生产领域有方便操作、方便自动化生产等;在物流领域有方便运输、方便装卸、方便储运、方便设计、方便开箱等;在消费领域有方便陈列、方便销售、方便计价、方便计数、方便利用自用售货机等;在环保领域里有方便回收、方便处理、方便操作等。总之,包装的便利功能可提高商品和物流各环节的适应性,促进物流管理水平的提高。

包装的便利功能的延伸又发展成复用功能和改用功能，复用功能是指商品包装用完以后，销售包装仍可重复使用；改用功能是指包装商品用完以后，销售包装可做其他用途。例如，桶装食用油和手提式包装袋的改用等。

（四）促销功能

在商品经济迅猛发展的今天，人们的消费能力不断提高，对商品的质量、外观、档次要求越来越高。商品包装特别是销售包装成为无声的推销员，在商品和消费者之间起到媒介的作用。商品包装可以美化商品和宣传商品，引起消费者对商品的购买欲，从而促进销售。包装的促销功能是因为包装具有传达信息、表现商品和美化商品的功能。传达信息功能是通过包装上的文字说明，向消费者介绍商品的名称、品牌、产地、特性、规格、用途、使用方法、价格、注意事项等，起到广告宣传和指导消费的作用。包装的表现商品功能主要是依靠包装上的图案、照片及开窗包装所显露的商品实物，把商品的外貌表达给消费者，使消费者在感性认识的基础上对商品建立起信心。包装的美化功能是通过整个包装的装潢、造型等艺术装饰性内容对商品起到加强、突出、美化的作用。随着市场经济的发展，包装的促销功能越来越被人们所重视，得到了不断的开发和运用。

（五）卫生与环保功能

包装的卫生功能是指包装要能保证商品卫生性能，体现在以下三个方面的内容：①包装能阻隔各种不卫生因素，如灰尘、病菌对内装物的污染；②包装材料本身在与内装物接触时不污染商品；③在流通和使用过程中对人体不产生危害。包装的环保功能是指包装对环境的影响，主要包括两个方面的内容：①包装废弃物能回收再利用；②如果不能再利用，包装废弃物在大自然中能自然降解。

在非关税壁垒不断强化的今天，包装的卫生与环保功能在对外贸易中已成为许多国家保护本国市场的重要手段。

三、商品包装的分类

商品包装种类繁多，分类目的不同，选用分类标志不同，得出的分类结果就有区别。常见的商品包装分类有以下几种：

（一）按包装在流通中的作用分类

以包装在商品流通过程中作用分类，商品包装分为运输包装和销售包装，这也是比较常见的包装分类法。

1. 运输包装

运输包装是指用于安全运输、保护商品的较大单元的包装形式，又称外包装或大包装，如纸箱、术箱、集装箱、集装袋等。运输包装一般体积较大，外形尺寸标准化程度高，坚固耐用，表面印有明显识别标志。其最主要的功能是保护商品，方便运输、装卸和储存。

2. 销售包装

销售包装是指以商品零售单元为包装个体的包装形式。既有单个商品式的，又有若干单个商品再组合式的。单个商品式的称为小包装，若干单个商品包装组合后再包装式的称为中包装。销售包装的一般特点是包装件小、美观、新颖、卫生、安全、易于使用、便于携带等。销售包装一般随商品出售给消费者，除保护商品的基本功能外，宣传、美化、促销的功能也得到强化。

（二）按包装材料分类

以包装材料作为分类标志，商品包装一般可分为纸制包装、木制包装、金属包装、塑料包装、玻璃与陶瓷包装、纤维织品包装、复合材料包装和其他材料包装等。复合材料包装是指以两种或两种以上材料制成的包装，主要有纸与塑料、塑料与铝箔和纸、塑料与铝箔、塑料与木材、塑料与玻璃等制成的包装材料。

（三）按包装技术方法分类

以技术方法作为分类标志，商品包装一般可分为缓冲包装、防潮包装、防锈包装、收缩包装、充气包装、灭菌包装、贴体包装、组合包装等。

（四）按商品种类分类

不同商品对于包装有不同的要求，以商品的种类来分类，商品包装可分为食品包装、纺织品包装、医药品包装、化工商品包装、文化用品包装、机电商品包装等。

（五）按商品使用的次数分类

1. 一次性包装

商品的包装物只能使用一次，不可复用的包装。一次性包装对包装材质的要求适当，费用较低。

2. 复用包装

商品的包装物回收后经适当加工后仍可复用的包装。复用包装对包装材质的要求较高，一般都要求耐磨、耐用。

第二节　商品包装材料

商品包装材料是指用于制造包装容器和包装运输、包装装潢、包装印刷、包装辅助材料以及与包装有关的材料的总称。

一、包装材料应具备的性能

包装材料是商品包装的主体，商品包装离不开包装材料，包装材料应具备以下几个方面的性能：

（一）保护性能

保护性能主要指保护内装物，防止其变质、损失，保证其质量的性能。保护是包装的基本性能，也是保证商品质量的重要功能。商品从生产领域到流通领域再到消费领域，中间要经过运输、储存、销售等诸多环节，在每一个环节里，商品或包装材料都有可能会发生物理的、化学的或生物方面的变化，为防止对包装的商品或商品包装造成损坏，就必须根据商品的性能、商品所处的环境选择包装材料。保护性能主要取决于包装材料的机械强度、防潮防水性、耐腐蚀性、耐热耐寒性、抗老化性、卫生安全性、无异味性等。

（二）加工操作性能

加工操作性能主要指易加工、易包装、易充填、易封合以及适应自动包装机械操作、生产效率高的性能。包装的加工操作性能主要取决于包装材料的刚性、光滑度、可塑性、可焊性、防静电性等。

（三）方便使用性能

方便使用性能主要指便于开启和取出内装物、便于再封闭的性能等。包装的方便使用性能主要取决于包装材料的启闭性能、不易破裂以及包装容器的结构等。

（四）经济性能

包装材料应来源广泛，取材方便，成本低廉，使用后的包装材料和包装容器应易于处理、不污染环境，以免造成公害。

（五）易处理性能

易处理性能主要指包装材料要有利于生态环境保护，有利于节省资源，体现在易回收、可复用、可再生、可降解、易处理等方面。

二、常用包装材料的特点

商品包装材料有很多，常用的有纸和纸制品、塑料、金属、玻璃与陶瓷、木材以及复合材料等。

（一）纸和纸制品

纸和纸板是支柱性的传统包装材料，耗量大，应用范围广，其产值占包装总产值的45%左右。纸主要用于制作纸袋和印刷装潢等，纸板则主要用于生产纸箱、纸盒、纸桶等包装容器。

纸和纸制品包装的优点是：具有适宜的强度、耐冲击性和耐摩擦性；密封性好，容易做到清洁卫生；具有优良成型性和折叠性，便于采用各种加工方法，应于机械化、自动化的包装生产；具有最佳的可印刷性，便于介绍和美化商品；价格较低，且重量轻，可以降低包装成本和运输成本；用后易于处理，可回收复用和再生，不会污染环境，并节约资源。

纸和纸板也有一些致命的弱点，如难以封口、受潮后牢度下降以及气密性、防潮性、透明性差等，从而使它们在包装应用上受到一定的限制。

（二）塑料

塑料是20世纪蓬勃发展起来的新兴材料，改变了商品包装的整个面貌，塑料在整个包装材料中的比例仅次于纸和纸板。塑料是一种人工合成的新型的高分子材料，它以合成树脂为主要成分，并加入适当的塑剂、着色剂、填料、抗静电剂和润滑剂等，在一定温度、压力条件下，塑造一定形状，并在常温下保持其形态不变。

塑料的主要优点有：物理机械性能优良，具有一定的强度和弹性，耐折叠、耐摩擦、耐冲击、抗震动、抗压、防潮、防水，并能阻隔气体等；化学稳定性好，耐酸碱、耐油脂、耐化学药剂、耐腐蚀、耐光照等；比重小，是玻璃比重的1/2，是钢铁比重的1/5，属于轻质材料，因此制成的包装容器重量轻，适应包装轻量化的发展需要；加工成型工艺简单，便于制造各种包装材料和包装容器；适合采用各种包装新技术，如真空、充气、拉伸、收缩、贴体、复合等；具有优良的透明性、表面光泽、可印刷性和装饰性，为包装装潢提供了良好的条件；价格较低，具有一定的竞争力。

塑料也有一些不足之处：强度不如钢铁；耐热性不如玻璃；在外界因素长时期作用下易老化；有些塑料在高温下会软化，在低温下会变脆，强度下降；有些塑料带有异味，某些有害成分可能渗入内装物；易产生静电而造成污染；塑料包装废弃物处理不当会造成环境污染等。

（三）金属

金属的种类很多，包装用金属材料主要是钢材、铝材及其合金材料。包装用钢材包括薄钢板、镀锌低碳薄铁板、镀锡低碳薄钢板；包装用铝材有纯铝板、合金铝板和铝箔。

金属材料的优点是：具有良好的机械强度，牢固结实，耐碰撞，不破碎，能有效地保护内装物品；密封性能优良，阻隔性好，不透气，食品包装（罐装）能达到中长期保存；具有良好的延伸性，易于加工成型；金属表面有特殊光泽，易于涂饰和印刷，可获得良好的装潢效果；易于回收再利用，不污染环境。

金属材料的不足之处是：成本高；其化学稳定性比较差，在潮湿大气下易发生锈蚀，遇酸、碱易发生腐蚀，因而包装用途受到一定限制。实际应用中，常在钢板外镀锌、镀锡、镀铬或加涂层以提高其耐酸碱性和耐腐蚀性。

目前，刚性金属材料主要用于制造运输包装桶、集装箱及饮料、食品和其他商品销售包装罐、听、盒，另外还有少量用于加工各种瓶罐的盖底及捆扎材料等。例如，重型钢瓶、钢罐用于存放酸类液体和压缩、液化及加压溶解的气体;薄钢板桶广泛用于盛装各类食用油脂、石油和化工商品;铝和铝合金桶用于盛放酒类和各种食品;镀锌薄钢板桶主要用于盛放粉状、浆状和液体商品;铁塑复合桶适宜盛放各种化工产品及腐蚀性、危险性商品;金属听、盒适宜于盛放饼干、奶粉、茶叶、咖啡、香烟等。软性金属材料主要用于制造软管和金属箔,如铝制软管广泛用于包装膏状化妆品、医药品、清洁用品、文化用品、食品等。铝箔多用于制造复合包装材料,也常用于食品、卷烟、药品、化妆品、化学品等包装。

(四)玻璃与陶瓷

玻璃与陶瓷均属于硅酸盐为主要成分的无机性材料。这些材料有一定的机械强度和良好的化学稳定性,可回收利用,且不易变形,是液态商品良好的包装容器,尤其适用于一些危险性较高的液体物品和要求较高的食品的包装。

1. 玻璃

玻璃作为包装材料所具有的优点有:化学稳定性好,耐腐蚀,无毒无味,卫生安全;密封性良好,不透气,不透湿,有紫外线屏蔽性,能有效地保持内装物;透明性好,易于造型,具有特殊的宣传和美化商品的效果;原料来源丰富,价格低;易于回收复用、再生,有利于保护环境。但玻璃用作包装材料,存在着耐冲击强度低、碰撞时易破碎、自身重量大、运输成本高、内耗大等缺点,限制了玻璃的应用。

2. 陶瓷

陶瓷化学稳定性与热稳定性均佳,耐酸碱腐蚀,遮光性优异,密封性好,成本低廉,可制成缸、罐、坛、瓶等多种包装容器,广泛用于包装各种发酵食品、酱菜、腌菜、咸菜、调味品、蛋制品及化工原料等。陶瓷瓶是酒类和其他饮料的销售包装容器,其结构造型多样,古朴典雅,釉彩和图案装潢美观,特别适用于高级名酒的包装。

(五)木材

木材具有特殊的耐压、耐冲击和耐气候的能力,并有良好的加工性能。目前,木材仍是大型和重型商品运输包装的重要材料,也用于包装批量小、体积小、重量大、强度要求高的商品。木材作为包装材料虽然具有独特的优越性,但由于森林资源匮乏、环保要求、价值高等原因,其发展潜力不大。目前，木制包装容器已经逐渐减少，正被其他包装材料所取代。木材包装主要有木箱、木桶、木匣、木轴和木夹板、纤维板箱、胶合板箱、托盘等。

（六）复合材料

复合材料包装是以两种或两种以上材料紧密复合制成的包装。主要有塑料与纸、塑料与铝箔、塑料与铝箔和纸、塑料与玻璃、塑料与木材等材料复合制成。复合材料具有更好的机械强度、气密性、防水、耐热或耐寒等优点，是现代商品包装材料的发展方向，特别适用于食品的包装。

第三节　常用包装技法

商品包装技术主要是指为了防止商品在流通领域发生数量损失和质量变化而采取的抵抗内、外影响质量变化因素的各种技术措施。环境是造成商品质量变化的外部因素，主要有气候条件、生物条件、化学物质和机械条件。

商品包装技法很多，并且正在不断发展完善，按包装的功能可以将包装技法分为运输包装技法和销售包装技法。

一、运输包装技法

商品运输包装技法是指在运输包装作业过程中所采用的技术和方法。采用运输包装技法能够达到保护商品，便于运输的包装目的。常用的有以下几种：

（一）一般包装技法

这是多数产品都需要考虑采用的技术和方法，通常包括以下几项：

(1)对内装物的合理放置、固定和加固。在运输包装体中装进形态各异的产品，需要具备一定的技巧，对商品进行合理置放、固定和加固，才能达到缩小体积、节省材料的目的。例如，包装内重量要注意均匀；对于外形有规则的商品，要注意套装；对于薄弱的部件，要注意加固。

(2)松泡商品进行压缩包装。对于一些松泡商品，如羽绒服、棉被等，在包装时所占用容器的容积太大，相应地也就多占用了运输空间和储存空间，所以对于松泡商品要压缩体积，一般采用真空包装技法。真空包装技法可使松泡商品的体积缩小率达 50%。

(3)合理选择内、外包装的形状和尺寸。在外包装形状尺寸的选择中，要注意避免过高、过大、过重包装。过高的包装会重心不稳，不易堆码；包装体积过大，会给流通带来困难；过重包装则容易使纸箱破损。要合理选择内包装的形状尺寸，要与外包装的形状尺寸相配合。当然，内包装主要是作为销售包装，更重要的考虑是要有利于商品的销售，有利于商品的展示、装潢、购买和携带。

(4)包装物的捆扎。外包装捆扎对包装起着重要作用，有时还能起关键性作用。捆扎的直接目的是将单个物件或数个物件捆紧，以便于运输、储存和装卸。捆扎的方法有多种，如井字、十字、双十字和平行捆等不同方法。对于体积不大的普通包装，捆扎一般在打包机上进行；而对于集合包装，一般采用收缩薄膜包装技术和拉伸薄膜包装技术。收缩薄膜包装技术是用收缩薄膜裹包集装的物件，然后对裹包的物件进行适当的加热处理，使薄膜收缩，紧贴于物件上，使集装的物件固定为一体。拉伸薄膜包装技术是依靠机械装置，在常温下将弹性薄膜围绕包装件拉伸、裹紧，最后在其末端进行封合，薄膜的弹性使集装的物件紧紧固定在一起。

(二)缓冲包装技法

缓冲包装技法又称防震包装技法，是将缓冲材料适当地放置在内装物和包装容器之间，用以减轻冲击和振动，保护内装物免受损坏。缓冲包装技术在各种包装方法中占有重要的地位。商品从生产出来到开始使用要经过一系列的运输、保管、堆码和装卸过程，置于一定的环境之中。在任何环境中都会有力作用在商品之上，并使商品发生机械性损坏。为了防止商品遭受损坏，就要设法减小外力的影响。缓冲包装方法分为全面缓冲、部分缓冲和悬浮式缓冲三类方法。

(1)全面缓冲包装方法。全面缓冲包装方法是指内装物和外包装之间全部用防震材料填满以达到防震效果的包装方法，常用的缓冲包装材料有泡沫塑料、木丝、弹簧等。

(2)部分缓冲包装方法。对于整体性好的商品和有内装容器的商品，仅在商品或内包装的拐角或局部地方使用防震材料进行衬垫即可。所用包装材料主要有泡沫塑料防震垫、充气型塑料薄膜防震垫和橡胶弹簧等。

(3)悬浮式缓冲包装方法。为了有效地保证某些贵重易损的物品在流通过程中不被损坏,用绳、带、弹簧等将被装物悬吊在比较坚固的包装容器内,从而减少损坏。

(三)防潮包装技法

防潮包装是为了防止潮气侵入包装物,影响内装物质量而采取的一定防潮措施的包装。防潮包装设计就是防止水蒸气通过,或将水蒸气的通过减少至最低限度。防潮包装适用于易受潮湿影响,不允许或限制允许所含水分发生变化的商品。常采用的防潮包装材料有耐油纸、铝箔纸、玻璃纸、塑料薄膜以及金属、玻璃容器等。其主要技法有:在内装物外面包裹防潮纸、塑料薄膜;在包装容器内壁加衬防潮纸、塑料薄膜;采用密封包装容器,容器内放干燥剂或抽成真空等。

(四)防霉包装技法

目前常采用的主要有冷冻包装、真空包装、高温灭菌或使用防霉剂等方法。冷冻包装的原理是减慢细菌活动和化学变化的过程,以延长储存期,但不能完全消除食品的变质。高温杀菌法可消灭引起食品腐烂的微生物,可在包装过程中用高温处理防霉。有些经干燥处理的食品包装,应防止水汽浸入以防霉腐,可选择防水汽和气密性好的包装材料,采取真空和充气包装。

真空包装法也称减压包装法或排气包装法,这种包装可阻挡外界的水汽进入包装容器内,也可防止在密闭着的防潮包装内部存有潮湿空气,在气温下降时结露。采用真空包装法,要与密封结合起来,同时要注意避免过高的真空度,以防损伤包装材料。

防止运输包装内货物发霉,还可使用防霉剂。防霉剂的种类甚多,用于食品的必须选用无毒防霉剂。机电产品的大型封闭箱,可采用开设通风孔或通风窗等相应的防霉措施。此外,防止运输包装内货物发霉,还可选用抗菌性强的材料如金属材料;或改进材料的配方和工艺提高其抗霉性,如减少塑料中有利于霉菌生长的增塑剂、稳定剂等有机物质的含量。

(五)防锈包装技法

防锈包装技法是在运输储存金属制品与零部件时,为防止其生锈而降低价值或性能所采用的各种包装技术和方法。其主要技法有:作业场所的环境应尽量对防锈有利,有可能的话应进行空气调整,最好能在低湿度、无尘和没有有害气体的条件下进行包装。进行防锈包装时,要特别注意使包装内部所容空气的容积达到最小,这能减少潮气、有害气体和尘埃等的数量。在包装金属制品时,不要沾上指纹、留下指汗,否则要妥善地进行处理。还要特别注意防止包装对象的突出部分和锐角部分的损坏,或因移动、翻倒使隔离材料遭到破坏,因此在应用缓冲材料进行堵塞、支撑和固定等方面,要比其他一般包装更周密。

(六)危险品包装技法

危险品按其危险性质可分为十大类,包括爆炸性物品、氧化剂、压缩气体、液化气体、自燃物品、遇水燃烧物品、易燃固液体、毒害品、腐蚀性物品、放射性物品等。有些商品同时具有两种以上危险性能。

对有毒商品的包装要明确地标明有毒的标志,密封包装是危险品包装的主要方式。如重铬酸钾(红矾钾)和重铬酸钠(红矾钠)应用坚固铁桶包装,桶口要严密不漏,制桶的铁板厚度不能小于1.2毫米。对包装内容物有腐蚀性的商品,须事先对包装容器进行防腐处理,确证商品和包装容器的材质不发生化学变化。

二、销售包装技法

商品销售包装技法是指销售包装操作时所采用的技术和方法。目前商品销售包装的技法有充气包装技法、真空包装技法、脱氧包装技法、泡罩包装技法、收缩包装技法和拉伸包装技法等。

(一)充气包装技法

充气包装是采用二氧化碳气体或氮气等不活泼气体置换包装容器中空气的包装技术方法。它是通过改变包装容器中的气体组成成分,降低氧气浓度的方法,达到防霉腐和保鲜的目的。

(二)真空包装技法

真空包装是将商品装入气密性容器后,在容器口前抽真空,排除包装内的气体,从而使密封后的容器内达到一定真空度。一般肉类食品、谷物加工食品及一些易氧化变质商品都可采用此类方法包装。

（三）脱氧包装技法

脱氧包装是在密封的包装容器内，使用能与氧气起化学作用的脱氧剂，从而除去包装内的氧气，使内装物在无氧条件下保存的一种方法。脱氧剂能够除去密封包装内游离态氧，降低氧气浓度，从而有效地阻止微生物的生长繁殖，起到防霉、防褐变、防虫蛀和保鲜的目的。

（四）泡罩包装技法

泡罩包装又称起泡式包装，是将商品封合在用透明塑料薄片形成的泡罩与底板之间的一种包装方法。这种技法广泛地用于药品、食品、玩具、文具、小五金、小商品等的销售包装。

（五）收缩包装技法

收缩包装技法是将经过预拉伸的塑料薄膜、薄膜套或薄膜袋，在考虑其收缩率的前提下，将其包裹在待包装商品的外表面，以适当的温度加热，薄膜即在其长度和宽度方向产生急剧收缩，紧紧地包裹住商品。这种技法广泛地应用于销售包装，是一种很有发展前途的包装技术。

收缩包装具有透明、紧凑、均匀、稳固、美观的特点，同时由于密封性好，还具有防潮、防尘、防污染、防盗窃等保护作用。收缩包装适用于食品、日用工业品和纺织品的包装，特别适用于形态不规则商品的包装。

（六）拉伸包装技法

拉伸包装是用可拉伸的塑料薄膜，在常温和张力下，裹包单件或多件商品，在各个方向牵伸薄膜，使商品紧裹并密封。拉伸包装的特点是可以在常温下进行操作，内装物品不受热影响，适合那些对热敏感的商品，如仪器、仪表等的包装，尤为适合热敏性食品，如鲜肉、冷冻食品、蔬菜等的包装。由于拉伸薄膜透明性好，可以清晰地看到内装物，有利于商品销售；对于运输包装来说，能很方便地识别商品；由于薄膜柔韧，薄膜的拉伸力可由人工或机械较为准确地控制，可按商品外形成型，故特别适合于外形不规整的商品的包装。同时，由于不需加热收缩设备，可节省设备投资和设备维修费用，还可节省能源。

第四节　商品包装标识

为了便于装卸、运输、仓储、检验和交接工作的顺利进行，防止发生错发错运和损坏货物与伤害人身的事故，以保证货物安全、迅速、准确地交给收货人，就需要在包装上书写、印刷各种有关标志，以便于识别商品，便于准确迅速地运输货物，避免差错，加速流转等。包装上的标志，按用途可分为运输包装标志、包装储运图示标志和危险货物包装标志三种。

一、运输包装标志

（一）商品分类图形标志

商品分类图形标志是按照国家统计目录分类，规定用几何图形加简单文字构成的特定符号，如图 6－1 所示。

图 6－1　商品分类图形标志

（二）收发货标志

收发货标志是指在商品外包装上的商品分类图示标志、文字说明、排列格式和其他标志的总称，也叫识别标志。它是一般贸易合同、发货单据和运输保险文件中有关标志事项的基本部分。它通常印刷在外包装上,其内容在国家标准《运输包装收发货标志》(GB6388—1986)中均有具体规定。主要内容如下表 6-1 所示:

表 6-1　收发货标志

项目	代号	含义
商品分类图示标志	FL	表明商品类别的特定符号
供货号	GH	供应该批货物的供货清单号码(出口商品用合同号码)
货号	HH	商品顺序编号,以便出入库、收发货登记和核查商品价格
品名规格	PG	商品名称或代号,标明单一商品的规格、型号、尺寸、花色等
数量	SL	包装容器内含有的商品数量
重量(毛重)(净重)	ZL	包装件的重量(千克),包括毛重和净重
生产日期	CQ	产品生产的年、月、日
生产工厂	CC	生产该产品的工厂名称
体积	TJ	包装件的外尺寸,长×宽×高
有效期	XQ	商品有效期至××年×月
收货地点和单位	SH	货物到达站、港和某单位(人)收(可用贴签和涂写)
发货单位	FH	发货单位(人)
运输号码	YH	运输单号码
发运件数	JS	发运的件数

二、包装储运图示标志

包装储运图示标志是依据商品特性,以文字、图形构成的特殊标志符号,其作用在于警示人们在储运过程中规范操作、避免差错、保护商品。在国家标准《包装储运图示标志》(GB 191—90)中规定了 12 种标志,如图 6-2 所示。

(1)易碎品标志　(2)禁用手钩标志　(3)向上标志　(4)怕晒标志

(5)怕辐射标志　(6)由此吊起标志　(7)怕雨标志　(8)重心标志

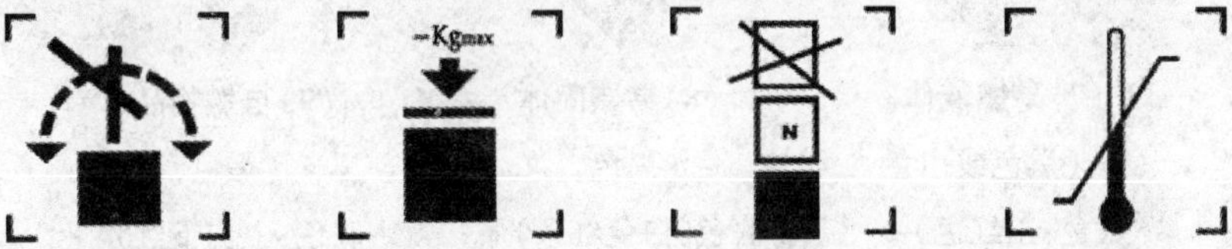

(9)禁止翻滚标志(10)堆码重量极限标志(11)堆码层数极限标志(12)温度极限标志

图6－2　包装储运图示标志

三、危险货物包装标志

危险货物包装标志是为对易燃、易爆、易腐、有毒、放射性等危险商品起警示作用而在运输包装上加印的特殊标记。在国家标准《危险货物包装标志》(GB 190—1990)中规定了危险货物包装标志名称及图形,如图6－3所示。

(1)爆炸品　(2)爆炸品　(3)爆炸品

(黑色,底色:橙红色)　(黑色,底色:橙红色)　(黑色,底色:橙红色)

(4)易燃气体
(黑色或白色，
底色:正红色)

(5)不燃气体
(黑色或白色，
底色:绿色)

(6)有毒气体
(黑色，
底色:白色)

(7)易燃液体
(黑色或白色，
底色:正红色)

(8)易燃固体
(黑色，
底色:白色红条)

(9)自燃物品
(黑色，
底色:上白下红)

(10)遇湿易燃物品
(黑 色 或 白 色，
底色:蓝色)

(11)氧化剂
(黑色，
底色:柠檬黄色)

(12)有机过氧化物
(黑色，
底色:柠檬黄色)

(13)剧毒品
(黑色,底色:白色)

(14)有毒品
(黑色,底色:白色)

(15)有害品(远离食品)
(黑色,底色:白色)

(16)感染性物品

(黑色,底色:白色)

(17)一级放射性物品

(黑色,底色:白色,附一条红竖条)

(18)二级放射性物品

(黑色,底色:上黄下白,附二条红竖条)

(19)三级放射性物品

(黑色,底色:上黄下白,附三条红竖条)

(20)腐蚀品

(上黑下白,底色:上白下黑)

(21)杂类

(黑色,底色:白色)

图 6-3　危险货物包装标志

第五节　商标

商标是工商企业在其经营的商品上的使用的一种标记。商标代表着企业的形象、信誉和产品质量,是包装装潢画面的重要内容之一。可以说商标是商品与厂家的质量信誉的标志,是商品、厂家与消费者之间沟通关系的桥梁,宣传与美化商品需要它,消费者识别商品更离不开它。

商标通常用图形、文字或二者相结合的形式,印刷在商品、商品包装、招牌、广告上。企业申请注册批准后,才获得商标的专用权。因为注册商标具有相对稳定性,一经注册就不能擅自改变,违者受法律制裁。已获得注册的商标,应以 R 符号表示于商标的最近处。要重视在商品装潢上突出所注册的商标。如美国可口可乐公司在其“雪碧”牌汽水的装潢上,将“雪碧”文字置于装潢中心位置,就是为了便于消费者识别。

一、商标的作用

1. 商标保护企业的产品不受侵犯

商标是一种具有产权意义的标志，一旦注册便受到法律保护，对于企业来说商标具有专用权。任何假冒、仿制均属违法行为，这就有利于保护企业的合法权益，产品不受侵犯，有利于维护消费者利益。

2. 商标对产品质量起监督保证作用

对生产企业来说，使用同一商标的商品质量应保证同一水平。商标一旦固定并反复使用，就成为商品质量和特色的象征。商标设计得好，对创立名牌产品大有裨益，容易为人们所识别。

3. 商标可促进产品销售

商标以其简洁、易于识别的特点来宣传商品，容易给人们留下深刻的印象。它通过引人入胜的独特图案吸引消费者注意，使其产生好感，从而诱发购买欲望。产品有了商标，便于消费者了解产品的性能和质量。

4. 商标可以美化包装

商标是产品与包装装潢画面的重要组成部分，设计精美、寓意深刻、新颖别致、个性突出的商标，能很好地装饰产品和美化包装，使消费者乐于购买。

二、商标的分类

商标有很多种类，按其结构进行分类可分为文字商标、图形商标、记号商标和组合商标等。

1. 文字商标

文字商标是指以文字和字母构成的商标。我国的文字商标多用汉字，也可以加注汉语拼音。文字商标中，除主要商标名称外，有时还带有小字书写的厂名、地名、注册商标等。

2. 图形商标

图形商标是指用图案构成的商标，图形商标的优点是不受国家、地区的语言限制。

3. 记号商标

记号商标是指由简明的、具有特点的记号或符号构成的商标。常见的记号商标是圆形、方形、椭圆形、三角形、菱形等几何图形的变形及组合。记号商标含义抽象，单纯醒目、标记性强。

4. 组合商标

组合商标是指用文字、字母、图形和记号互相组合构成的商标。组合商标要求文字、图形、记号组合协调，图文一致，一般为文字和图形的组合或文字和记号的组合。组合商标在现代商标设计中占重要地位。

三、商标的设计原则

在商场销售中，商标正发挥着越来越大的作用，因此必须重视商标设计。在商标设计中应遵循下列原则：

1. 商标应符合法律要求

商标应符合《中华人民共和国商标法》的要求，不得损害国家、社会团体或他人利益。

2. 商标应鲜明生动、特征显著

商标法规定："商标使用的文字、图形或者其组合，应当具有显著特征，便于识别。"为此，应使图形尽量集中，高度简练与概括，容易为消费者所理解和赏识。

3. 商标应构思独特、别具一格

每种产品商标均要有独特个性，使之具有显著的差别性、专用性和提示性，避免与其他商标雷同，同样一个事物，可以从不同角度表现。

4. 商标应具有艺术魅力

具有艺术魅力的商标能装饰和美化商品，能在瞬间引起消费者的兴趣，进而对其生产厂家和产品产生信任感，促使其做出购买决定。

四、商品说明性标签

商品说明性标签是指附于商品销售包装容器的一切附签、吊牌、文字、符号、图形及其他说明物。它是销售者传达商品信息，表现商品特色，推销商品的主要手段；是消费者选购商品，正确保存养护商品及科学消费的指南。同时，商品的说明性标签也是保护消费者利益的一种手段。

下面着重介绍食品说明性标签，在食品说明标签上应标明下列内容：

1. 食品名称

必须采用表明食品真实属性的专用名称。

2. 配料表

除单一原料的食品外，商标上必须标注配料表。所有配料必须按加入量（重量或体积）从多到少依次排列。特殊需要食品，如婴幼儿食品、营养强化食品、特殊营养食品等，必须按商品标准要求增加成分表。

3. 净含量及固形物重量

必须标明食品在每个容器中的净含量。一般的标注方法是：液态食品用体积；固态食品用重量；半固态食品用重量或体积。包装中充填有液体介质的食品时，除标明总净含量外，还必须标明食品的固形物重量。同一包装中如果含有互相独立且品质相同、形态相近的几件食品，则在注明总净含量的同时，还应注明食品数量。

4. 厂名

必须标明制造、包装、批发、进口分装、出口或销售任意一个单位的准确名称、地址和电话。

5. 批号

必须标明生产批号。

6. 日期标志及贮藏指南

必须标明生产日期，并标明保存日期或保质日期。保质日期是指预示在任何标签上规定的条件下保证食品质量的日期。在此期间，食品完全适合于出售，并符合商标或商品标准中所规定的质量；但超过此期限，食品仍有可能是可以食用的。保存日期指预示在任何商标上规定的条件下食品可以食用的最终日期，在此之后，该食品不再适于食用。如果与保质日期有关，必须在标明保质日期的同时标明食品的贮藏方法。保存期在十八个月以上和七天以内的食品，可以免除保存日期或保质日期的标志。

7. 食（使）用方法指导

为了保证食品的正确食用，可以在商标上附加包装开启方法、食用方法、烹调再制方法等对消费者有帮助的说明。

8. 质量等级

商品标准中对质量等级已做规定的食品，应根据检验结果，按规定标明商品的等级。

9. 商品标准代号

已制定商品标准的食品，必须标明商品标准代号。

复习题

1. 简述商品包装的概念和作用。
2. 包装材料应具备哪些性能？

本章小结

本章主要介绍了有关商品包装的概念、作用以及分类；分析了商品包装材料种类与特点；阐明了常用的商品包装技法，主要包括运输包装技法以及销售包装技法；简要介绍了商标的基本知识。

第七章

商品质量监督和认证

学习目的与要求

本章主要介绍商品质量监督和认证的知识,要求学生掌握商品质量监督与认证的概念与意义;理解我国商品质量认证的类型和程序、商品质量法规以及我国消费者权益;熟悉相关商品质量法规,能用法律武器来保障自己的权益。

关键词

商品质量监督　商品质量认证　商品质量法规　消费者保护

建议3课时

导入案例

国家工商总局出台流通领域商品质量监督监测办法

根据国家工商行政管理总局日前出台的《流通领域商品质量监测办法》，监测工作所需检验用样品应按销售者进货价格购买。

检验不进行破坏性测试且对样品质量不造成实质影响的，经销售者同意，检验用样品可由销售者无偿提供。监测所需备份样品由销售者无偿提供。

无偿提供的样品，检验符合要求的，退还销售者；检验不合格的，由实施监测的工商部门按照有关规定处理。

流通领域商品质量监测是指工商部门依法对流通领域销售者销售的商品质量进行抽样检验，并依据检验结果依法进行处置的商品质量监督检查活动。

根据《流通领域商品质量监测办法》，工商部门应制定抽样检验实施方案，确定商品品种、抽样地点、数量等。在监测过程中，由承检单位人员、工商执法人员现场抽取样品，当场封样，并由承检单位人员、工商执法人员、销售者三方签字确认

资料来源：新华网，2012－10－08

第一节　商品质量监督

商品质量监督对商品生产和商品消费有着重要的意义，它是保证和提高商品质量的重要措施和途径，又是保证消费者权益的重要手段，也是国家推行商品标准制度和标准化工作的重要组成部分。

一、商品质量监督的概念与作用

商品质量监督是指根据国家的质量法规和商品质量标准的规定,由国家指定的商品质量监督专门机构对商品生产和流通领域的商品质量和质量保证体系进行监督的活动。商品质量监督是国家对生产和流通领域进行宏观调控的一种手段。通过商品质量监督能有效规范市场经营行为,保障市场商品质量,杜绝假冒伪劣商品,净化市场环境、保障市场经济健康发展。

在我国,质量监督包括政府职能部门依据国家的法律法规以及政府批准发布的标准等进行的执法性质的国家监督,有关行业主管部门为加强行业质量工作进行的管理性质的行业监督,社会一些不具备行政管理职能的有关机构进行的社会监督和舆论监督,用户为保证所买商品符合合同规定的要求进行的验收型监督,企业为加强内部质量管理进行的自我监督。

商品质量监督的作用实质上是国家对生产和流通领域的商品进行宏观调控的一种手段,其意义在于:

(1)它是贯彻实施质量法规和商品标准不可缺少的重要手段;

(2)它是维护消费者权益,保障消费者人身健康和生命安全的需要;

(3)它有利于解决存在的商品质量问题,维护市场经济的正常秩序;

(4)它有利于商品质量管理和更好地实现国家计划质量目标;

(5)它有利于提高商品的国际竞争力,提升我国商品的国际形象,促进对外贸易的发展。

二、商品质量监督的种类

我国的商品质量监督可以分为国家质量监督、社会质量监督和用户质量监督三类。

(一)国家质量监督

国家质量监督是国家授权指定第三方专门机构,以公正的立场对商品进行的质量监督检查。

国家质量监督是一种法定的质量监督,是以政府行政的形式,对可能危及人体健康和人身、财产安全的商品,影响国计民生的重要工业产品及其用户、消费者组织反映的有质量问题的商品,实行定期、不定期或经常性的监督、抽查和检验,公开公布商品质量抽查检验结果,并根据国家有关法规及时处理质量问题,以维护社会经济生活的正常秩序和保护消费者的合法权益。国家的质量监督由国家技术监督部门进行规划和组织实施。国家监督抽查的质量判定依据是被检产品的国家标准、行业标准、地方标准和国家有关规定,以及企业明示的企业标准或者质量承诺。

（二）社会质量监督

社会质量监督是指社会团体、组织和新闻机构根据消费者或用户对商品质量的反映,对流通领域的某些商品质量进行监督检查。

社会质量监督是在市场上进行抽样,委托第三方检验机构进行质量检验和评价,将检验结果特别是不合格的质量状况和生产企业名单予以公布,以造成强大的社会舆论压力,迫使企业改进质量,停止销售不合格商品,对消费者或用户承担质量责任,实行包修、包换、包退、赔偿经济损失。中国质量管理协会用户委员会、中国消费者协会、中国质量万里行组织委员会等组织是社会质量监督的组织者和职权的行使者。

（三）用户质量监督

用户质量监督是指内外贸部门和使用单位为确保所购买商品的质量而进行的质量监督。这种质量监督是内外贸部门和使用单位在购买大型成套设备和装置,以及采购生产物资时,进驻承制单位和商品生产现场进行质量监督,发现问题有权通知企业改正或停止生产,及时把住质量关,确保商品质量符合规定要求。这种质量监督包括用户自己派人或委托技术服务部门进驻承制单位实行质量监督;内外贸部门派驻厂人员进行质量监督,以及进货时进行验收检验。

三、商品质量监督的形式

商品质量监督的形式种类很多,可以归纳为抽查型质量监督、评价型质量监督和仲裁型质量监督三种。

（一）抽查型质量监督

抽查型质量监督是指国家质量监督机构通过对从市场或企业抽取的商

品样品进行监督检验判定其质量,从而采取强制措施责成企业改进质量,直至达到商品标准要求的一种监督活动。抽查型质量监督,一般只抽检商品的实物质量,不检查企业的质量保证体系。抽查的主要对象是涉及人体健康和人身、财产安全的商品、影响国计民生的重要工业产品、重要的生产资料商品和消费者反映有质量问题的商品。

抽查型质量监督是一种强制性的质量监督形式。抽查产品采用地点不限、随机抽查的方式;抽查检测采用科学的方法进行,对产品质量的判断、评价公正;抽查检验的结果公开;对抽查检验不合格的单位限期整改。

(二)评价型质量监督

评价型质量监督是指国家质量监督机构通过对企业的产品质量和质量保证体系进行检验和检查,考核合格后,以颁布产品质量证书、标志等方法确认和证明产品已经达到某一质量水平,并向社会提供质量评价信息,实行必要的事后监督,以检查产品质量和质量保证体系是否保持或提高的一种质量监督活动。评价型质量监督是国家干预产品质量、进行宏观管理的一种重要形式。产品质量认证、企业质量体系认证、评选优质产品、产品统一检验制度和生产许可证发放等都属于这种形式。

(三)仲裁型质量监督

仲裁型质量监督是指对于有质量争议的商品,通过质量监督机构进行检验和质量调查,分清质量责任,做出公正处理,维护经济活动正常秩序的一种质量监督活动。仲裁型质量监督检验的依据是国家法律、法规或国家强制性标准;当事人约定的产品标准或质量要求;没有标准或约定时,以提供产品一方所明示的产品质量要求为准。

仲裁型质量监督具有较强的法制性,这项任务有质量监督管理部门承担,应选择省级以上人民政府产品质量监督管理部门或其授权的部门审查认可的质量监督检验机构作为仲裁检验机构。

四、商品质量监督体系

我国的商品质量监督管理工作,由技术监督和专业监督等系统的质量监督管理机构和质量监督检验机构形成了质量监督管理网络。

（一）技术监督系统

全国的质量监督管理机构是国家质量技术监督局，负责管理全国商品质量监督工作，组织协调有关部门开展商品质量监督检验工作。2001 年，国务院决定国家质量技术监督局与国家出入境检验检疫局合并，组建中华人民共和国国家质量监督检验检疫总局。县级以上地方质量技术监督部门负责本行政区内的商品质量监督工作，组织协调本地区承担质量技术监督检验任务的单位开展质量技术监督检验工作。

产品质量监督检验机构主要有四种形式：①国家级产品质量监督检验测试中心，主要承担国家指定的商品质量监督检验；②各部级行业产品质量监督检验测试中心，负责本行业内部企业的产品质量监督检验；③全国各地方产品质量监督检验站、所，可代表国家行使商品质量监督检验权，承担地方商品质量监督抽查检验；④各省、市综合检验所，负责各专业检验机构未包括的商品质量的监督检验工作。

（二）专业监督系统

我国专业监督系统的监督管理机构和质量监督检验机构包括外贸、卫生、兽药、船舶和锅炉等多个子系统。

1. 外贸子系统

国家出入境检验检疫局是我国主管进出口商品检验的行政执法机构。

2. 卫生子系统

国务院卫生行政管理部门主管全国药品监督管理工作，药品检验所负责药品的质量监督检验工作。各级卫生行政管理部门负责所管辖范围内的食品卫生监督工作，卫生防疫站负责食品卫生监督检验工作。

3. 兽药子系统

各级农牧行政管理机关主管兽药监督管理工作。各级兽药监察机构协助农牧行政管理机关，分别负责全国和本辖区的兽药质量监督检验工作。

4. 船舶子系统

由国家船舶检验局及其在有关地区设立的船舶检验机构负责船舶的质量监督管理和检验工作。

5. 锅炉子系统

由国家劳动人事部和地方劳动人事部门负责锅炉压力容器的安全监督工作。

此外,中国消费者协会、中国质量管理协会等社会团体,也在全国各地设立了质量监督机构。

第二节　商品质量认证

一、商品质量认证的概念及意义

(一)商品质量认证的概念

早在18世纪,就有一些自发的民间机构对产品实行检验及认证。目前认证已发展成为保护消费者利益,企业开拓海外市场,商家建立市场信誉的有力措施。认证已被全球广泛采用,世界很多国家都已建立了独立的认证体系。

国际标准化组织将商品质量认证定义为:由可以充分信任的第三方证实某一经鉴定的产品或服务符合特定标准或其他技术规范的活动。根据《中华人民共和国产品质量认证管理条例》对商品质量认证所下定义为:产品质量认证是依据产品标准和相应技术要求,经认证机构确认并通过颁发认证证书和认证标志来证明某一产品符合相应标准和相应技术要求的活动。由上述商品质量认证的概念可知,商品质量认证包含下列几个方面的内容:

(1)商品质量认证的依据是标准和技术规范。该标准和技术规范应由国家进行正式发布。

(2)商品质量认证的对象是产品或服务。产品可以分为两类,即有形产品和无形产品。

(3)商品质量认证的批准方式是颁发认证证书和或认证标志。

(4)商品质量认证的内容可以分为质量认证、安全认证和综合认证。

(5)商品质量认证的认证机构是可以充分信任的第三方。按照国际标准化组织的要求,该认证机构必须具备不受第一方(生产方)和第二方(使用方)所支配的处于公正地位的第三方。

(二)商品质量认证的意义

(1)商品质量认证有利于提高商品质量水平,推动市场经济的发展。

(2)商品质量认证有利于保护消费者和用户的利益,指导消费者的购买方向,使消费者能够选购到自己满意的商品。

(3)商品质量认证可以减少社会检验和评定的重复劳动以及检验评价的费用。

(4)商品质量认证可以增加企业知名度,提高供方的质量信誉及商品在国内外市场上的竞争能力。

二、商品质量认证的类型和程序

(一)商品质量认证的类型

1. 按认证的性质分类

(1)强制性认证。对有关人身安全、健康、检疫、环保、劳保等产品,依据法律规定必须实施强制性认证,该类产品未获得认证不得销售,否则依法惩处。

(2)自愿性认证。对一般产品均实行自愿性认证,没有经过认证的产品也可以在市场上销售。

2. 按认证的内容分类

(1)质量认证。使用质量认证标志的产品,证明该产品符合某一技术标准。

(2)安全认证。使用安全认证标志的产品,只能说明该产品符合某一安全标准或标准中的安全指标,不能说明产品质量的优劣。

3. 按认证的类型与方式分类

(1)型式试验。按照规定的试验方法对产品样品进行试验,来检验样品是否符合标准或技术规范的要求。

(2)型式检验加认证后监督——市场抽样检验。这是一种带监督措施的型式检验。监督的办法是从市场上购买样品或从批发商、零售商的仓库中抽样进行检验,以证明认证产品的质量符合标准或技术规范的要求。

(3)型式检验加认证后监督——供方(工厂)抽样检验。这种类型与第二种相类似,只是样品在供方(工厂)进行抽样。

(4)型式检验加认证后监督——市场和供方(工厂)抽样检验。这种认证制度是第二与第三两种认证制度的综合样品来自市场和工厂两个方面,因而监督力度更大。

(5)型式检验加工厂质量体系评定加认证后监督——质量体系复查加工厂和市场抽样检验。这一型式的认证既对产品做型式试验,又对与产品有关的供方质量体系进行评定,并且都要实施监督检查。

(6)供方(工厂)质量体系评定。这种认证类型是对供方(工厂)按所要求的质量体系进行评定和认可,对获得认证后的企业质量体系要实施监督检查。

(7)批量检验。这种认证类型是根据规定的方案,对一批商品进行抽样检验,并据此做出该商品是否符合标准或技术规范的判断。

(8)全数试验。这种认证是对每一件产品在出厂前都要依据标准由认可的独立检验及时进行检验。

(二)商品质量认证的程序

《中华人民共和国产品质量认证管理条例》第十一条规定,企业按下列程序办理认证:

(1)中国企业向认证委员会提出书面申请,外国企业或者代销商向国务院标准化行政主管部门或者其指定的认证委员会提出书面申请;

(2)认证委员会通知承担认证检验任务的检验机构对产品进行检验;

(3)认证委员会对申请认证的生产企业的质量体系进行审查;

(4)认证委员会对认证合格的产品颁发认证证书,并准许使用认证标志。

三、商品质量体系认证

(一)商品质量体系认证的概念

质量体系认证又称质量体系注册,是指由公正的第三方体系认证机构,依据正式发布的质量体系标准对企业的质量体系实施评定,并颁发体系认证证书和发布注册名录,向公众证明企业的质量体系符合某一质量体系标准,有能力按规定的质量要求提供产品。

质量体系认证的目的是要让公众(消费者、用户等)相信企业具有一定的质量保证能力,其表现形式是由体系认证机构出具体系认证证书的注册名录,依据的条件是正式发布的质量体系标准,取信的关键是体系认证机构本身具有的权威性和信誉。

质量体系认证的主要作用包括：

(1)从用户和消费者角度:能帮助用户和消费者鉴别企业的质量保证能力,确保购买到优质满意的产品。

(2)从企业角度:能帮助企业提高市场的质量竞争能力,加强内部质量管理提高产品质量保证能力,避免外部对企业的重复检查与评定。

(3)从政府角度:能促进市场的质量竞争,引导企业加强内部质量管理,稳定和提高产品质量;帮助企业提高质量竞争能力;维护用户和消费者的权益;避免因重复检查与评定而给社会造成浪费。

(二)商品质量体系认证的步骤

商品质量体系认证过程总体上可分为四个阶段:认证申请、体系审核、审批与注册发证、监督。

1. 认证申请

企业向其自愿选择的某个体系认证机构提出申请,按机构要求提交申请文件,包括企业质量手册等。体系认证机构根据企业提交的申请文件决定是否受理申请,并通知企业。按惯例,机构不能无故拒绝企业的申请。

2. 体系审核

体系认证机构指派数名国家注册审核人员实施审核工作,包括审查企业的质量手册,到企业现场查证实际执行情况,提交审核报告。

3. 审批与注册发证

体系认证机构根据审核报告,经审查决定是否批准认证。对批准认证的企业颁发体系认证证书,并将企业的有关情况注册公布,准予企业以一定方式使用体系认证标志。证书有效期通常为三年。

4. 监督

在证书有效期内,体系认证机构每年对企业至少进行一次监督检查,查证企业有关质量体系的保持情况,一旦发现企业有违反有关规定的事实证据,立即采取相应措施,暂停或撤销企业的体系认证。

(三)常见的认证机构

1. 中国方圆标志认证委员会

中国方圆标志认证委员会成立于 1991 年 9 月,是国家技术监督局根据《中华人民共和国产品质量认证管理条例》设立的第三方国家认证机构,其认证标志为方圆标志,分为安全认证(S)和合格认证(Q)两种,对凡自愿申请方圆标志认证的产品(包括有形产品和无形产品)实施产品质量认证。

2. 中国电子元器件质量认证委员会(QCCECC)

该委员会成立于 1981 年 4 月,是我国按照国际电工委员会电子元器件质量评定体系(IECQ) 的章程和规则成立的,是参加 IECQ 体系活动的中国国家代表机构。

1982 年,中国电子元器件质量认证委员会成为 IECQ 的认证委员会(CMC)参加及其检查协调委员会(ECC)的协商成员国。

3. 中国电工产品认证委员会(CCEE)

中国电工产品认证委员会是中国国务院标准化行政主管部门技术监督局授权成立的行业认证委员会,是代表中国参加国际电工委员会电工产品安全认证组织(IECEE)的我国国家认证机构。CCEE 成立于 1984 年,1985 年作为中国国家认证机构参加了 IECEE,并成为其管理委员会成员。

4. 欧洲标准化委员会认证机构 (CEN)

1970 年,欧洲标准化委员会(CEN)开始实行符合其标准的合格认证制度,认证工作由下设的认证机构负责,对认证合格的产品发给 CEN 标志。

5. 欧洲电工标准化委员会 (CENELEC)

1970 年,欧洲电工标准化委员会建立了欧洲电子元器件质量评定体系,并成立了电子元器件委员会(CECC),负责 CECC 体系工作。

此外,欧盟还制定了 CE 标志(Conformite Europeenne)。CE 标志是证明相关产品符合安全、卫生、环保和消费者保护要求的合格认证标志。只有当产品符合欧洲标准化委员会（CEN）、欧洲电信标准协会（ETSI）和欧洲电工标准化委员会（CENELEC）制定的有关安全、卫生、环保、保护消费者的一系列有关标准规定时，方准加贴 CE 标志 ，能够在欧洲市场销售。

6. 国际标准化组织合格评定委员会（ISO/CASCO）

ISO 理事会为了协调各国认证工作的发展、促进各国认证制度间的相互认可，减少国际贸易中的技术壁垒，于 1970 年成立了认证委员会。随着其工作任务的发展，1985 年改名为合格评定委员会（Committee on Conformity Assessment，CASCO）。它是国际标准化组织中专门从事合格认证、实验室认可、质量体系评定工作的机构。

其主要任务是研究关于产品、加工、服务和质量体系符合适用标准或其他技术规范的评定方法；制定有关产品认证、检验和检查的国际指南，制定有关质量体系、检验机构、检查机构和认证机构的评定和认可的国际指南；促进国家和区域合格评定制定的相互承认和认可，并在检验、检查、认证、评定和有关工作中，促进采用适用的国际标准。

7. 国际电子元器件质量认证组织（IECQ）

国际电子元器件质量认证组织是经 IEC 授权建立的对电子元器件实行国际质量认证的国际认证组织。主要工作机构有：认证管理委员会是其最高权力机构，检查协调委员会是监督质量评定程序规则并提出有关建议和决议的机构。

8. 国际电工产品安全认证组织（IECEE）

国际电工产品安全认证组织是由 IEC 于 1985 年建立的关于电工产品安全认证的国际组织，IECEE 实施认证的电工产品有 14 大类。

四、我国的质量认证工作

（一）我国的质量认证制度

1978 年 9 月，我国恢复为 ISO 正式成员后，引入了质量认证的概念。1981 年成立中国第一个认证委员会即中国电子元器件认证委员会。1988 年 12 月公布和实施《中华人民共和国标准化法》之后，我国的质量认证管理工作纳入法制轨道。之后颁布了一系列与商品质量认证管理有关的法规，并开展了产品质量认证、质量体系认证、实验室认可和环境体系认证等。自加入世界贸易组织之日起所有的技术法规、标准和合格评定程序应符合《世界贸易组织贸易技术壁垒协议》。

（二）我国质量认证工作的主要原则

1. 以国际指南为基础,同国际惯例接轨

我国认证工作、发布的有关质量认证的法律、法规和规章都是以国际标准化组织发布的有关部门国际指南为基础制定的,符合《世界贸易组织贸易技术壁垒协议》规定。

2. 坚持公正性原则

有关法律、规章明确规定认证机构的第三方公正地位。申请认证的条件,对任何企业不管是中国的还是外国的都一样公平。

3. 国家对质量认证工作实施统一管理

国家认证认可监督管理部门负责统一管理、监督全国的认证认可工作,地方质量技术监督部门和出入境检验检疫机构按照职责分工,负责所管辖区域认证认可活动的监督管理工作。

4. 自愿性认证和强制性认证管理相结合

自愿性产品认证:企业可以根据国家统一认证工作规划,在统一标和评定规则的基础上自愿向国家认可机构申请产品认证。强制性产品认证:国家对涉及人类健康和安全、动植物生命和健康、卫生、环境保护和公共安全的产品实行强制性认证制度。列入《中华人民共和国实施强制性产品认证的产品目录》中的产品包括家用电器、汽车、安全玻璃、医疗器械、电线电缆、玩具等20大类135种产品。我国的强制性产品认证即CCC(China Compulsory Certification)认证。2001年12月,国家质检总局发布了《强制性产品认证管理规定》,以强制性产品认证制度替代原来的进口商品安全质量许可制度和电工产品安全认证制度。即用国家强制性产品认证CCC标志,取代原来实行的“长城”标志和CCIB标志。

第三节 商品质量法规和消费者权益保护

一、商品质量法规

商品质量法规是指调整商品质量管理方面的法律、法令、规定、条例等法律规定的总称。与商品质量有关的法规主要有《中华人民共和国经济合同法》、《中华人民共和国商标法》、《中华人民共和国专利法》、《中华人民共和国产品质量法》、《中华人民共和国反不正当竞争法》、《中华人民共和国消费者权益保护法》、《中华人民共和国产品质量法》、《中华人民共和国广告法》、《中华人民共和国食品卫生法》等。

二、我国消费者权益

《中华人民共和国消费者权益保护法》对消费者的合法权益做了明确的规定,消费者的权益主要包括以下几个方面:

(1)消费者在购买、使用商品和接受服务时享有人身、财产安全不受损害的权利。消费者有权要求经营者提供的商品和服务,符合保障人身、财产安全的要求。

(2)消费者享有知悉其购买、使用的商品或者接受的服务的真实情况的权利。消费者有权根据商品或者服务的不同情况,要求经营者提供商品的价格、产地、生产者、用途、性能、规格、等级、主要成分、生产日期、有效期限、检验合格证明、使用方法说明书、售后服务,或者服务的内容、规格、费用等有关情况。

(3)消费者享有自主选择商品或者服务的权利。消费者有权自主选择提供商品或者服务的经营者,自主选择商品品种或者服务方式,自主决定购买或者不购买任何一种商品、接受或者不接受任何一项服务。消费者在自主选择商品或者服务时,有权进行比较、鉴别和挑选。

(4)消费者享有公平交易的权利。消费者在购买商品或者接受服务时,有权获得质量保障、价格合理、计量正确等公平交易条件,有权拒绝经营者的强制交易行为。

(5)消费者因购买、使用商品或者接受服务受到人身、财产损害的,享有依法获得赔偿的权利。

(6)消费者享有依法成立维护自身合法权益的社会团体的权利。

(7)消费者享有获得有关消费和消费者权益保护方面的知识的权利。消费者应当努力掌握所需商品或者服务的知识和使用技能,正确使用商品,提高自我保护意识。

(8)消费者在购买、使用商品和接受服务时,享有其人格尊严、民族风俗习惯得到尊重的权利。

(9)消费者享有对商品和服务以及保护消费者权益工作进行监督的权利。消费者有权检举、控告侵害消费者权益的行为和国家机关及其工作人员在保护消费者权益工作中的违法失职行为,有权对保护消费者权益工作提出批评、建议。

三、消费者权益的保护

要切实保护消费者的合法权益,必须采取多方面的政策措施。

(一)法律方面的措施

目前,我国已发布实施了保护消费者权益的《中华人民共和国消费者权益保护法》以及一系列单行法 ,如《中华人民共和国食品卫生法》、《中华人民共和国药品管理法》、《化妆品卫生管理条例》、《工业产品质量责任条例》、《中华人民共和国产品质量法》、《工业产品生产许可证试行条例》、《中华人民共和国广告法》、《中华人民共和国商标法》、《中华人民共和国进出口商品检验法》、《中华人民共和国计量法》、《中华人民共和国环境保护法》等。此外,一些省、市、县也颁发实施了地方保护消费者合法权益条例。

(二)加强国家行政监督、司法监督以及社会监督

国家行政监督是指各级国家行政机构中,负有经济监督职责的那部分机构依法对社会经济活动的监督。直接保护消费者权益的国家行政经济监督机构主要有工商行政管理机构、物价机构、技术监督机构、食品卫生监督机构、药品监督管理机构、进出口商品检验机构、环境保护机构等。

（三）社会舆论监督

社会舆论监督是指各类社会组织和广大消费者利用报纸、杂志、广播、电视等舆论工具，通过表扬、宣传以及批评、揭露、谴责等形式来维护消费者权益的活动。近年来社会舆论的监督，特别是新闻媒体的介入已成为质量监督和消费者权益保护的重要力量。每年中央电视台举办的“3·15”晚会也在社会各界产生了广泛影响。

四、经营者的义务

《中华人民共和国消费者权益保护法》对经营者的义务也做了明确的规定，经营者的义务主要包括以下几个方面：

(1)经营者向消费者提供商品或者服务，应当依照《中华人民共和国产品质量法》和其他有关法律法规的规定履行义务。

经营者和消费者有约定的，应当按照约定履行义务，但双方的约定不得违背法律法规的规定。

(2)经营者应当听取消费者对其提供的商品或者服务的意见，接受消费者的监督。

(3)经营者应当保证其提供的商品或者服务符合保障人身、财产安全的要求。对可能危及人身、财产安全的商品和服务，应当向消费者做出真实的说明和明确的警示，并说明和标明正确使用商品或者接受服务的方法以及防止危害发生的方法。

经营者发现其提供的商品或者服务存在严重缺陷，即使正确使用商品或者接受服务仍然可能对人身、财产安全造成危害的，应当立即向有关行政部门报告和告知消费者，并采取防止危害发生的措施。

(4)经营者应当向消费者提供有关商品或者服务的真实信息，不得做引人误解的虚假宣传。

经营者对消费者就其提供的商品或者服务的质量和使用方法等问题提出的询问，应当做真实、明确的答复。商店提供商品应当明码标价。

(5)经营者应当标明其真实名称和标记。租赁他人柜台或者场地的经营者，应当标明其真实名称和标记。

(6)经营者提供商品或者服务，应当按照国家有关规定或者商业惯例向消费者出具购货凭证或者服务单据;消费者索要购货凭证或者服务单据的,经营者必须出具。

(7)经营者应当保证在正常使用商品或者接受服务的情况下其提供的商品或者服务应当具有的质量、性能、用途和有效期限,但消费者在购买该商品或者接受该服务前已经知道其存在瑕疵的除外。

经营者以广告、产品说明、实物样品或者其他方式表明商品或者服务的质量状况的,应当保证其提供的商品或者服务的实际质量与表明的质量状况相符。

(8)经营者提供商品或者服务,按照国家规定或者与消费者的约定,承担包修、包换、包退或者其他责任的,应当按照国家规定或与消费者的约定履行,不得故意拖延或者无理拒绝。

(9)经营者不得以格式合同、通知、声明、店堂告示等方式做出对消费者不公平、不合理的规定,或者减轻、免除其损害消费者合法权益应当承担的民事责任。格式合同、通知、声明、店堂告示等含有前款所列内容的,其内容无效。

(10)经营者不得对消费者进行侮辱、诽谤,不得搜查消费者的身体及其携带的物品,不得侵犯消费者的人身自由。

五、有关“三包”规定

(一)“三包”的概念

“三包”是零售商业企业对所售商品实行“包修、包换、包退”的简称,即为保护消费者合法权益,明确销售者、修理者、生产者承担的部分商品的修理、更换、退货(以下称为“三包”)的责任和义务。根据产品质量法和消费者权益保护法及有关规定,1995 年 8 月国家经贸委、国家技术监督局、国家工商局、财政部印发了《部分商品修理、更换、退货责任规定》。

(二)“三包”产品范围

(1)第一批实施“三包”的部分产品共 18 种:自行车、彩色电视、黑白电视、家用录像机、摄像机、收录机、电子琴、家用电冰箱、洗衣机、电风扇、微波炉、吸尘器、家用空调器、吸排油烟机、燃气热水器、缝纫机、钟表、摩托车。

(2)新“三包”规定中明确,实行“三包”的产品目录将由国务院有关部门制定和调整。国家将根据消费水平的提高,采用《实施“三包”的部分商品目录》的形式,逐批公布“三包”产品适用范围。

(3)随着移动电话、固定电话、微型计算机、家用视听产品4种产品加入,截至目前,我国共有22种产品被纳入“三包”范畴。

(4)进口产品同样适用于新“三包”规定。

(5)未纳入新“三包”规定的产品,出现了质量问题,销售者均应依法负责修理、更换、退货,并赔偿由此而受到的损失。

(三)“三包”责任范围

消费者购买的产品出现以下情况,有权要求经销者承担“三包”责任:

(1)不具备产品应当具备的使用性能,而事先没有说明的;

(2)不符合明示采用的产品标准要求;

(3)不符合以产品说明、实物样品等方式表明的质量状况;

(4)产品经技术监督行政部门等法定部门检验不合格;

(5)产品修理两次仍不能正常使用。

(四)“三包”责任时间规定

(1)“7日”规定:产品自售出之日起7日内,发生性能故障,消费者可以选择退货、换货或修理。

(2)“15日”规定:产品自售出之日起15日内,发生性能故障,消费者可以选择换货或修理。

(3)“三包”有效期规定:“三包”有效期自开具发票之日起计算。在国家发布的第一批实施“三包”的18种商品中,如彩色电视、手表等的“三包”有效期,整机分别分半年至1年,主要部件为1~3年。在“三包”有效期内修理两次,仍不能正常使用的产品,消费者可凭修理记录和证明,调换同型号同规格的产品或按有关规定退货,“三包”有效期应扣除因修理占用和无零配件待修的时间。换货后的“三包”有效期自换货之日起重新计算。

(4)“90日”规定和“30日”规定:在“三包”有效期内,因生产者未供应零配件,自送修之日起超过90日未修好的,修理者应当在修理状况中注明,销售者凭此据免费为消费者调换同型号同规格产品。因修理者自身原因使修理超过30日的，由其免费为消费者调换同型号同规格产品，费用由修理者承担。

(5)“30日”和“5年”的规定：修理者应保证修理后的产品能够正常使用30日以上，生产者应保证在产品停产后5年内继续提供符合技术要求的零配件。

(6)新“三包”规定从1995年8月25日起实施，凡在该日以后购买列入“三包”目录产品，消费者有权要求销售者、修理者、生产者承担“三包”责任。对1995年8月25日以前购买的产品，只能继续按照1986年发布的《部分国产家用电器“三包”规定》执行。

（五）“三包”规定的义务

1. 销售者应履行的义务

(1)不能保证实施“三包”规定的，不得销售目录所列产品；

(2)保证销售产品的质量；

(3)执行进货检查验收制度，不符合法定标识要求的，一律不准销售；

(4)产品出售时，应当开箱检验，正确调试，介绍使用维护事项、“三包”方式及修理单位，提供有效发票和“三包”凭证；

(5)妥善处理消费者的查询、投诉，并提供服务。

2. 修理者应履行的义务

(1)承担修理服务业务；

(2)维护销售者、生产者的信誉，不得使用与产品技术要求不符的元器件和零配件，认真记录故障及修理后产品质量状况，保证修理后的产品能够正常使用30日以上；

(3)保证修理费用和修理配件全部用于修理，接受销售者、生产者的监督和检查；

(4)承担因自身修理失误造成的责任和损失；

(5)接受消费者有关产品修理质量的查询。

3. 生产者应履行的义务

(1)明确“三包”方式。生产者自行设置或者指定修理单位的，必须随产品向消费者提供“三包”凭证、修理单位的名单、地址、联系电话等；

(2)向负责修理的销售者、修理者提供修理技术资料、合格的修理配件，

负责培训,提供修理费用。保证在产品停产后5年内继续提供符合技术要求的零配件;

(3)妥善处理消费者直接或者间接的查询,并提供服务。

属下列情况之一者,不实行“三包”,但是可以实行收费修理:

(1)消费者因使用、维护、保管不当造成损坏的;

(2)非承担“三包”修理者拆动造成损坏的;

(3)无“三包”凭证及有效发票的;

(4)“三包”凭证型号与修理产品型号不符或者涂改的;

(5)因不可抗拒力造成损坏的。

(六)我国“三包”的发展

1986年4月,国务院发布了《工业产品质量责任条例》,其中明确:产品的生产者、销售者对产品质量负责。产品质量不符合国家的有关法规、质量标准以及合同规定的对产品适用、安全和其他特性的要求的,产品的生产者、销售者“应当负责修理、更换、退货,赔偿实际经济损失”。

1995年2月,在全国人大七届常委会第三十次会议通过的《中华人民共和国产品质量法》中,进一步明确了产品的生产者、经销者的质量责任和义务,售出的产品不符合规定要求时,应当负责“修理、更换、退货;给购买产品的消费者造成损失的应当赔偿损失”,即所谓“三包”。以后,在《中华人民共和国消费者权益保护法》中“三包”的要求成了重要法律依据之一。以法律的形式明确了产品的生产者、销售者对售出的产品承担“三包”责任,在我国还是第一次,应当说是具有历史意义的进步。从此,我国的消费者有了法律武器维护自己的合法权益。

为了进一步落实和规范“三包”责任,在《工业产品质量责任条例》、《中华人民共和国产品质量法》和《中华人民共和国消费者权益保护法》发布后,有些部门还陆续发布了一些关于“三包”的管理办法,明确了“三包”产品的目录、“三包”的范围和期限等要求,可操作性更强了,在维护消费者合法权益方面发挥了很好的促进作用。

复习题

1. 简述我国商品质量监督的概念与种类。
2. 商品质量认证有哪些类型和程序?

本章小结

本章主要介绍了我国的质量监督的概念、种类及形式,质量认证的概念和类型,我国商品质量法规以及消费者权益与保护的相关知识。

第八章

商品养护

学习目的与要求

本章主要介绍了商品养护的知识,通过本章的学习,要求学生了解商品质量变化的类型;理解影响库存商品质量变化的因素;掌握工业商品、食品商品养护的原理及基本方法。

关键词

质量变化　影响因素　工业商品养护　食品商品养护

建议 3 课时

导入案例

气象与商品养护

说起商品养护，有些人还不太了解，在我们日常生活中人们所熟悉的烟酒、糖茶、服装鞋帽、医药、化妆品、家用电器以及节日燃放的烟花爆竹等，在这些成千上万的商品中，有的怕潮、怕冻、怕热，还有的易燃、易爆。因此针对原材料、性质不同的特点，在储存的过程中进行不同的保管、维护，这就是商品养护。影响仓储商品质量变化的因素很多，其中最重要的是空气的温度与湿度。

温度会对商品质量造成影响。一些怕热的商品，如油毡、复写纸、各种橡胶制品等，如果储存温度超过要求（30℃～35℃）就会发粘、溶化或变质。某些怕冻的商品如医药针剂、口服液、墨水、乳胶等则因库存温度过低出现冻结、沉淀或失效。例如，苹果贮藏在1℃比贮藏在4℃～5℃时寿命要延长1倍。但贮藏温度过低可引起果实冻结或生理失调，也会缩短贮藏寿命。

在商品储存中，湿度同样会给商品质量带来影响。由于商品本身含有一定的水分，如果空气相对湿度超过75%，有些吸湿性的商品就会从空气中吸收大量的水分而逐渐增大本身的含水量，就会对商品质量产生影响，如食盐、麦乳精、洗衣粉等出现潮解、结块，服装、药材、糕点等生霉、变质，金属氧化生锈等。而空气相对湿度过小（低于30%），也会使一些商品的水分蒸发影响质量，如皮革、香皂、竹制品等可能因发生开裂而失去商品的使用价值。

因此，经常观察和了解气象变化的规律，根据要求进行调整，才能保证商品的质量。

资料来源：重庆气象网，2008－06－30。

第一节　商品质量变化及其影响因素

由于商品本身的性能特点不同，因而商品在储存和运输过程中有可能发生各种各样的质量上的变化。为了最大限度地保养维护好商品质量，我们必须了解和掌握商品质量变化规律及其影响因素，从而确保商品的质量安全。

一、商品的质量变化

商品在储存和运输过程中，引起商品质量发生变化的因素很多，但归纳起来主要有物理机械变化、化学变化以及生理生化变化。

（一）商品的物理机械变化

商品的物理性质是指物质不需要发生化学变化就表现出来的性质，而物理变化只改变物质的外表形态，不改变其本质，没有新物质的生成，不涉及物质分子化学组成的改变。商品的机械变化是指商品在外力的作用下，发生其形态上的变化。商品物理机械变化的结果是造成数量减少或者质量降低，甚至使商品失去使用价值。商品常发生的物理机械变化主要有：

1. 挥发

挥发是指低沸点的液体商品或经液化的气体商品，在空气中经汽化而散发到空气中的现象。挥发速度受气温的高低、空气流动速度的快慢、液体表面接触空气面积的大小、液面上其他气体的密度等因素的影响。

液体商品的挥发不仅会降低商品的有效成分，增加商品损耗，降低商品质量，有些燃点很低的商品还可能引起燃烧或爆炸；有些商品挥发的气体有毒性或麻醉性，容易造成大气污染，对人体有害；一些商品受到气温升高的影响，体积膨胀，使包装内部压力增大，可能发生爆破。

防止商品挥发的主要措施是加强包装密封性。此外，要控制仓库温度，高温季节要采取降温措施，使易挥发商品在较低温度条件下储存，以防挥发。

2. 渗漏

渗漏主要是指液体商品，特别是易挥发的液体商品，由于包装容器密封不良，包装质量不符合商品性能的要求，或在搬运装卸时的碰撞震动破坏了包装，而使商品发生跑、冒、滴、漏的现象。

商品渗漏与包装材料性能、包装容器结构及包装技术优劣有关，还与仓储温度变化有关。例如，某些液体商品包装质量较差，有的容器有砂眼、气泡或焊接不严等；有些包装材料耐腐蚀性差，受潮锈蚀；还有些商品如玻璃、陶瓷制品、搪瓷制品、铝制品、皮革制品等，在搬运过程中，受到碰撞、挤压和抛掷等外力作用下，会发生破碎、变形、脱落散开等形态上的变化，致使商品的质量降低或完全丧失了它们的使用价值。

防止商品渗漏的主要措施是选用合适的包装材料及包装技术，同时对商品加强入库验收和在库商品检查及温度、湿度的控制和管理。

3. 溶化

溶化是指固体商品在潮湿空气中能吸收水分，当吸收水分达到一定程度时，溶解变成液体的现象。常见的易溶化商品有食糖、食盐、明矾、硼酸、尿素、硝酸铵等。

商品溶化后，商品本身的性质并没有发生变化，但由于形态改变，给储存、运输及销售带来很大的不方便。商品溶化与空气温度、湿度、堆码高度有密切关系。

对易溶化的商品应按商品性能，分区、分类存放在阴凉干燥的库房内，不适合与含水分较大的商品同储，在堆码时要注意底层商品的防潮与隔潮，垛底要垫得高一些，并采取吸潮和通风相结合的温湿度管理方法以防止商品吸湿溶化。

4. 熔化

熔化是指低熔点的商品受热后发生变软以至变成液体的现象。商品的熔化除受气温高低的影响外，还与商品本身的熔点、商品中杂质种类和杂质含量高低密切相关。熔点越低，越易熔化；杂质含量越高，越易熔化。

常见易熔化的商品如医药商品中的油膏类、胶囊等；百货商品中的香脂、发蜡、蜡烛等；化工商品中的松香、石蜡、硝酸锌等；文化用品中的复写纸、打字纸等。商品熔化的结果有的会造成商品流失，有的会使商品与包装粘连在一起，有的还可能玷污其他商品等。

通常防止商品熔化的主要措施是采用密封和隔热措施，加强库房的温度管理，防止日光照射，尽量减少温度的影响。

5. 沉淀

沉淀是指含有胶质和易挥发成分的商品，在低温或高温等因素影响下，引起部分商品的凝固,进而发生沉淀或膏体分离的现象。商品沉淀主要受商品的组成成分、性质以及外界温度等的影响。因此,预防商品的沉淀,应根据不同商品的特点,防止阳光照射,同时做好冬季保温和夏季降温工作。

6. 串味

串味是指吸附性较强的商品吸附其他气体、异味,从而改变商品本来气味的现象。

商品具有吸附性、易串味的原因,主要是由于它的成分中含有胶体物质,以及疏松、多孔性的组织结构。影响商品串味的因素主要与其表面状况、异味物质接触面积的大小、接触时间的长短,以及环境中异味的浓度有关。常见易被串味的物品有大米、面粉、木耳、食糖、饼干、茶叶、卷烟等。常见的引起其他商品串味的有汽油、煤油、桐油、腊肉、樟脑丸、肥皂、化妆品以及农药等。

对易被串味的商品应尽量采取密封包装,在储存和运输过程中不与有强烈气味的商品同车、船混载或同库贮藏,同时还要注意运输工具和仓储环境的清洁卫生。

7. 破碎与变形

破碎与变形是常见的机械变化是指商品在外力作用下所发生的形态上的改变。

商品的破碎主要是脆性较大的商品,如陶瓷、搪瓷制品、玻璃等,因包装原因或在运输过程中受到碰、撞、挤、压、抛掷,而破碎、掉瓷、变形等。塑性是指材料承受外力作用时发生形变,除去外力后,不能自动恢复原来的形状的性质,商品的变形通常是塑性较大的商品,如钢材、橡胶等,由于受到强烈的外力撞击或长期重压,商品丧失回弹性能,从而发生形态改变。

因此对于容易发生破碎和变形的商品,要注意妥善包装,轻拿轻放;在库堆码高度不能超过一定的压力限度。

(二)商品的化学变化

商品的化学变化是指不仅改变了商品的外表形态,也改变了商品的本质,并且有新物质生成,且不能恢复原状的变化现象。商品的化学变化与物理变化有本质的区别,商品化学变化过程即商品质变过程,严重时会使商品失去使用价值。商品常发生的化学变化主要有:

1. 氧化

氧化是指商品与空气中的氧或与其他放出氧气的物质接触，发生与氧结合的化学变化。商品氧化不仅会降低商品的质量，而且有的还会在氧化的过程中产生热量，引起自燃；有的甚至会引发爆炸。易于氧化的商品种类很多，例如，某些化工原料、橡胶制品、油脂类商品和纤维制品等。这类商品在储运过程中应选择低温避光条件，避免与氧接触，同时注意通风散热，有条件的可在包装容器中放入脱氧剂。

2. 分解

分解是化学反应的常见类型之一，它是指某些化学性质不稳定的商品，在光、热、酸、碱及潮湿空气的影响下，会由一种物质分解成两种或两种以上物质的现象。

3. 风化

风化是指在室温和干燥空气里，结晶水合物失去结晶水的现象。风化是一个化学变化过程。例如，日常生活中碱块（$Na_2CO_3 \cdot 10H_2O$）放置在空气中会失去结晶水变成粉末状物质碱面（Na_2CO_3），这就是风化现象。风化不仅减少了商品的数量，也影响商品的质量。

4. 老化

老化是指高分子材料（如橡胶、塑料、合成纤维等）在储存过程中，在光、热、氧等的作用下出现发黏、脆硬、龟裂、退色、失去原有优良性能的变质现象。老化是高分子材料存在第一个严重缺陷，是一种不可逆的变化。老化的原因主要是构成商品的高分子材料在外界条件作用下，分子链发生降解和交联两类反应的结果。容易老化的商品在保管养护过程中，要注意防止日光照射和高温的影响，不宜堆码过高，以防受压变形。

5. 锈蚀

锈蚀是指金属商品与周围介质相接触时，发生化学作用或电化学作用而引起的破坏现象。金属商品的锈蚀不仅使商品重量下降，更为严重的是会影响商品的质量和使用价值。锈蚀是金属商品的主要破坏形式。

（三）商品的生理生化变化

商品的生理生化变化是指有生命活动的有机体商品，在生长发育过程

中,为了维持它们的生命现象而进行的一系列生理变化。生理生化变化主要包括:

1. 呼吸作用

呼吸作用是指有机体商品在生命活动中,不断地进行呼吸,分解体内有机物质,产生热能,维持其本身生命活动的现象。呼吸作用可分为无氧呼吸和有氧呼吸两种。

(1)无氧呼吸是指细胞在无氧的条件下,通过酶的催化作用,把葡萄糖等有机物质分解成为不彻底的氧化产物,同时释放出少量能量的过程。这个过程对于高等植物、高等动物和人来说,称为无氧呼吸,如果用于微生物如乳酸菌、酵母菌等,则习惯上称为发酵。

(2)有氧呼吸是指细胞在氧的参与下,通过酶的催化作用,把糖类等有机物彻底氧化分解,产生二氧化碳和水,并释放出热量。有氧呼吸是高等动物和植物进行呼吸作用的主要形式。

不管是有氧呼吸还是无氧呼吸,都消耗有机体商品内的营养物质,从而降低商品的质量。对于一些鲜活商品来说,无氧呼吸往往比有氧呼吸要消耗更多的营养物质。所以,为了达到保存鲜活商品质量、减少损耗以及延长储存期限的目的,要创造适宜的外界环境以保持有机体的正常而最低的呼吸作用,减少商品损耗、延长贮藏时间。

2. 后熟作用

后熟是指瓜果、蔬菜类食品脱离母株后继续成熟的现象。促使这类食品后熟的主要因素是高温、氧,以及某些有催熟作用的刺激性物质(如乙烯、乙醇等)的存在。瓜果、蔬菜等的后熟作用,能改进其色、香、味以及硬脆等食用性能。但当后熟作用完成后,则容易发生腐烂变质,难以继续贮藏,甚至失去食用价值。因此,对于这类食品,应在其成熟之前采收并采取控制贮藏条件的办法,来调节其后熟过程,以达到延长贮藏期、均衡上市的目的。

3. 僵直

僵直又叫僵硬或尸僵,是指畜禽、鱼失去生命后,肌肉在一段时间内发生的生化和形态上的变化,如肌肉失去原有的弹性,变得僵硬,肉片呈不透明状态等。在僵直阶段的肌肉组织紧密、挺硬,弹性差,无鲜肉的自然气味,烹调时不易煮烂,消化率低,肉的食用品质差。但是僵直期的动物肉的 pH

值较低,组织结构也较紧密,不利于微生物的繁殖,所以适于冷冻贮藏。同时,僵直期的鲜肉(鱼)其主要成分尚未分解,基本保持原有的营养成分,而一般鱼类在死后的僵直期新鲜度最高,食用价值也最大。

4. 软化

软化是指处于僵直状态的肉在水解酶的作用下,肌肉中的蛋白质等物质被分解,肌肉逐渐变软的现象。软化后的家禽肉柔软而具有弹性,容易煮烂,风味鲜美,达到家畜肉、家禽肉的最佳食用期。但软化后的家禽肉、家畜肉和鱼肉往往会色泽变暗,降低食用价值,甚至腐败变质。软化过程的快慢与环境温度有关,降低温度可以延缓软化过程。因此,生鲜肉类、禽肉和水产品都需要在低温下储存和运输。

5. 发芽

发芽是指有机体商品在适宜条件下,冲破"休眠"状态,发生的发芽、萌发现象。发芽的结果会使有机体商品的营养物质转化为可溶性物质,供给有机体本身的需要,降低有机体商品的质量。而且,有时发芽、萌发的过程中会产生毒素,比如土豆发芽会产生龙葵素从而丧失有机体商品的使用价值。因此,对于能够发芽、萌发的商品必须控制其水分,并加强温湿度管理,防止发芽、萌发现象的发生。

6. 胚胎发育

胚胎发育主要指鲜蛋的胚胎发育。在鲜蛋的储存过程中,当温度和供氧条件适宜时,胚胎会发育成血丝蛋、血环蛋。经过胚胎发育的禽蛋,其新鲜度和食用价值大大降低。为抑制鲜蛋的胚胎发育,应加强温湿度管理,最好是低温贮藏或停止供氧。

二、影响商品质量变化的因素

引起商品质量变化的原因很多,总的来说可以分为内因和外因两类。内因是变化的前提,外因是变化的条件。影响商品质量变化的内因主要是商品的成分、结构和性质,这些内因是由商品生产决定的。这里只是对影响商品质量的外界因素进行讨论。影响商品质量变化的外界因素主要有空气温度和湿度、空气中的氧气、日光、有害气体、卫生条件等。

（一）空气温度

空气温度是指空气的冷热程度，简称气温。气温是影响商品质量变化的重要因素。一般商品在常温或常温以下都比较稳定，而高温能够促进商品的挥发、渗漏、溶化等物理变化及各种化学变化，低温又容易引起某些商品的冻结、沉淀等变化，从而影响到商品质量。此外，温度也是微生物和害虫生长繁殖的前提条件，适宜的温度会加速商品的腐败和虫蛀。

（二）空气湿度

空气湿度是指空气的干湿程度。空气湿度的改变能引起商品的含水量、化学成分、外形或体态结构发生变化。湿度下降可使商品含水量降低，如蔬菜、水果、肥皂等会发生萎蔫、干缩变形，纸张、皮革制品等失水过多会发生干裂或脆损；湿度增加可使商品含水量相应增加，食糖、盐、化肥等易溶性商品会结块、膨胀或进一步溶化，金属制品加速锈蚀，纺织品、卷烟等发生霉变或虫蛀等；湿度适宜可保持商品具有的正常含水、外形或体态结构和重量。所以，在商品养护中，必须根据不同商品的特性，尽量创造商品适宜的空气湿度。

（三）空气中的氧气

空气中含有21%左右的氧气。氧能和许多商品发生作用，使商品氧化，这不仅对商品质量变化影响很大，有时还会在氧化过程中产生热量，发生自燃，甚至还会发生爆炸事故。如氧可以加速金属商品锈蚀；氧是好氧微生物活动的必备条件，易使有机体商品发生霉变；氧是害虫赖以生存的基础，是仓库害虫发育的必备条件；氧是助燃剂，不利于危险品的安全储存；在油脂的酸败、鲜活商品的分解、变质中，氧都是积极参与者。因此，在商品养护中，对于受氧气影响较大的商品，要采取各种方法如浸泡、密封、充氮等隔绝氧气。

（四）日光

日光中含有热量、红外线和紫外线等，对商品起着正反两方面的作用：一方面，日光能够加速受潮商品的水分蒸发，杀死杀伤微生物和商品害虫，在一定程度下有利于商品的保护；另一方面，某些商品在日光的直接照射下又发生破坏作用，如日光能使酒类浑浊、油脂加速酸败、橡胶塑料制品迅速老化、纸张发黄变脆、色布褪色、药品变质、照相胶卷感光等。因此，要根据各种不同商品的特性,注意避免或减少日光的照射。

（五）有害气体

有害气体是指存在于大气中的危害性较大的气体状污染物质,主要包括酸性有害气体和氧化性有害气体,例如,二氧化硫、硫化氢、氯化氢等。这些有害气体主要来自煤、石油、天然气、煤气等燃料放出的烟尘和工业生产过程中的粉尘、废气。商品储存在有害气体浓度大的空气中,其质量变化明显。

（六）卫生条件

卫生条件是保证商品特别是食品免于变质腐败的重要条件之一。不良的卫生条件不仅使垃圾、灰尘、油污等污染商品,还为微生物、害虫等创造了生长繁殖的条件,从而促使商品腐败变质。因此,商品在储存过程中,应保持良好的环境卫生和商品本身的卫生,减少因卫生条件不良而造成的商品受损,以保持商品质量的稳定。

第二节　工业商品的养护

工业商品在储运过程中,受外界各种环境因素的影响,其商品质量通常容易发生诸如霉变、虫蛀、锈蚀、老化、破损、挥发与变形等变化。本节主要是对商品霉变、仓库害虫、商品老化、商品锈蚀等方面进行探讨。

一、商品霉变与防治

商品的霉变是由于霉腐微生物在商品上进行新陈代谢作用,将商品中的营养物质转变成各种代谢物,引起商品生霉、腐烂、产生异味等质量变化的现象。商品的成分结构和环境因素是霉腐微生物生长繁殖的营养来源和生活的环境条件,因此,商品的防霉变工作必须根据微生物的生理特性,采取适宜的措施进行防治。

商品的防霉就是针对商品霉变原因所采取的有效措施。商品的成分是决定商品霉变的内因,目前采取的防霉腐措施主要有以下几种:

（一）常规防霉腐

常规防霉腐就是采取常用的方法消除适于霉菌滋生繁殖的条件，使库内温湿度控制在一定标准以下，以达到防霉腐的目的，通常可采用的方法是做好商品入库验收工作和严格控制仓库的温湿度。商品入库前，必须进行品质检验，严格控制已霉腐商品或超过安全水分含量的商品及其他有变质的商品进入库内，控制低温环境条件，即通过控制和调节仓库内及商品本身的温度使其低于霉腐微生物生长繁殖的最低界限，抑制酶的活性。

（二）低温冷藏防霉

低温冷藏防霉是通过控制商品本身的温度，使其低于霉变微生物生长繁殖的最低界限，控制酶的活性，抑制霉腐微生物的代谢与生长繁殖，以达到防霉腐的目的。

低温冷藏防霉所需的温度与时间应按具体商品而定。一般情况下，温度越低持续时间越长，霉变微生物的死亡率越高。按降低温度的范围，分为冷却和冷冻两种。冷却法又称冷藏法，其温度控制在 0℃ ~10℃，此时商品并不结冰，此法适用于不耐冰冻的商品，尤其是水分含量大的生鲜食品和短期储存的食品。冷冻法的温度经过两个阶段的控制，先经过速冻阶段，即在短时间内将温度降到 -25 ℃ ~ -30 ℃，当商品深层温度达到 -10 ℃时，再移至 -18 ℃左右的温度下存放，此法适用于长期存放的商品。

（三）药剂防霉变

药剂防霉腐是利用化学药剂使霉变微生物的细胞和新陈代谢活动受到破坏或抑制，进而达到杀菌或抑菌、防止商品霉变的目的。药剂防霉变要和生产部门密切配合，在生产过程中就把防霉剂、防腐剂加到商品中，这样既方便又可收到良好的防霉腐效果。此外，对批量小的易霉变工业品商品如皮革制品等，也可在储运时把防霉腐药剂加到商品表面。例如，用于工业品防霉腐的药剂有三氯酚钠、水杨酷苯胺、福尔马林等，它们常用于纺织品、鞋帽、皮革、纸张、竹木制品和纱线等商品的防霉变。防霉腐药剂的选用应遵循低毒、高效、无副作用、价格低廉等原则，而且在使用时还必须考虑对使用人员的身体健康无不良影响和对环境不造成污染等因素。

（四）干燥防霉

干燥防霉主要是通过降低密封包装内的水分与商品本身的含水，使霉腐微生物得不到生长繁殖所需水分来达到防霉腐目的。因为干燥可使微生物细胞蛋白质变性并使盐类浓度增高,从而使微生物生长受到抑制或促使其死亡。霉菌菌丝抗干燥能力很弱,特别是幼龄菌种抗干燥能力较弱。可通过在密封的包装内置放一定量的干燥剂来吸收包装内的水分,使内装商品的含水量降到允许含水量以下。

一般高速失水不易使微生物死亡,缓慢干燥霉菌菌体死亡最多,且在干燥初期死亡最快。菌体在低温干燥下不易死亡,而干燥后置于室温环境下最易死亡。

(五)气调防霉

气调防霉是生态防霉变的形式之一。霉变微生物与生物性商品的呼吸代谢都离不开空气、水分和温度这三个因素。只要有效控制其中一个因素,就能达到防止商品发生霉变的目的。气调防霉是一种调整密封环境条件下气体成分的贮藏方法,通常由减少环境中的氧、增加二氧化碳含量及降低环境温度三方面综合作用,来抑制霉变微生物的生命活动与生物性商品的呼吸强度,从而达到防霉腐的效果。

(六)气相防霉

气相防霉是一种先进的防霉方法,它主要是使用具有挥发性的防霉防腐剂,利用其挥发产生的气体直接与霉腐微生物接触,杀死这些微生物或抑制其生长,以达到商品防霉腐的目的。同时由于气相防霉是气相分子直接作用于商品上,对其外观和质量不会产生不良影响。但要求包装材料和包装容器气率小、密封性高。

二、仓库的害虫与防治

(一)仓库害虫的来源

仓库害虫原本是农业害虫,其主要来源如下:

(1)商品入库前已有害虫潜伏在商品之中,随商品一起进入仓库;

(2)商品包装物中有害虫隐藏;

(3)运输工具的带入;

(4)仓库内本身隐藏有害虫;

(5)环境卫生不清洁,有害虫的滋生;

(6)受邻近仓间或邻近货垛储存生虫商品的感染;

(7)农业害虫的侵入。

(二)仓库害虫的防治管理

仓库害虫的传播与扩散一般有两种途径:自然因素引起的传播与扩散和人为因素引起的传播与扩散。由于仓库害虫一般个体较小,常隐蔽在商品或包装及物料用品中而不易被发现,并且非常容易受到各种因素的影响而到处传播扩散、滋生繁殖,甚至造成商品的巨大损失。因此,必须加强仓库害虫的防治管理。仓库害虫防治的方法主要有:

1. 杜绝仓库害虫来源

要杜绝仓库害虫的来源和传播,必须做好商品原材料、商品包装物的杀虫、防虫处理,入库商品的虫害检查和处理以及仓库的环境卫生及备品用具的卫生消毒工作,使害虫得不到栖息场所。因害虫个体小会隐蔽,空仓及器材经清扫后,难免还有少数害虫残存下来,这些残存的害虫有相当的耐饥能力,在既不活动又不取食的情况下也能存活。因此,用杀虫剂毒杀,是十分必要的。同时,改善仓库条件是防止害虫进入仓厂的一项必要措施。另外,认真做好害虫检查测报工作,及时发现虫害情况,为防治工作提供直接依据。

2. 机械防治

机械防治主要是利用人工操作或动力操作的各种机械来清除贮藏物中的害虫。机械防治的主要方法有风车除虫、筛子除虫、离心撞击机治虫及抗虫粮袋等。

3. 物理防治

物理防治是指利用各种物理因素(光、电、热、冷冻等)直接作用于害虫有机体,破坏害虫的生理机能和机体结构,改变或恶化仓库害虫的生活环境条件,使其不能生存,或者抑制其生长繁殖。物理防治的主要方法有灯光诱集、高温杀虫、低温杀虫、电离辐射杀虫、微波和远红外治虫、臭氧杀虫等。

4. 化学药剂防治

化学药剂防治是利用杀虫剂杀灭仓虫的方法,具有彻底、快速、效率高的优点,但也有对人有害、污染环境、易损商品的缺点,因此,在食品中应限制使用。在使用化学药剂防治时必须贯彻下列原则:对仓虫有足够的杀灭能力,对人体安全可靠,药品性质不致影响商品质量;对库房、仓具、包装材料较安全,使用方便,经济合理。常用的化学药剂防治方法有以下几种:

(1)驱避法。利用易挥发并具有特殊气味和毒性的固体药物放入商品包装内或密封货垛中,以达到驱虫、杀虫目的。

(2)喷液法。用杀虫剂进行空仓和实仓喷洒,直接毒杀仓虫。常用的杀虫剂有敌杀死、敌敌畏、敌百虫等。

(3)熏蒸法。利用液体或固体挥发出的剧毒气体杀死仓虫的防治方法,常用的药剂有溴代甲烷、磷化铝等。

5. 生物防治

生物防治是利用病原微生物、害虫的天敌(寄生物、捕食者、病原物)来防治和控制害虫的生长和繁殖。生物防治的优点是:能够有效地控制仓库害虫,对某些害虫的生长繁殖有长期抑制作用,减少对储物和环境的污染,对人畜安全,降低贮藏费用,因而它是一种安全、有效、经济的防虫措施。但对仓库害虫的控制不能像化学药剂那样见效快、简便和方便,有一定的局限性。在采用此法时,应与其他方法配合使用,互相协调,取长补短,才能更好地发挥生物防治的作用,收到较好的防治效果。

三、商品的老化与预防

高分子材料与制品如塑料、橡胶及合成纤维等,在储存过程中受各种环境因素(如光、热、氧、臭氧、水以及微生物等)的作用,使其弹性与强度等性能逐渐变坏,严重降低商品的使用价值,以致最后完全丧失使用价值的现象称为老化。商品的老化是一种不可逆的变化。

(一)商品老化的原因

影响商品老化的因素既有商品本身的内因,也有外部因素的影响。

1. 商品老化的内因

塑料老化的内因主要包括:①高分子结构上存在的一些弱点;②制造过程(包括聚合、成型加工)中,引进高聚物中的一些新弱点;③除树脂外,其他组分存在的一些弱点;④塑料中的微量杂质。

2. 商品老化的外因

影响商品老化的环境因素是指与商品直接接触的各种外界因素。在储存中主要是环境的自然因素,如空气条件(包括气温、湿度、空气成分及其中的有害气体)、日光以及微生物等。此外,储存与使用环境中的高能辐射的影响、机械应力的作用、昆虫的破坏等因素,也能明显影响商品的老化,其中光、热、氧是影响商品老化的主要因素。

(二)商品防老化的预防

(1)选择恰当的储存场所。光、热均是造成高分子商品老化的主要外因。太阳光的紫外线以及温度增加会对高分子商品老化起加速作用,太阳光中的红外线能提高高分子商品的温度。高分子商品在储存时应选择没有阳光直射的位置,控制好仓库的温度。同时在有条件的情况下可采用物理防护的方法,如涂漆、涂胶、涂蜡等进行防护。

(2)加强仓库温湿度管理,如塑料制品一般要求适宜温度在30℃以下,相对湿度在60% ~80%。

(3)坚持"先进先出"的原则,缩短储存时间。

(4)保持库房的清洁卫生,加强在库检查。一般每月或每季度抽查一次,注意分别抽查有代表性的上、中、下层商品。炎热季节要特别注意货架里层的塑料制品,如发现发黏、变色、变硬、龟裂、脆损等老化现象,应及时隔离处理。

四、商品锈蚀的防治

锈蚀是指金属与它所接触的物质(气体或液体)发生化学或电化学作用所引起的破坏或变质现象。多数金属的锈蚀是自然进行的,根据锈蚀过程的不同,可以分为化学锈蚀和电化学锈蚀两大类。其中,化学锈蚀是金属与环境介质直接发生化学作用而产生的损坏,在锈蚀过程中没有电流的生成;电化学锈蚀是金属在介质中由于发生电化学作用而引起的损坏,在锈蚀过程中有电流产生,是使金属锈蚀的主要形式,如仓储金属商品主要是在潮湿的空气中锈蚀,属电化学锈蚀。

（一）金属制品锈蚀的原因

就金属锈蚀的原因分析，既有金属本身的因素，也有空气中的各种因素的影响。

1. 金属材料本身的原因

金属材料在组织、成分、物理状态等方面存在着各种各样的不均匀性和冷热加工而产生的不均匀性，从而引起电极电位不均，进而影响或加速锈蚀。

2. 空气中的因素

金属制品锈蚀与外界因素有直接关系，如受温度、湿度、氧、有害气体、商品包装、灰尘等的影响。

（二）金属制品的防锈

商品的防锈，主要是针对影响金属制品锈蚀的外界因素进行的。

1. 选择适宜的保管场所

保管金属制品的场所，不论是库内、库外，均应清洁干燥，不得与酸、碱、盐类、气体和粉末等商品混存。储存金属制品的仓库，要求通风干燥、门窗严密，便于调节库内温湿度。相对湿度在60%以下，可以防止金属制品表面凝结水分，生成电解液层而遭受电化学腐蚀。

2. 涂膜防锈

涂膜防锈是金属制品防锈的常用方法。它是在金属表面涂刷一层油脂薄膜，使商品在一定程度上与空气隔离开，以达到防锈的目的。

3. 气相防锈

利用一些具有挥发性的化学药品，在常温下迅速挥发并使空间饱和，这些挥发出来的气体物质吸附在商品表面，可以防止或延缓金属制品的锈蚀。

第三节 食品商品的养护

食品商品由于富含营养物质，所以极易腐败变质，因此对食品商品的养护，主要就是指食品商品的防腐与保鲜问题。食品防腐与保鲜是指食品在贮藏过程中保持其固有的色、香、味、形及其营养成分,防腐与保鲜是两个有区别而又互相关联的概念。防腐是针对有害微生物引起的食品的腐烂,通常将蛋白质的变质称为腐败,碳水化合物的变质称为发酵,脂类的变质称为酸败。保鲜强调的是保持食品的新鲜程度,目的是防止食品由于各种因素作用失去固有的色、香、味、形,实际上防腐与保鲜是密不可分的。

一、食品防腐保鲜的原理

(一) 储存中由微生物引起的变化

1. 腐败

腐败多发生在那些富含蛋白质的动物性食品中,食品腐败的主要是腐败细菌作用于食品中的蛋白质而发生的分解反应。腐败细菌将蛋白质分解成氨基酸,进一步分解产生多种有酸臭味的有毒低分子化合物,并产生含硫化氢的臭味气体。

2. 发酵

发酵是某些酵母使食品中的糖类发生不完全氧化的过程。食品储存中常见的发酵有酒精发酵、醋酸发酵和乳酸发酵等。发酵不仅破坏食品中的有益成分,使食品失去原有的品质,而且还会产生异味和有害物质。

(二)储存中的生理生化变化

1. 呼吸作用

呼吸作用是鲜活食品(菜、果)在储存中最基本的生理变化,它是鲜活食品中的营养成分(主要是糖类)在氧化还原酶作用下逐步降解为二氧化碳和水的过程,此过程中同时还产生热量。

从菜、果的储存来讲,无论哪种类型的呼吸作用都要消耗养分,呼吸热的产生和积累往往加速食品腐坏变质,尤其是无氧呼吸产生的酒精还会引起活细胞中毒,造成生理病害,缩短储存期限,故应尽量防止无氧呼吸。但是,应该看到正常的呼吸作用是鲜活食品最基本生理活动,它是一种自卫反应,有利于抵抗微生物的侵害,所以在食品储存中应做到保持较弱的有氧呼吸,防止无氧呼吸,这是鲜活食品储存时需要掌握的基本原理。

2. 后熟作用

后熟是果实、瓜类等鲜活食品脱离母株后继续成熟的过程。在后熟过程中,酶会引起一系列生理生化变化,同时改进色、香、味等方面的食用品质。随着果实、瓜类后熟的进行,生理衰老加速,当完成后熟后,瓜果容易腐坏变质,储存则很难继续。因此储存的果实和瓜类应该在成熟前采收,采取控制储存的条件来延长其后熟过程,以达到延长储存期的要求。

3. 僵直

僵直是刚屠宰的畜禽肉、鱼等生鲜食品的肌肉组织发生的生物化学变化,其特点是肌肉紧缩失去原有的柔软性和弹性,变得僵硬。畜、禽、鱼肉僵直形成的原因是肌肉中的肌糖原酵解产生乳酸、三磷酸腺苷、磷酸肌酸的分解等。这些成分的分解会增加肌肉中酸性成分的积累,降低肌肉的 pH 值。使原来呈松弛状态的肌肉因肌纤蛋白质和肌球蛋白质结合形成无伸展性的肌凝蛋白质,丧失肌肉的弹性。

4. 成熟和自溶

成熟是畜、禽、鱼肉僵直后进一步的变化,蛋白质和三磷酸腺苷分解使肌肉多汁,产生芳香的气味,其特点是肌肉由硬变软恢复弹性。随着成熟作用的继续,就进入自溶阶段,肌肉中的复杂有机化合物被分解成低分子量物质,它是肉质变坏的开始,不仅弹性降低、色泽变暗,而且肉的风味变劣。成熟和自溶过程的快慢与环境温度有关,因此储存和运输生鲜肉类、禽类和水产品需要在低温条件下进行。

（三）储存中的脂肪氧化酸败

脂肪氧化酸败是游离脂肪酸氧化、分解的结果。脂肪水解产生游离的脂肪酸;游离的脂肪酸特别是不饱和的游离脂肪酸,遇到空气中的氧气氧化生成过氧化物;性质不稳定的过氧化物,会继续分解成低分子醛、酮和脂肪酸等,使食品带有哈喇气味。脂肪氧化酸败使食品的食味变劣,营养价值降低,其所产生的醛、酮化合物有害人体健康。

二、食品防腐保鲜的方法

采用合理的防腐保鲜方法,可以有效地防止食品腐败变质,延长食品的食用期限。常用的防腐保鲜方法有：

（一）低温保存

低温可以降低或停止食品中微生物繁殖速度，减慢食品中的一切化学反应速度，这是因为酶的作用、微生物的繁殖以及食品内所进行的化学反应速度都受到温度的影响。大多数酶的适宜活动温度为30℃～40℃，温度每下降10℃时酶的活性就会明显削弱。食品在10℃以下保存时可使微生物对食品的作用大大降低，0℃以下微生物对食品的分解作用基本停止，-7℃～-10℃时只有少数霉菌尚能生长，而所有细菌和酵母几乎都停止了生长，一般把-10℃～-12℃作为食品较长期贮藏的安全温度。

（二）盐腌与糖渍储藏

腌制是利用食盐的高渗透压作用、微生物的发酵作用、蛋白质的水解作用使产品具备特有的色、香、味。腌制时，大部分微生物活动被抑制，增加了产品防腐性能，更耐贮藏。腌制中利用微生物引起乳酸发酵和轻度的酒精发酵以及微量的醋酸发酵，发酵所产的乳酸和酒精使产品产生特殊风味，当腌制中积存的乳酸达到一定浓度时，还可抑制腐败细菌的活动。腌制法广泛用于腊肉、咸蛋、腌酱菜等的防腐贮藏。

糖渍的加工原理是利用糖的保藏作用，在糖煮和糖渍过程中使食品渗入大量的糖分。浓糖液（60%～65%）具有很大的渗透压，使微生物处于脱水的“生理干燥”状态而被抑制。糖渍法主要用于蜜饯、果脯和果酱类食品。

（三）脱水保存

食品中水分含量降至一定限度，微生物就难以繁殖，酶的活性就会受到抑制，从而可防止食品腐败变质。一般使微生物不能发育繁殖的食品水分含量，霉菌低于13%～16%，细菌低于18%，酵母为20%以下。

常用脱水保存方法有滚筒干燥、喷雾干燥、架式真空干燥、柜式干燥、窑房式干燥、隧道式干燥等，此外还有自然干制，如晒干、风干、阴干等。

（四）化学保藏

食品的化学保藏就是在食品生产和储运过程中使用化学制品来提高食品的耐藏性和尽量保持其原有品质的措施。食品的化学保藏法具有简便而又经济的优点，只需在食品中添加化学制品如化学防腐剂、生物代谢物或抗氧剂等，就能在室温下延缓食品的腐败变质。食品在采用化学保藏法时，需要有严格的卫生条件，而且所用的防腐剂或添加剂必须对人体无毒害。

（五）辐照保藏

食品辐照是指利用射线照射食品（包括原材料），延迟新鲜食物生理过程（如发芽和成熟）的发展，或对食品进行杀虫、消毒、杀菌、防霉等处理，达到延长保藏时间，提高食品质量目的。

食品的辐照贮藏可以对新鲜肉类及其制品、水产品及其制品、蛋及其制品、粮食、水果、蔬菜、调味料以及其他加工产品进行杀菌、杀虫、抑制发芽、延迟后熟等处理，使微生物被杀死，酶的活性受破坏，从而可以最大限度地减少食品的损失。使其在一定期限内不腐败变质，不发生品质和风味的变化，以延长食品保藏期。辐照保藏的食品无化学残留物质，能较好地保持食品原有新鲜品质，并能节约能源。所以辐射是一种较好的保藏食品的物理方法之一，但是辐照保藏的方法不完全适用于所有的食品，因此要有选择的应用。

（六）气调贮藏

气调贮藏是改良贮藏环境中气体成分的冷藏方法，气调贮藏的研究是从贮藏水果开始的。气调贮藏的原理就是通过技术手段，建立特定适宜的低温、氧含量、二氧化碳含量、乙烯含量和相对湿度的贮藏环境条件，在维持果蔬正常生命活动的前提下，有效地抑制果蔬的呼吸作用、蒸发作用与微生物的作用，以达到延缓果蔬的生理代谢过程，推迟后熟衰老和防止腐败变质。

气调贮藏的特点是可保持新鲜果蔬的原有品质，减少贮藏损失，抑制果蔬的生理病害及延长贮藏期和货架期。

复习题

1. 商品质量在储存和运输过程中会发生哪些变化？
2. 食品有哪些防腐保鲜的方法？

本章小结

本章分析了商品在储存期间的质量变化以及影响商品质量变化的因素；介绍了工业商品的养护类型，如商品霉变的防治、仓库害虫的防治及商品老化、锈蚀的防治等；阐明了食品防腐保鲜的原理及食品防腐保鲜的方法。

下篇 分论商品学

第九章

黄金珠宝玉石及其商品特性

学习目的与要求

通过本章的学习，了解常见珠宝品种和分类；掌握钻石的真伪鉴别，了解商业中钻石4C分级的意义；了解市场上常见的彩色宝石的品种，认识红宝石和蓝宝石；学会翡翠ABC货的鉴别方法并了解各种常见玉石的基本性质及区分方法；了解珍珠、琥珀、珊瑚等有机宝石的基本性质，会对珍珠进行优劣评价；了解常见首饰贵金属的种类和特点。

关键词

4C分级　ABC货　和田玉　有机宝石　千足金　K金

建议4课时

导入案例

中国珠宝首饰产业现状

随着中国内地经济的高速发展，居民消费取向发生显著变化，人们逐渐把目光从日常必需品转向高档消费品，更多关注高附加值商品的保值与收藏，金银珠宝首饰就是其中之一。

今后一个时期中国黄金珠宝首饰消费将保持旺盛的增长势头，据中国宝玉石协会预计，在未来几年内，中国珠宝首饰产业将以年增长率大于15%的速度持续发展，中国将成为全球最具竞争力的珠宝首饰加工和消费中心，成为世界最大的珠宝首饰市场

资料来源：中国珠宝首饰市场状况报告。

目前，国内市场上销售的珠宝首饰大体可以分为贵金属类首饰、珠宝玉石类首饰和其他类首饰。贵金属类首饰主要以各种贵金属材料也即黄金、铂金、钯金和银制成的首饰；珠宝玉石类首饰主要是指天然珠宝玉石，经过琢磨、加工而成的首饰品，按成因和组成可分为天然宝石、天然玉石和有机宝石。天然宝石主要包括钻石、红宝石、蓝宝石、祖母绿等，天然玉石有翡翠、软玉、岫玉等，有机宝石包括珍珠、珊瑚、琥珀等，养殖珍珠也属此类。

本章将从珠宝的种类、成分、性质及鉴别评价等方面入手，介绍市场上常见的黄金、珠宝玉石。

第一节　钻石的性质特点及鉴别评价

一、钻石的基本性质

钻石是指经过琢磨的金刚石，金刚石是一种天然矿物，是钻石的原石。简单地讲，钻石是在地球深部高压、高温条件下形成的一种由碳元素组成的

单质晶体。人类文明虽有几千年的历史,但人们发现和初步认识钻石却只有几百年,而真正揭开钻石内部奥秘的时间则更短。在此之前,伴随它的只是神话般具有宗教色彩的崇拜和畏惧的传说,同时把它视为勇敢、权力、地位和尊贵的象征。

图9-1 钻石

如今,钻石不再神秘莫测,更不是只有皇室贵族才能享用的珍品,它已成为百姓们都可拥有、佩戴的大众宝石。钻石的文化源远流长,今天人们更多地把它看成是爱情和忠贞的象征。钻石被誉为宝石之王,是世界上最硬的宝石,称为四月生辰石,是高贵、富有、纯洁象征。

每种宝石都有其特有的物理和化学性质,下面对钻石的物理化学性质做一个简单的介绍。

钻石的原石,也就是未打磨切割的钻石常成八面体、菱形十二面体、立方体及聚形。在钻石表面可看见纹理,通常呈倒三角形凹坑,立方体晶面上可见四边形凹坑,十二面体可见线理及圆盘状花纹。

钻石具有非常强的金刚光泽,具有很高的折射率(2.417)和色散值(0.044),具有宝石中最大的硬度(H=10)。

二、钻石的鉴定

钻石在很多消费者眼中是非常神秘的东西,许多消费者很难区分钻石的真伪,那么该如何鉴别钻石的真假呢,一粒钻石和玻璃或者和仿钻又有什么区别呢?下面我们就来介绍钻石的鉴定方法。

(一)肉眼鉴定

用肉眼观察钻石,可用以下方法鉴别钻石真伪:

(1)钻石具有很强的火彩。由于钻石具有高折射率、高色散,所以钻石外在会显得五光十色,并会出现有蓝色的光闪烁,而玻璃或一般仿制品就显得暗淡无光,没有火彩。

(2)线条试验。将样品台面向下放在一张有线条的纸上,从钻石上看不到纸上的线条。

(3)亲油疏水性。有油性的水笔画过钻石表面可留下清晰连续的线条,而当水画过钻石表面会出现不连续的线条,水滴在表面不散开。

(二)仪器鉴定

(1)放大观察。用 10 倍放大镜或者显微镜观察钻石内部,可以看到矿物包裹体、生长结构及裂缝。而通常仿制品内部非常干净或可见人工杂质的痕迹;观察钻石腰部可见原始晶面(阶梯状三角形),V 形切口,须状腰,未抛光腰具砂糖状;观察钻石刻面棱线可见钻石的切面非常平、棱线很直很锋利、交点非常尖锐,刻面上很少有明显的擦痕。

(2)密度测量。用静水力学法可测出钻石的密度为 3.52 克/立方厘米,而其仿制品与钻石的密度都有明显的差异。

(3)热导仪。用图 9－2 所示热导仪测量钻石时指示灯会快速上升至红格甚至到定格并发出的“嘀嘀嘀嘀”嗡鸣声,而仿钻则无反应(合成碳化硅除外)。

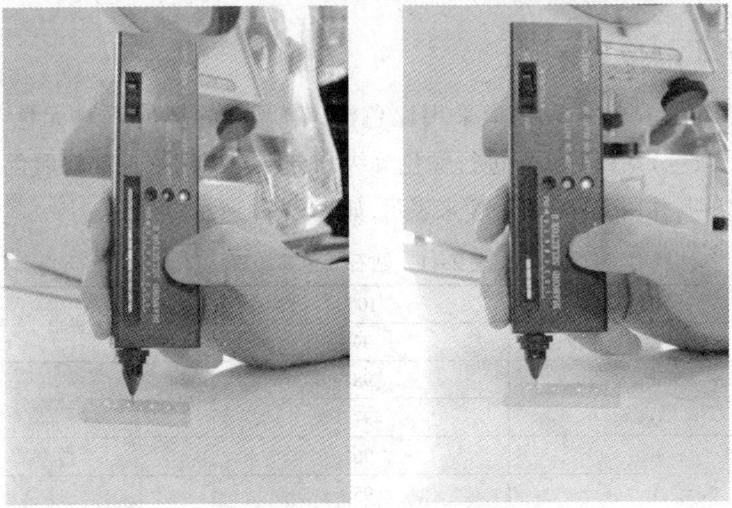

图 9－2　通过热导仪测量钻石

三、主要产地

目前世界上有27个国家发现钻石矿床,产钻石的两种母岩:金伯利岩和钾镁煌斑岩。主要产地有:①非洲:南非、安哥拉、扎伊尔、博茨瓦纳、纳米比亚。②俄罗斯:西伯利亚,50%宝石级。③澳大利亚和加拿大:澳大利亚发现钾镁煌斑岩钻石矿。④亚洲及中国:印度是世界最早发现钻石的地方;中国钻石产地主要有湖南沅江、贵州、山东蒙阴和辽宁瓦房店。

四、钻石质量评价标准

随着钻石的普及,人们对钻石的关心,不仅仅局限于真假鉴别,而是钻石的品质分级了。同样是钻石,为什么价格差别非常大,那么衡量钻石的标准又是什么呢?

衡量钻石的标准即钻石的4C分级,包括:①颜色(color):无色~浅黄色(褐、灰);②净度(clarity):天然形成的瑕疵、羽裂、烧痕;③切工(cut):标准圆钻型;④重量(carat):克拉。

这四个标准决定着钻石的价格,下面我们就详细了解下钻石的4C分级。

(一)颜色分级

钻石的颜色分级是指采用比色法,在规定的环境下对无色~浅黄色(褐、灰色)系列的钻石进行颜色等级划分。按照国家标准将颜色划分为12个级别,并用D~N和<N来表示,如表9-1所示:

表9-1 钻石颜色等级表

D	100	极白
E	99	
F	98	优白
G	97	
H	96	白
I	95	微黄白(褐、灰)
J	94	

续表

K	93	浅黄(褐、灰)白
L	92	
M	91	浅黄(褐、灰)
N	90	
<N	<90	黄(褐、灰)

在无色至黄色系列中,钻石越接近无色(也即越往上级别),价值越高;而反之,越接近黄色(也即越往下级别),价值越低。

(二)净度分级

钻石的净度是指在10倍放大镜下钻石瑕疵的多少及可见程度。每颗钻石都拥有各自不同特征的瑕疵,就像人的手纹一样,但却是证明钻石源自天然的特征。

根据国家标准 GB/T 16554-2003,钻石的净度可分为:完美无瑕的钻石为 LC 级,而后依次为 VVS(VVS_1、VVS_2)、VS(VS_1、VS_2)、SI(SI_1、SI_2),最后的是肉眼即可见瑕疵的 P 级(P_1、P_2、P_3)。

(1)LC:10 倍放大镜下内外无瑕疵;

(2)VVS:10 倍放大镜有极微小瑕疵(VVS_1,VVS_2);

(3)VS:10 倍放大镜有微小瑕疵(VS_1,VS_2);

(4)SI:10 倍放大镜可见瑕疵(SI_1,SI_2);

(5)P:用肉眼从冠部可见瑕疵(P_1,P_2,P_3)。

(三)切工分级

钻石的切工分级对象主要针对标准圆钻型切工的钻石(57~58 面),也适用部分花式切工(见图9-3)。以下仅对标准圆钻型切工的钻石作说明。

标准圆钻型切工分级包括比率级别和修饰度级别。修饰度指对钻石抛磨工艺的评价,即指钻石切磨工艺优劣程度,是评价钻石切工的另一个重要的方面。修饰度通常包括抛光质量和对称性偏差两个方面的内容。比率级别、抛光质量和对称性偏差分成 5 级,Excellent(完美),Very Good(很好),Good(好),Fair(一般),Poor(不好)。

一颗钻石也许天生丽质,但后天的美丽火彩度,完全依赖于钻石切磨的比例是否得当,以及抛光的质量、刻面的对称性等。根据国家标准切工可分为很好、好和一般三级。同样大小、同一色级、同一净度的钻石,由于切工的

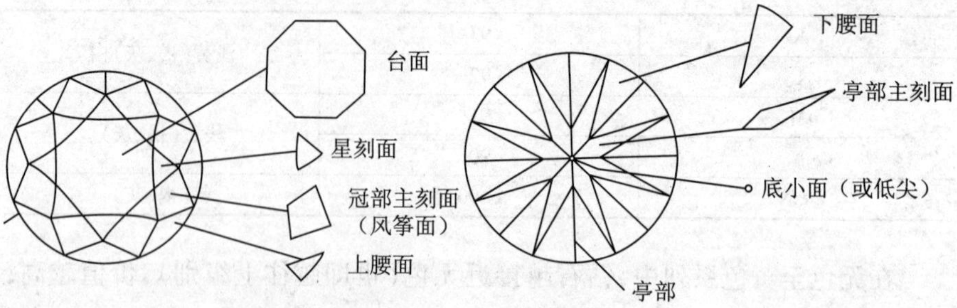

图 9－3　钻石的切工分级

好坏，其价格可相差数倍之巨。切工决定火彩！

对于一颗拥有最好切工的钻石，当我们把它放在放大镜下的时候，看起来很特别，反射着最灿烂的光芒。因为它们的切工是按照最精确的比例，拥有最高级抛光和对称性的圆钻（见图 9－4）。

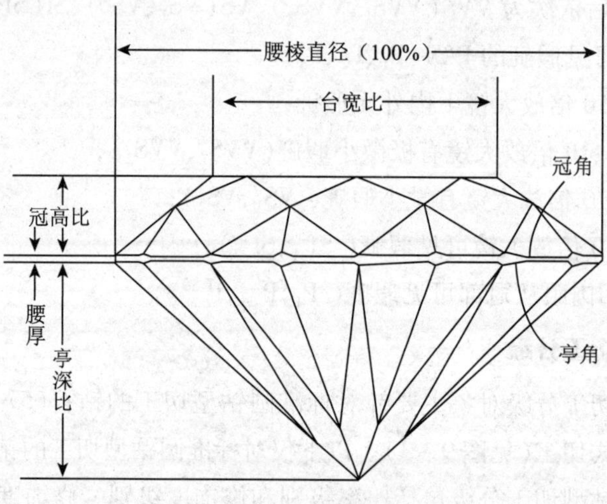

图 9－4　钻石切工比例精确

（四）克拉重量级别

钻石重量的国际标准计量单位是克拉（carat，通常缩写成 ct），1 克拉＝0.2 克＝100 分，那么 0.35ct 的钻石即等于 35 分。钻石以克拉为单位时，保留至小数点后第 2 位，小数点后第 3 位逢 9 进 1，其他忽略不计。未镶嵌的钻石可用电子天平直接测重，已镶嵌的钻可从金料上所打钢印做参考。钻石的价值随着克拉数的增加成几何级数增加，假设一颗 1 克拉钻石，价值是 x，那么 2 克拉同样级别的钻石价值要远远大于 $2x$。

第二节　红宝石和蓝宝石

彩色宝石也称有色宝石（colored gemstone 或 colored stone），是宝石大家族中除钻石外所有有颜色宝石的总称。彩色宝石不是一种宝石，而是由数十乃至上百种宝石共同构成的一类宝石。传统上，国际宝石业界将彩色宝石按价值高低划分为“贵宝石”（precious stones）和“半宝石”（semi - precious stones）两大类。传统公认的“贵宝石”包括红宝石、蓝宝石、祖母绿、金绿宝石。这四种宝石与钻石并称为“世界五大珍稀宝石”。而通常被称做“半宝石”的宝石包括紫水晶、黄水晶、托帕石、碧玺、海蓝宝、石榴石、橄榄石、黑曜石、摩根石、坦桑石、锆石、青金石、葡萄石、月光石、珊瑚、欧泊、斑彩、磷灰石等。

宝石是大自然对人类的特殊馈赠。迄今为止，人们在自然界中发现的可用于制作饰品的宝石有 200 多种，但常见的只有 20 多种。在国内的珠宝玉石市场上最为常见的彩色宝石就是红宝石和蓝宝石，下面我们就来认识下这些神秘又熟悉，高贵又典雅的宝石。

一、红宝石和蓝宝石的基本性质

红宝石和蓝宝石都属于刚玉矿物，基本化学成分为 Al_2O_3。除星光效应外，只有半透明 ~ 透明且色彩鲜艳的刚玉才能做宝石（见图 9 – 5）。红色的称为红宝石，而其他色调的刚玉在商业上统称蓝宝石。按特殊光学效应，刚玉宝石可分为星光红蓝宝（四射或六射星光）和变色蓝宝石（日光下蓝色或蓝灰色，灯光下暗红或褐红色）。

刚玉宝石的颜色十分丰富，几乎包括了可见光谱中的红、橙、黄、绿、青、蓝、紫的所有颜色，纯净的刚玉是无色的，当含有不同的微量元素时而呈现不同颜色。刚玉宝石通常为透明 ~ 不透明，抛光表面具亮玻璃光泽或亚金刚光泽。刚玉的摩氏硬度为 9，是迄今为止自然界中所发现的硬度仅次于钻

图 9-5　红宝石与蓝宝石

石的第二号高硬度的天然宝石。多数宝石级样品的比重变化于 3.99～4.00 之间。Cr、Fe 等杂质元素含量影响着比重值的大小，含量越高，比重越大。熔点高达 2000℃－2030℃。

二、红蓝宝质量评价

红宝石和蓝宝石的品质评定包括四个方面：颜色、净度、切工、重量。

（一）颜色

颜色是评价彩色宝石最重要的指标。要求颜色鲜艳、纯正、均匀。

红宝石以鸽血红色最好，依次是玫瑰红色和粉红色。蓝宝石以矢车菊蓝色最好，其次是深蓝色、浅蓝色、绿色和黄色。蓝宝石中经常可见到平直色带，使其颜色不够均匀，有些肉眼即可见到，大大影响了其价值。

（二）净度

对于彩色宝石如红宝石、蓝宝石来说，瑕疵分级不如无色宝石那么重要和严格，但瑕疵会影响宝石的透明度和颜色，所以瑕疵越小、越少、颜色与主体反差越小、所在位置越不明显越好。一般来讲，天然蓝宝石比天然红宝石纯净度要高。换句话说，天然蓝宝石比较容易找到完美无瑕的，即使在 40 倍显微镜下也难找到包裹体。但对红宝石来讲情况就不同了，天然红宝石极少有完美无瑕的，或多或少都含有包裹体，即所谓"十红九裂"。宝石所含杂质越少、裂纹越少，宝石品质越好。

（三）切工

定向：应将台面严格垂直 C 轴，这样做有两个目的：①可以得到最纯正的颜色，避免因二色性而导致的偏色；②使星光品种的星光居中。

最受欢迎的刻面形态是椭圆形，可以很好地体现宝石的透明度和亮度。而切磨成弧面形时，可以使红宝石、蓝宝石的颜色显得浓重一点、滋润一些。

当宝石的切磨比例适当时，进入宝石内部的光线绝大多数可以发生全内反射，给人以明亮的感觉，即宝石特别有“精神”、有、“生气”、有“灵气”。

（四）重量

在天然产出的刚玉宝石中，红宝石的个体通常比蓝宝石小，大于 5 克拉的红宝石十分罕见，而几克拉重的蓝宝石较为常见。

商业上计算红宝石、蓝宝石的价值是以克拉为单位的，小于 0.5 克拉的便宜很多；大于 1 克拉的就会贵得多；而大于 3 克拉的将以几何级数上升。在评价红宝石、蓝宝石时，粒度的大小是很重要的因素。

第三节　翡翠及和田玉的性质特点及鉴定评价

玉，在我国是美石的同义语。古人视玉为宝，今人又把珍贵的玉石称为宝玉。我国是一个玉石之国，但目前国内的珠宝界、考古界和地质界对玉、玉石和宝石的定义是有区别的。目前国际上统称的玉专指软玉（现在统称为和田玉）和硬玉（即我们通常说的翡翠），其他玉雕石料统称为玉石，包括独山玉、绿松石玉、岫玉、玛瑙、青金石、孔雀石、方钠石、大理石玉等。

下面我们就来着重认识两种承载着历史与文化的珍贵玉石——翡翠与和田玉。

一、翡翠

（一）翡翠简介

翡翠，也称翡翠玉、翠玉、硬玉、缅甸玉，是玉的一种，颜色呈翠绿色（称为“翠”）或红色（称为“翡”）。翡翠是在地质作用过程中形成的主要由硬玉、绿辉石和钠铬辉石组成的达到玉级的多晶集合体。翡翠习惯上亦称为缅甸玉,是缅甸出产的硬玉,日本、俄罗斯、墨西哥、美国加州等地均产有硬玉,但其质量与产量远远不如缅甸。缅甸北部的密支那地区,翡翠矿床储量最大,很早就开采宝石级翡翠,供应世界各地。所以人们长期以来只知道缅甸才出产翡翠,因此将缅甸玉作为硬玉的代名词了。硬玉是学名,而缅甸玉则是行家的行话。

翡翠素有“玉石之王”之美称,是因它华贵深沉稳重的品质,产地的局限性使其以无可替代的优势得此殊荣。翡翠的英文名称 Jadeite,来源于西班牙语 Pridrade Yjade,意思是佩戴在腰部的宝石。因为在 16 世纪,人们认为翡翠是一种能治腰痛和肾痛的宝石。

市场上常见的翡翠颜色是很丰富的,可以说自然界有的颜色都可找到相对应的翡翠饰品。翡翠之所以有如此丰富的颜色主要是因其所含的次要矿物造成的。典型的颜色有绿、红、蓝、紫、白、黄、青、黑色,以绿色最为名贵,其次是紫色和黄色。

在宝石学中,翡翠的结构统称交织结构,这是因为在肉眼观察、手持放大镜或宝石显微镜的观察中,可以发现翡翠组成矿物全呈柱状或略具拉长的柱粒状,近乎定向或交织排列。

一般来讲翡翠的光泽是标准的玻璃光泽,但有些抛光不太好的或是经过处理的翡翠就常常呈现油脂光泽或蜡状光泽。对普通消费者来说,简单了解一些翡翠的性质对于识别翡翠有很大帮助。

(二)翡翠 ABC 货的含义

在翡翠行内有一个非常重要的概念,也即 ABC 货,那么什么叫 ABC 货呢?ABC 货又有什么区别呢?

A 货为纯天然翡翠,只经过雕刻打磨。没有经过任何化学处理,没有经过高热、高压等人工伪作。天然色泽、未经染色或电色,人称“正色”或“真色”。肉眼观察质地细腻,颜色柔和,石纹明显;轻微撞击,声音清脆悦耳;手掂有沉重感,明显区别于其他石质。其特征为密度应在 3.32 ~3.34 克/立方厘米之间,折射率应为 1.66,显玻璃光泽,放大观察呈纤维交织结构,紫外灯下不起荧光。鉴定证书标明:“翡翠”或“天然翡翠”。

B 货指将有黑斑(俗称“脏”)的翡翠,用强酸浸泡、腐蚀,破坏玉石的分子结构,去掉“脏”、“绵”增加透明度,再用高压将环氧树脂或替代充填物注入因强酸腐蚀而产生的微裂隙中,起到充填、固结裂隙、增加透明度作用。

轻微撞击,声音发闷,没有A货的清脆声。B货初看颜色不错,但仔细观察,颜色发呆、发邪,灯下观察,色泽透明度减弱。由于强酸对翡翠原有品质的破坏,B货在两三年内会逐渐失去光泽,出现裂纹,长期佩戴对人体有害。鉴定证书标明:“翡翠(处理)”。

C货即完全人工注色。颜色不正,发邪,仔细观察,颜色不是自然地存在于硬玉的内部,而是充填在矿物的裂隙中,呈现网状分布,没有色根。用查尔斯滤镜观察,绿色变红或无色。用强力褪字灵擦拭,表面颜色能够去掉或变为褐色。因注入染色剂,长期佩戴不利于健康。鉴定证书标明:“翡翠(处理)”。

天然翡翠(A货)即未曾施加任何化学程序、只经过物理加工如打磨雕刻的翡翠。佩戴天然翡翠既可表现奢华品位、装点你的服装,又对身体有益。而非天然的B货翡翠则是经过化学方法处理,如以酸性溶液浸泡及填充高分子聚合物使翡翠看起来更通透。C货则是以人工染色的方法给原来无色或是颜色较浅较淡的翡翠上色。B、C货对人体健康有一定危害。

(三)翡翠的质量评价

翡翠的价值主要取决于颜色、透明度、质地、地子、种、瑕疵、裂绺、工艺等。下面分别对此加以说明:

1. 颜色

翡翠常见的颜色为绿色、白色、红色、紫色等,其中尤以绿色品种最优。如果一件翡翠中既有绿色,又有红色和紫罗兰色,那也是一件非常难得的玉。

由于绿色在颜色中具有最大的商业价值,因此主要对绿色加以介绍。商业上翡翠的绿色总体来说,讲求“浓、正、阳、和”。“浓”是指绿色饱满、浓重;“正”是指绿色纯正,不含杂色;“阳”是指绿色鲜艳、明亮;“和”是指绿色均匀、柔和。

2. 透明度

透明度是翡翠评价的重要因素,行内俗称“水头”。透明度高的即为水头足,这样的翡翠显得晶莹透亮,给人以水汪汪的感觉;而透明度差的翡翠干涩、呆板,给人以干巴巴的感觉,即水头差,水不足。用聚光电筒观察翡翠的透明度,并且用光线照入的深浅来衡量水头的长短,如3毫米的深度为一分水,6 毫米的深度为二分水,9 毫米的深度为三分水。翡翠的透明程度可大致分为透明、较透明、半透明、微透明、不透明。翡翠越透明,其价值越高。

3. 质地

质地是指翡翠的结构,有些资料上即指底子、地子。由于翡翠是多种矿物的集合体,其结构多为纤维状结构和粒状结构,翡翠质地的细腻和粗糙程度是由晶粒的大小决定的,晶粒大,则质地粗糙,表现为半透明至不透明;晶粒小,则质地细腻,表现为透明至半透明。按照粒度大小,可将质地分为致密级、细粒级、中粒级和粗粒级。达到致密级的翡翠在放大观察时几乎看不到颗粒,透明度极高。

4. 种

种是指翡翠的结构粗细和透明度。种是评价翡翠好坏的一个重要依据,其重要性不亚于颜色。在挑选翡翠的时候,不怕没有色,就怕没有种。这样的说法,并非绿色不重要,而是如果翡翠只有绿色则给人一种干巴巴的感觉,缺少一种灵性,因此有种的翡翠不仅可使颜色浅的翡翠显得温润晶莹,更使绿色均匀、饱满的翡翠水淋明澈,灵气十足。

传统上将翡翠的种分为老坑种和新坑种,老坑种是指绿色纯正、分布均匀、质地细腻、透明度好的翡翠。新坑种是指透明度差、玉质粗糙的翡翠。

5. 瑕疵和裂绺

翡翠的瑕疵是指含有的一些杂质矿物,其颜色、形状使玉石整体产生不谐调的视觉效果。瑕疵常为夹杂在整体一色的翡翠原料或成品上的一些斑点状的黑色、黄褐色的矿物颗粒,呈丝絮状、云雾状的白色的石花。这些瑕疵的存在会影响翡翠的价值,尤其对高档翡翠的影响更大。

一般情况下,天然翡翠或多或少会有裂绺杂质等瑕疵。故俗话说,瑕不掩玉,玉无完玉。如果这些瑕疵不影响翡翠的美观和耐用度,它对翡翠的价值影响就很小,尤其是在目前翡翠原料极为匮乏的情况下,完美无疵的翡翠几乎少之又少。在一些几十万元甚至百万元的翡翠珍品中,也有许多存在纹裂、杂点等情况,但仍不失为美玉。

6. 工艺

工艺也是评价翡翠价值的一个不可忽视的重要因素,特别是雕件的工艺,不仅要讲究好的寓意,更要讲究俏色。另外还要求刀法细腻,造型优美,线条流畅。一块好的玉加上好的工艺,恰如锦上添花,会使价值有很高的提升。

二、和田玉

(一)和田玉简介

和田玉是一种软玉,俗称真玉,英文名称 Nephrite。狭义上的讲的玉,一般指新疆和田玉。化学成分是含水的钙镁硅酸盐,化学式为 $Ca_2(Mg,Fe)_5Si_8O_{22}(OH)_2$。硬度为 6~6.5,密度为 2.96~3.17。和田玉和陕西蓝田玉、河南南阳玉、甘肃酒泉玉、辽宁岫岩玉并称为中国五大名玉。和田玉分布于塔里木盆地之南的昆仑山。西起喀什地区塔什库尔干县之东的安大力塔格及阿拉孜山新疆和田玉母亲河(玉龙喀什河),中经和田地区南部的桑株塔格、铁克里克塔格、柳什塔格,东至且末县南阿尔金山北翼的肃拉穆宁塔格。玉龙喀什河即古代著名的白玉河,源于漭漭昆仑山,流入塔里木盆地后,与喀拉喀什河汇和成和田河,河流长 325 公里,有不少支流,流域面积 1.45 万平方公里,河里盛产白玉、青玉和墨玉,自古以来是和田出玉的主要河流。

(二)和田玉的分类

1. 按产状划分

根据软玉产出的环境,可将其分为山料、山流水、仔玉和戈壁玉四类。山料,又名山玉、碴子玉,或称宝盖玉,指产于山上的原生矿。山料特点是开产下来的玉石呈棱角状,块度大小不同,质地良莠混杂不齐。山流水名称由采玉和琢玉艺人命名,即指原生矿石经风化崩落,并由冰川和洪水搬运过,但搬运不远的玉石。山流水的特点是距原生矿近,块度较大,棱角稍有磨圆,表面较光滑。仔玉是由山料风化崩落,经大气、流水选择风化、剥蚀、经流水分选沉积下来的优质部分,仔料呈卵状,大小全有,但小块多,大块少。这种玉质地好,水头足,色泽洁净,上好羊脂白玉就产于其中。戈壁玉主要产于沙漠戈壁之上,是原生矿石经风化崩落并长期暴露于地表,并与风沙长期作用而成。戈壁玉的润泽度和质地明显比山料好。

2. 按照颜色进行划分

传统的分法主要分为白玉、青玉、碧玉、墨玉、黄玉、花玉等。白玉颜色为白色,根据颜色及质地的不同,又分为羊脂白、梨花白、雪花白、象牙白、鱼肚白等多个品种，其中以呈羊脂白色（状如凝脂者）为最好，是软玉中的上品。中国古代很多玉器珍品，均为羊脂玉所制。青玉是指从青色到淡青色的软玉。青色在软玉中是一种介于灰绿之间而偏灰的一种不鲜明的颜色，青玉的质地与白玉相近，但颜色不如白玉，故其价值较白玉要低。青白玉是指介于白玉与青玉之间，呈灰白色或带有淡淡的灰绿色调的白玉，似白非白，似青非青，主体通常仍呈白色。碧玉指绿色、深绿色或暗绿色的软玉，常见为菠菜绿色。优质的碧玉也是较好的品种，碧玉通常质地不是很均匀，常含有明显的黑斑、白筋等。这里的碧玉与石英岩中的碧玉不同，必须要区别开来。

（三）和田玉的质量评价

和田玉饰品的质量评价由五种因素确定，质地、颜色、光泽、块度和玉料。

(1)质地。质地是评价和田玉质量的关键因素，不能撇开质地去关注颜色等其他因素。致密细腻、微透明~半透明，无棉绺、无杂质为佳，质地可以通过感官来判断。

(2)颜色。纯正、均匀、洁白为佳。颜色不仅是评价和田玉质量优劣的重要标准，而且也是划分和田玉种类的主要依据。和田玉向以白为贵，特别是和田玉中的羊脂白玉更是稀世罕有，目前仅有新疆出产。在古代人们就认为“于阗玉有五色，白玉其色如酥者最贵”。

(3)光泽。油润、油脂光泽为佳。和田玉的光泽属于油脂光泽，这种光泽很柔和，使人看着舒服，摸着润美。古人称和田玉“温润而泽”就是因为它的光泽带有很强的油脂性，给人以滋润的感觉。特别是和田玉中的羊脂玉就是因为有着像羊脂肪一样滋润的光泽而闻名天下。

(4)块度。大为佳。块度的大小即指玉材的重量，它是评价和田玉玉器质量的一个重要标准。如果一块白玉子的特级品，其块重需要达到6公斤以上，一级品块重一般在3公斤以上。块度越大越难得，价格也就越昂贵。

(5)玉料。仔料为佳，山流水次之。秋梨皮、枣红皮都是和田玉的名贵品种。

第四节 有机宝石及珍珠

一、有机宝石及珍珠简介

有机宝石由古代生物和现代生物作用所形成的符合宝石工艺要求的有机矿物或有机宝石。含有有机材料的有机宝石,皆由动物、植物、生物所衍生的。天然有机宝石高雅温馨、光彩迷人。市场上常见的如珍珠、琥珀、象牙等。养殖珍珠(简称“珍珠”)虽然有部分人工因素,但养殖过程与天然相似,故也归于天然一类。有机宝石主要包括珍珠、琥珀、珊瑚、象牙、煤精、龟甲(玳瑁)。

珍珠是一种古老的有机宝石,产在珍珠贝类和珠母贝类软体动物体内。由于内分泌作用而生成的含碳酸钙的矿物(文石)珠粒,是由大量微小的文石晶体集合而成的。根据地质学和考古学的研究证明,在两亿年前,地球上就已经有了珍珠。国际宝石界还将珍珠列为六月生辰的幸运石,结婚十三周年和三十周年的纪念石。具有瑰丽色彩和高雅气质的珍珠,象征着健康、纯洁、富有和幸福,自古以来为人们所喜爱。

二、珍珠的分类

(一)按成因分

天然珍珠:海水和淡水

养殖珍珠:海水和淡水

(二)按产地分

东方珠:波斯湾,白色、奶白色

南洋珠:南海一带,白色

日本珠(东珠):日本海水养殖珍珠,白色

合浦珠(南珠):中国广西合浦,海水养殖珍珠

黑珍珠:赤道附近的塔希提(大溪地)

琵琶珠:日本琵琶湖,淡水珠

太湖珠:江浙一带,淡水珠

三、珍珠与仿制品的区别

仿珠是以塑料或玻璃为核,外表涂一层珍珠液制成。色泽单调,手感轻,有温感,表面结构为花生壳或顶针状结构(粒状结构,有麻坑组成)用牙咬有滑感,而珍珠有涩感。市场上大批销售的珍珠仿制品主要有三种类型:充蜡的玻璃、实心玻璃和塑料镀层仿制珠。这些仿制品浸在"东方香料"中都能产生像珍珠一样的光泽,这种香料通常是一种硝酸纤维中的鸟嘌呤悬浮液。利用这种方法使得仿制品在外观上非常像天然珍珠。

充蜡玻璃仿制珠珠密度小,一般低于1.5克/立方厘米,用手一掂即可区别。用细针探测球的内部有软感,外层针刻不动,表面光滑。实心玻璃仿制珠用15倍放大镜在钻孔处观察,仅见一层极薄的"真珠精液"薄层,用针拨动会成片的脱落,不见细小鳞片状粉末。塑料镀层仿制珠用放大镜观察镀层表面呈均匀分布的丘疹状,不如天然珍珠或养殖珍珠那样贴实平整。用针挑拨,成片脱落,不见细小粉末。

四、珍珠的质量评价

珍珠的质量可以从光泽、颜色、形状、大小和完美度与坚实度五个方面进行评价。

(一)光泽

光泽又叫珠光。光泽是由于珍珠表面反射光与内部透射光发生干涉作用而呈现的迷人光彩。珠光的强弱与珍珠层厚度、组成及文石晶体排列的有序度有关。一般而言,珍珠层越厚、文石排列有序度越高、晶粒越细小,则珍珠光泽越强,珍珠表面更显圆润,珍珠耐腐蚀的能力也越强,佩戴使用的时间也越长,珍珠价值越高。珍珠层中若以文石为主,含少量方解石则优,若以方解石为主或有机质偏多则劣。

(二)颜色

由于民俗习惯,理念的差异,同种颜色的珍珠,在不同地区会因民众对其爱好程度的不同而有不同的身价。如锡灰色珍珠在我国因不受喜爱而无市场,但在南欧葡萄牙却深受欢迎,因而价格不菲。评价珍珠的颜色,除了着眼于体色外,晕色也十分重要。晕色越强,品质也越好,一般带玫瑰色或粉红色伴色的白珍珠招人喜爱,带蓝色伴色的白珍珠看起来更明亮,而黑珍珠中孔雀绿及玫瑰红是最珍贵的伴色。

(三)形状

珍珠按其圆度,一般可分为圆珠,半圆珠和异形珠三类。一般以圆珠为好。圆珠根据其长短径之比可再分为:精圆珠(长短径之差小于1%),圆珠(长短径之差为10% ~20%),其中以精圆珠价值最高。在我国精圆珠被习惯称为“走盘珠”,意为其在盛盘中可任意滚动不息。异形珠通常是不值钱的,有的甚至被作为废珠处理,用以磨制药用的珍珠粉。但是有些异形珠,造型奇特,再加上能工巧匠的巧妙构思,制成瑰异的饰品,赢得了人们的青睐,其价格也迅速攀升。

(四)大小

珍珠的大小是以其直径来表征的,一般珍珠的大小按直径可分为五个等级:厘珠小于5毫米,小珠5~6毫米,中珠6~7毫米,大珠7~8毫米,特大珠大于8毫米。珍珠是越大越稀罕、越贵重。在国际市场上,珍珠的计量单位与价格是按档次的高低相差悬殊。高级珍珠以克计,每克值数十美元;超高级珍珠(直径大于8毫米)以粒计,每粒值数千美元;低级珍珠以千克计,每千克1000~2000美元。

(五)完美度与坚实度

完美度是指珠表面光洁程度,如光滑如镜能照见物像者为上品;若有影响光洁度的黑斑、平头、尾巴、花点和小丘疹等瑕疵的为次品。

坚实度指海水珍珠结构构造的紧密程度,主要指珍珠层与珠核之间的吻合程度。若珍珠层与珠核紧密相吻合,珍珠层排列规整有序,珠质坚实凝重者为上品,若珍珠层与珠核之间有机质较多,连接松弛,甚至局部有空洞,则为下品。检测时,旋转珍珠,肉眼或借助10倍放大镜观察,统计出瑕疵的多少和大小,就可检测出珍珠完美度。测定珍珠比重,摇动珍珠也不难检测出珍珠的坚实度。

第五节 贵金属首饰

一、黄金制品质量管理

黄金首饰的历史源远流长，灿烂辉煌。20 世纪 80 年代后，随着社会经济的发展和人们的生活水平的提高，以及人们文化素质的不断提高，黄金首饰越来越广泛地走进平常百姓的日常生活。

（一）黄金首饰分类

1.“纯金”首饰

“纯金”通常分为足金、千足金。色泽赤黄，质软，光泽夺目。但绝对的纯金是不存在的，正如俗话所说，“金无足赤”。以现代科学技术水平可提炼出纯度为 99.9999% 专门用作标准化学试剂的试剂金。由于试剂金的生产成本高昂，仅从首饰的使用价值来说，用试剂金制作首饰意义不大。目前中国市场足金成色主要有两种：“三九金”，成色为 99.9%，俗称千足金；“二九金”，成色为 99%，俗称足金。

2. K 金首饰

K 金就是在纯金中加入一些其他金属以增加硬度、变换色调及降低熔点而制成的合金。由于其他金属加入的比例不同，K 金的成色、色调、硬度、延展性及熔点等性质均不相同。K 金首饰的特点是用金量少，成本低，又可以配制成各种颜色，且不易变形和磨损，特别是镶嵌宝石后牢固美观，更显现出宝石的珍贵艳丽。因此在我国的许多城市广为流行。K 金首饰的颜色比较丰富，目前研究成功的有红色 K 金、橙色 K 金、黄色 K 金、绿色 K 金、蓝色 K 金、青色 K 金、紫色 K 金、灰色 K 金、黑色 K 金、白色 K 金。由于白色 K 金的颜色光泽与铂金相似，尤其再镀一层铑，更是典雅大方，可以假乱真，而价格却远低于铂金，因此受到许多人的青睐。表示白色 K 金的配方主要有三个系列，金与钯、金与镍、金与银，或它们的组合组成的合金，都可以形成白色黄金。

（二）仿真黄金首饰

1. 镀金首饰

镀金首饰多以银或铜制成，表面镀层为黄金，以黄金的光泽取代原来材料的原有色泽，从而提高首饰的观赏价值。镀金的含金量不得低于14K，其厚度不小于0.5微米。镀金首饰一般体质较轻，弯折时较硬。另外镀薄层的首饰在砂纸上用力一擦，即可露出基底颜色，经过火烧，颜色变白的是银，变黑的是铜。

2. 鎏金首饰

鎏金是古代就出现的一种首饰制作方法，它是将金溶解于水银中，然后均匀涂抹在饰品表面，晾干后用炭火烘烤，使水银挥发掉，再用玛瑙轧光表面，即成为鎏金制品。

3. 包金首饰

包金首饰以银、铜、铅、锌及其他合金制成坯胎，然后用机械或其他方法将金箔牢固地包裹在金属制品基体的表面上得到金覆盖层，叫包金。包金的含金量不得低于14K，其厚度不小于0.5微米。

（三）金饰品的检验

1. 标识

首饰印记应含厂家代号、贵金属材料名称及含量。

2. 外观质量

主要是首饰的整体造型、加工质量等具体的工艺质量的检验。

3. 首饰重量

金饰品是按重量和加工费来计算价格的，饰品的重量是重要指标之一，按照标准规定饰品重量的计量单位是克，单件金饰品的允差为0.01克。

4. 金含量

首饰中的金含量是其质量的重要指标。金含量的检验方法有很多种，可分为化学分析方法和仪器分析方法。根据检测过程中首饰是否遭到破坏，又可分为无损检测法和有损检测法。在首饰质量监督部门的日常检验一般以无损检测法为主，主要有密度法结合X荧光光谱法、电子探针等大型仪器分析。市场监督抽查以有损检测为主，火试金法是目前我国测定首饰中金含量的国家检测方法。

5. 金的物理性质

光泽：赤黄色，成色在95%以上；正黄色，成色在80%左右；青黄色，70%左右；黄色略带灰色，50%左右。密度：19.32克/立方厘米。硬度：摩氏硬度2.5，与人的指甲相近。

（四）黄金纯度鉴别

1. 看颜色

黄金首饰纯度越高，色泽越深。在没有对照金牌的情况下，可按下列色泽确定大体成色（以青金为准则。青金是黄金内只含白银成分）。深赤黄色成色在95%以上，浅赤黄色90%～95%，淡黄色为80%～85%，青黄色65%～70%，色青带白光只有50%～60%，微黄而呈白色就不到50%了。通常所说的七青、八黄、九赤可作为参考。

2. 掂重量

黄金的比重为19.32，重于银、铜、铅、锌、铝等金属。如同体积的黄金比白银重40%以上，比铜重1.2倍，比铝重6.1倍。黄金饰品托在手中应有沉坠之感，假金饰品则觉轻飘。此法不适用于镶嵌宝石的黄金饰品。

3. 看硬度

纯金柔软、硬度低，用指甲能划出浅痕，牙咬能留下牙印。成色高的黄金饰品比成色低的柔软，含铜越多越硬。折弯法也能试验硬度，纯金柔软，容易折弯，纯度越低，越不易折弯。

4. 听声音

成色在99%以上的真金往硬地上抛掷，会发出吧嗒声，有声无韵也无弹力。假的或成色低的黄金声音脆而无沉闷感，一般发出“当当”响声，而且声有余音，落地后跳动剧烈。

5. 用火烧

用火将要鉴别的饰品烧红（不要使饰品熔化变形），冷却后观察颜色变化，如表面仍呈原来黄金色泽是纯金；如颜色变暗或不同程度变黑，则不是纯金。一般成色越低，颜色越浓，全部变黑，说明是假金饰品。

6. 看标记

国产黄金饰品都是按国际标准提纯配制成的，并打上戮记，如“24K”标明“足赤”或“足金”。24K 只是理论值，表明 100%。用于首饰的贵金属最高纯度为 99.9%，即为千足金。18K 金，标明“18K”字样。成色低于 18K 者，按规定就不能打 K 金印号了。目前社会上不法分子常用制造假牌号、仿制戳记，用稀金、亚金甚至黄铜冒充真金，因而鉴别黄金饰品要根据样品进行综合判定来确定真假和成色高低。

（五）黄金首饰的保养

(1)金银首饰佩戴时，忌与硬物接触和用力拉扯。由于金银硬度低，与硬物接触很容易被划伤或被拉断，从而会破坏首饰的装饰性。

(2)不要在有化学污染的地方戴首饰。同时，尽量少与香水、头油、花露水等化妆品接触，否则容易使首饰表面因腐蚀而出现斑点或变色。为了保持金首饰的光泽，可常在温水中加入少量洗涤剂，将首饰放入用软刷轻轻刷洗，再用清水冲洗干净，然后用软布擦净、晾干。

复习题

1. 阐述钻石 4C 分级的含义。
2. 阐述翡翠的 ABC 货的含义。
3. 市场上常见的首饰贵金属有哪些?

本章小结

本章介绍了常见的珠宝种类：钻石、红宝石、蓝宝石、翡翠、和田玉、贵金属；着重介绍了钻石 4C 分级、翡翠 ABC 货的概念和常见首饰贵金属的种类和识别方法。通过本章的学习，使读者对市场上常见的珠宝种类有一定的了解，为从事相关商品管理工作打下基础。

第十章

汽车商品

学习目的与要求

通过本章的学习，使学生了解汽车的基本结构、汽车的分类，以及汽车评价指标等内容，并对全球汽车产业格局有初步认识。

关键词

汽车结构　商用车　乘用车　汽车性能评价指标　汽车使用性能指标

建议 3 课时

导入案例

国Ⅴ排放新规迫使部分自主品牌暂别京城

即将实行"第五阶段"机动车排放标准(以下简称国Ⅴ)的北京市,或再次"逼迫"自主品牌车企暂时退出这个一线市场。

北京将在今年10月率先推行国Ⅴ排放要求。特别值得注意的是,与此前国Ⅲ与国Ⅳ存在一段时间的转换期不同,一旦国Ⅴ标准开始推广,不达标车型随即无法在北京市场上牌。而记者在走访市场时也发现,长城、奇瑞等自主品牌企业已经进入"订单式"订购状态,同时部分车型也暂不考虑针对北京市场推出国Ⅴ车型。

有消息称,很多自主品牌外采的零部件配套设备无法达到国Ⅴ标准,企业自身也无法解决这一技术问题,多数自主品牌在国Ⅴ标准之后,将会出现在北京市场无车可售的"真空期"。

有经销商向记者表示,由于零部件外采成本较高,自主研发水平短期难以达到标准,有暂时放弃北京市场的可能性。

"当下北京市场比较混乱,处于政策发布之前的徘徊期。"一位市场分析人士向记者表示,政策不明朗导致经销商不敢提车。以奇瑞QQ为例,购买需要先订购,两周左右时间才可以提车。

国Ⅴ机动车排放标准主要有两部分构成,一部分指机动车排放标准,另外一部分指油品标准。排放标准从目前国Ⅳ变为国Ⅴ相当于从欧洲排放标准的欧Ⅳ提升为欧Ⅴ,这也意味着对于汽车尾气排放控制会更加严格。

而针对国Ⅳ标准的车型促销从"国Ⅴ油耗标准"之时就已开始,"目前库存车辆消化已经接近尾声。"一位合资品牌经销商透露。

据上述市场分析人士表示,目前,很多自主品牌在北京市场销量惨淡,本就不是重点市场。由于国Ⅴ标准是在老标准基础上的大幅提升,多数自主品牌企业短时间难以适应,因此,并不会针对北京市场进行技术升级。

业内人士表示,排放标准从国Ⅳ到国Ⅴ的升级,需要控制氮氧化物的排放，并使用高效低耗的清洁发动机，采用增压、直喷以及轻量化等技术，同时加装后处理装置。因此，迟亦枫也向记者表示，这在一定程度上将是对汽车企业发动机研发的一次考验，而且带来了成本上的大幅增加。

"奇瑞、吉利等企业在技术上储备较为充裕，因此在标准转换后应该不会存在较大技术难题，但是费用可能会有所提升。考虑到这些自主品牌企业在北京市场的生存状况，即使技术可以达到，也不会大批量生产"，一位自主品牌企业相关负责人告诉记者。

"即便北京市场实行了国V标准，对于自主品牌企业的研发和改造也不会呈现立竿见影的效果。这首先是由于在销量上北京市场早已不是自主品牌的主要市场；其次，无论在技术改造上，还是成本投入上，企业投入都会较大，因此最有可能的情况是，等到全国标准逐步提升后，自主品牌车型才会提升排放标准"，上述市场分析人士表示。

分析认为，去年开始限购，今年又即将实施地方新标准，这一定意味着车企不会大面积投资升级，更不会专门为北京市场生产独特的车型。也就是说，未来符合国V排放标准的车型不会太丰富，甚至会出现货源暂时供应不足的现象。

对于这一市场状况，也有可能成为个别自主品牌的突围机会。商玉贵向记者表示，"新标准实施后，会有大部分自主品牌退出北京市场，而对于已经做好准备的企业而言，这也是一次拓展市场的机会。"

资料来源：每日经济新闻，网易财经网，2012-09-13。

第一节　汽车基本结构

按照国家最新标准 GB/T 3730.1—2001，其中对汽车的定义为：由动力驱动，具有四个或四个以上车轮的非轨道承载的车辆，主要用于载运人员和（或）货物、牵引载运人员和（或）货物及其他特殊用途。

汽车一般由发动机、底盘、车身和电气设备四个基本部分组成。

一、发动机

发动机（见图 10-1）是汽车的心脏，为汽车的行走提供动力，关系着汽车的动力性、经济性、环保性。简单来说，发动机就是一个能量转换机构，即将汽油（柴油）或天然气的热能，通过在密封汽缸内燃烧气体膨胀，推动活塞做功，转变为机械能，这是发动机最基本的原理。发动机的所有结构都是为能量转换服务的，发动机伴随着汽车走过了100多年的历史，无论是在设计、制造、工艺还是在性能、控制方面都有很大的提升，但其基本原理仍然没有改变。这是一个富于创造的时代，那些发动机的设计者们不断地将最新科技与发动机融为一体，把发动机变成一个复杂的机电一体化产品，使发动机性能达到近乎完善的程度。各世界著名汽车厂商也将发动机的性能作为竞争亮点，现在的汽车发动机不仅注重汽车动力的体现，更加注重能源消耗、尾气排放等与环境保护相关的方面，从而使人们在悠闲的享受汽车文化的同时，也能保护环境，节约资源。

图10－1　汽车发动机

发动机由两大机构五大系统组成：曲柄连杆机构、配气机构；冷却系统、燃料供给系统、润滑系统、点火系统、起动系统。

1. 曲柄连杆机构

曲柄连杆机构在做功行程时，将燃料燃烧以后产生的气体压力，经过活塞、连杆转变为曲轴旋转的转矩；然后，利用飞轮的惯性完成进气、压缩、排气3个辅助行程。曲柄连杆机构气缸曲轴箱组、活塞连杆组和曲轴飞轮组3部分组成。

2. 配气机构

配气机构的作用是根据发动机的工作顺序和各缸工作循环的要求，及时地开启和关闭进、排气门，使可燃混合气（汽油发动机）或新鲜空气（柴油发动机）进入气缸，并将废气排入大气。

3. 冷却系统

冷却系统有水冷式和风冷式两种。水冷式由水套、水泵、散热器、风扇、节温器等组成;风冷式由风扇和散热片等组成。冷却系统的功用是将受热零件吸收的部分热量及时散发出去,保证发动机在最适宜的温度状态下工作。

4. 燃料供给系统

汽油发动机燃料系统的作用是根据发动机不同工作情况的需要,将纯净的空气和汽油配制成适当比例的可燃混合气,送入各个气缸进行燃烧后所产生的废气排入大气中。

5. 润滑系统

润滑系统由机油泵、集滤器、限压阀、油道、机油滤清器等组成。它的功用是向做相对运动的零件表面输送定量的清洁润滑油,以实现液体摩擦,减小摩擦阻力,减轻机件的磨损,并对零件表面进行清洗和冷却。

6. 点火系统

点火系统有传统式、普通式和电子式三种。传统式由蓄电池、发电机、点火线圈、断电器、火花塞等组成;普通式和传统式点火系统类似,只是用电子元件取代了断电器;电子点火式全部是全电子点火系统,完全取消了机械装置,由电子系统控制点火时刻,包括蓄电池、发电机、点火线圈、火花塞和电子控制系统等。

在汽油机中,气缸内的可燃混合气是靠电火花点燃的,为此在汽油机的气缸盖上装有火花塞,火花塞头部伸入燃烧室内。能够按时在火花塞电极间产生电火花的全部设备称为点火系统。

7. 起动系统

起动系统由起动机及其附属装置组成。要使发动机由静止状态过渡到工作状态,必须先用外力转动发动机的曲轴,使活塞做往复运动,气缸内的可燃混合气燃烧膨胀做功,推动活塞向下运动使曲轴旋转。发动机才能自行运转,工作循环才能自动进行。因此,曲轴在外力作用下开始转动到发动机开始自动地怠速运转的全过程,称为发动机的起动。完成起动过程所需的装置,称为发动机的起动系统。

二、底盘

底盘(见图10－2)作用是支撑、安装汽车发动机及其各部件、总成,形成汽车的整体造型,并接受发动机的动力,使汽车产生运动,保证正常行驶。

图10－2　汽车底盘

底盘由传动系统、行驶系统、转向系统和制动系统四部分组成。

1. 传动系统

汽车发动机所发出的动力靠传动系统传递到驱动车轮。传动系统具有减速、变速、倒车、中断动力、轮间差速和轴间差速等功能,与发动机配合工作,能保证汽车在各种工况条件下的正常行驶,并具有良好的动力性和经济性。主要是由离合器、变速器、万向节、传动轴和驱动桥等组成。

2. 行驶系统

行驶系统由车架、车桥、悬架和车轮等部分组成。行驶系统的功用是:

(1)接受传动系统的动力,通过驱动轮与路面的作用产生牵引力,使汽车正常行驶。

(2)承受汽车的总重量和地面的反力。

(3)缓和不平路面对车身造成的冲击,衰减汽车行驶中的振动,保持行驶的平顺性。

(4)与转向系配合,保证汽车操纵稳定性。

3. 转向系统

汽车上用来改变或恢复其行驶方向的专设机构称为汽车转向系统。转向系统的基本组成如下：

(1)转向操纵机构主要由转向盘、转向轴和转向管柱等组成。

(2)转向器将转向盘的转动变为转向摇臂的摆动或齿条轴的直线往复运动,并对转向操纵力进行放大的机构。转向器一般固定在汽车车架或车身上,转向操纵力通过转向器后一般还会改变传动方向。

(3)转向传动机构将转向器输出的力和运动传给车轮(转向节),并使左右车轮按一定关系进行偏转的机构。

4. 制动系统

汽车上用以使外界(主要是路面)在汽车某些部分(主要是车轮)施加一定的力,从而对其进行一定程度的强制制动的一系列专门装置统称为制动系统。其作用包括使行驶中的汽车按照驾驶员的要求进行强制减速甚至停车;使已停驶的汽车在各种道路条件下(包括在坡道上)稳定驻车;使下坡行驶的汽车速度保持稳定。

对汽车起制动作用的只能是作用在汽车上且方向与汽车行驶方向相反的外力,而这些外力的大小都是随机的、不可控制的,因此汽车上必须装设一系列专门装置以实现上述功能。

三、车身

汽车车身的作用主要是保护驾驶员以及构成良好的空气力学环境。好的车身不仅能带来更佳的性能,也能体现出车主的个性。汽车车身结构从形式上说,主要分为非承载式和承载式两种。

1. 非承载式

非承载式车身的汽车有刚性车架,又称底盘大梁架。车身本体悬置于车架上,用弹性元件连接。车架的振动通过弹性元件传到车身上,大部分振动被减弱或消除,发生碰撞时车架能吸收大部分冲击力,在坏路行驶时对车身起到保护作用,因此车厢变形小、平稳性和安全性好,而且厢内噪声低。

这种非承载式车身比较笨重,质量大,汽车质心高,高速行驶稳定性较差。

2. 承载式

承载式车身的汽车没有刚性车架,只是加强了车头、侧围、车尾、底板等部位，车身和底架共同组成了车身本体的刚性空间结构。这种承载式车身除了其固有的乘载功能外，还要直接承受各种负荷。这种形式的车身具有较大的抗弯曲和抗扭转的刚度，质量小，高度低，汽车质心低，装配简单，高速行驶稳定性较好。但由于道路负载会通过悬架装置直接传给车身本体，因此噪声和振动较大。

非承载式车身和承载式车身都有优缺点，使用在不同用途的汽车上。一般而言，非承载式车身用在货车、客车和越野车上，承载式车身一般用在轿车上，现在一些客车也采用这种形式。

汽车车身结构主要包括车身壳体（白车身）、车门、车窗、车前钣制件、车身内外装饰件和车身附件、座椅以及通风、暖气、冷气、空气调节装置等。在货车和专用汽车上还包括车厢和其他装备。

四、电气设备

电气设备由电源和用电设备两大部分组成。电源包括蓄电池和发电机；用电设备包括发动机的起动系统、汽油机的点火系统和其他用电装置。

第二节　汽车分类

目前，汽车类型的划分是按照新的国家标准《汽车和挂车类型的术语和定义》（GB/T 3730.1—2011），将其按用途分为用于代步的乘用车和用于商业运输的商用车两大类。新的国家标准是依据国际标准 ISO 3833《道路车辆　车辆类型　术语和定义》制定的。

一、乘用车

乘用车（passenger vehicle）是在其设计和技术特性上主要用于载运乘客及其随身行李和/或临时物品的汽车，包括驾驶员座位在内最多不超过 9 个座位。它也可以牵引一辆挂车。乘用车涵盖了轿车、微型客车以及不超过 9 座的轻型客车。乘用车下细分为基本乘用车（轿车）、多功能车（MPV）、运动型多用途车(SUV)、专用乘用车和交叉型乘用车。

(一)基本乘用车

基本乘用车的概念等同于旧标准中的轿车,但在统计范围上又不同于轿车,这种区别主要表现在将旧标准轿车中的部分非轿车品种,如GL8、奥德赛、切诺基排除在基本型乘用车外,而原属于轻型客车中的“准轿车”列入了基本型乘用车统计。由于这些特殊的车型产销数量不是很大,对于分析基本型乘用车的市场发展趋势影响不大。

(二)多功能车

多功能车(multiple purpose vehicle,MPV),属于近年来行业引进的外来称谓,它是集轿车、旅行车和厢式货车的功能于一身,车内每个座椅都可以调整,并有多种组合方式,前排座椅可以180度旋转的车型。近年来我国汽车工业发展迅速,已有较多的企业生产该车型,如上海通用的GL8、东风柳州的风行和江淮的瑞风等车型,而一些企业生产的类似产品在实际统计中可能也列入多功能车统计。该车型在旧标准中部分列入轿车统计,部分列入了轻型客车统计。

(三)运动型多用途车

运动型多用途车(sport utility vehicle,SUV),该车型起源于美国,这类车既可载人又可载货,行驶范围广泛,驱动方式应为四轮驱动。近几年我国轻型越野车和在皮卡基础上改装的运动型多用途车发展较快,但在驱动方式上不一定是四轮驱动。行业在分析市场时一般将这几类产品放到一起。本次新分类改革将这几类车型统一归为运动型多用途车类,因此我国的此类产品范围要广于国外。同时,为了方便了解我国汽车的发展状况,我们在运动型多用途车下又按照驱动方式不同分为四驱运动型和二驱运动型多用途车。该类车型主要有长丰猎豹、北京吉普切诺基、长城赛弗、郑州日产帕拉丁等。在旧分类中除了部分切诺基列入轿车中外,其他均列入了轻型客车中。

(四)专用乘车用

专用乘用车是运载乘员或物品并完成特定功能的乘用车,它具备完全特定功能所需的特殊车和/或装备。例如,旅居车、防弹车、救护车、殡仪车等。

（五）交叉型乘车用

交叉型乘用车是指不能列入上述车型外的其他乘用车。这部分车型主要指的是旧分类中的微型客车，今后新推出的不属于上述车型的车型也列入交叉型乘用车统计。

二、商用车

商用车分为客车、货车、半挂牵引车、客车非完整车辆和货车非完整车辆，共五类。在整个行业媒体中，商用车的概念主要是从其自身用途不同来定义的。习惯把商用车划分为货车和客车两大类。

其中，货车是一种主要为载运货物而设计和装备的商用车辆，根据用途不同分为自卸车和牵引车。自卸车主要用于煤矿、工矿厂区建设；牵引车则主要用于长途物流货运。货车的承重标准主要根据驱动型式划分为10×4、8×4、6×4等。

客车的分类常常根据车身长度、座位数量多少，更为细致地划分为大、中、轻型客车。

第三节 汽车评价指标

一、汽车性能评价指标

通常用来评定汽车的性能指标主要有动力性、燃油经济性、制动性、操控稳定性、平顺性以及通过性等。

（一）动力性

汽车的动力性用汽车在良好路面上直线行驶时所能达到的平均行驶速度来表示。汽车动力性主要用三个方面的指标来评定，即最高车速、汽车的加速时间和汽车所能爬上的最大坡度。

最高车速是指汽车在平坦良好的路面上行驶时所能达到的最高速度。数值越大，动力性就越好。

汽车的加速时间表示汽车的加速能力,也形象地称为反应速度能力,它对汽车的平均行驶车速有很大的影响,特别是轿车,加速时间更为重要。常用原地起步加速时间以及超车加速时间来表示。

汽车的爬坡能力指满载时汽车所能爬上的最大坡度。

(二)燃油经济性

汽车的燃油经济性常用一定工况下汽车行驶百公里的燃油消耗量或一定燃油量能使汽车行驶的里程来衡量。在我国及欧洲,汽车燃油经济性指标的单位为升/100 公里,而在美国则用 MPG 或 mi/gall 表示,即每加仑燃油能行驶的公里数。燃油经济性与很多因素有关,如行驶速度,当汽车在接近于低速的中等车速行驶时燃油消耗量最低,高速时燃油消耗量随车速增加而迅速增加。另外,汽车的保养与调整也会影响到汽车的油耗量。

(三)制动性

汽车行驶时在短距离内停车且维持行驶方向稳定,以及汽车在长坡时维持一定车速的能力成为汽车的制动性。汽车的制动性能指标主要有制动效能、制动效能的恒定性、制动时汽车的方向稳定性、汽车的制动过程。

制动效能——汽车的制动距离或制动减速度,用汽车在良好路面上以一定初速度制动到停车的制动距离来评价,制动距离越短制动性能越好。

制动效能的恒定性——制动器的抗衰退性能是指汽车高速行驶下长坡连续制动时,制动器连续制动效能保持的程度。

制动时汽车的方向稳定性——汽车制动时不发生跑偏、侧滑以及失去转向能力的性能。目前主流车型均配置 ABS、ESP 等配置就是提高方向稳定性。

汽车的制动过程——主要是指制动机构的作用时间。

(四)操控稳定性

汽车的操控稳定性是指司机在不感到紧张、疲劳的情况下,汽车能按照司机通过转向系统给定的方向行驶,而当遇到外界干扰时,汽车所能抵抗干扰而保持稳定行驶的能力。汽车操控稳定性通常用汽车的稳定转向特性来评价。转向特性有不足转向、过度转向以及中性转向三种状况。有不足转向特性的汽车,在固定方向盘转角的情况下绕圆周加速行驶时,转弯半径会增大;有过度转向特性的汽车在这种条件下转弯半径则会逐渐减小;有中性转向特性的汽车则转弯半径不变。易操控的汽车应当有适当的不足转向特性,以防止汽车出现突然甩尾现象。

(五)平顺性

汽车平顺性是保持汽车在行驶过程中,乘员所处的振动环境具有一定的舒适度的性能。这与汽车的底盘参数、车身几何参数,以及汽车的动力性以及操控性等有密切关系。

(六)通过性

通过性是指车辆通过一定情况路况的能力。通过能力强的车子,可以轻松翻越坡度较大的坡道,可以放心的驶入一定深度的河流,也可以高速的行驶在崎岖不平的山路上,在城市中也不用为停车上下马路牙子而担心。总之,它可以使你比其他车辆更可能去你想去的地方,让你体验到征服自然的感觉。

二、汽车使用性能指标

在一定使用条件下,汽车以最高效率工作的能力称为汽车使用性能。它是决定汽车利用效率和方便性的结构特性表征。

容量:额定装载质量,单位装载质量,货厢单位有效容积,货厢单位面积,座位数和可站立人数。

使用方便性:操纵方便性,出车迅速性,乘客上下车和货物装卸方便性,可靠性和耐久性,维修性,防公害性。

燃料经济性:最低燃料耗量,平均最低燃油耗量。

速度性能:动力性,平均技术速度。

越野性、机动性:最低离地间隙,接近角,离去角,前后轴荷分配,轮胎花纹及尺寸,驱动轴数,最小转弯半径等。

安全性:稳定性,制动性。

乘坐舒适性:平顺性,设备完备。

第四节 全球汽车市场格局介绍

一、美国市场

（一）通用汽车（GM）集团

通用汽车公司在美国最大五百家企业中居首位，在世界最大工业企业中位居第二。它在美国及世界各地雇员达 80 万人，分布在世界上 40 个国家和地区，通用家族每年的汽车总产量达 900 万辆。

通用汽车公司是美国最早实行股份制和专家集团管理的特大型企业之一。通用汽车公司生产的汽车，典型地表现了美国汽车豪华、宽大、内部舒适、速度快、储备功率大等特点。而且通用汽车公司尤其重视质量和新技术的采用。因而通用汽车公司的产品始终在用户心中享有盛誉。

通用汽车公司与菲亚特、铃木、五十铃、富士重工汽车公司结成合作伙伴关系。集团所属品牌如图 10－3 所示：

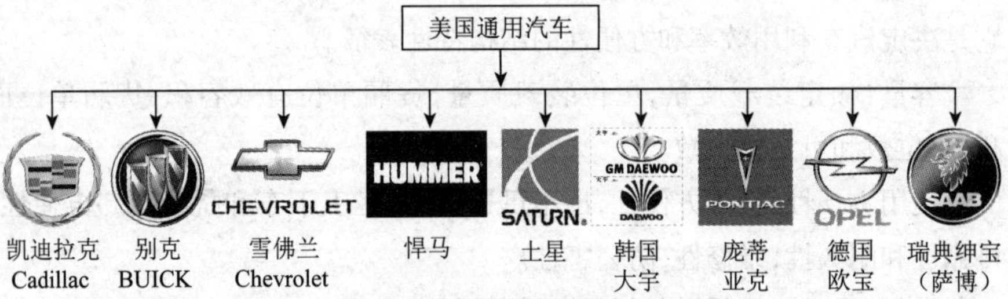

图 10－3 通用汽车集团所属品牌

（二）福特汽车（FORD）集团

福特汽车公司是世界最大的汽车企业之一。1903 年由亨利·福特先生创办于美国底特律市。现在的福特汽车公司是世界上超级跨国公司，总部设在美国密执安州迪尔伯恩市。汽车集团由两大组成部分——北美汽车公司（NAAO）和国际汽车公司（IAO）。北美汽车公司在美国、加拿大和墨西哥有 50 多套组装和生产设施。国际汽车公司在 22 个国家有经营单位，主要分布在三个地区——欧洲、拉丁美洲和亚太地区。此外，公司还和 9 个国家的汽车生产商有国际商业联系，福特的汽车销售到 180 多个国家和地区的市场。集团所属品牌如图 10－4 所示：

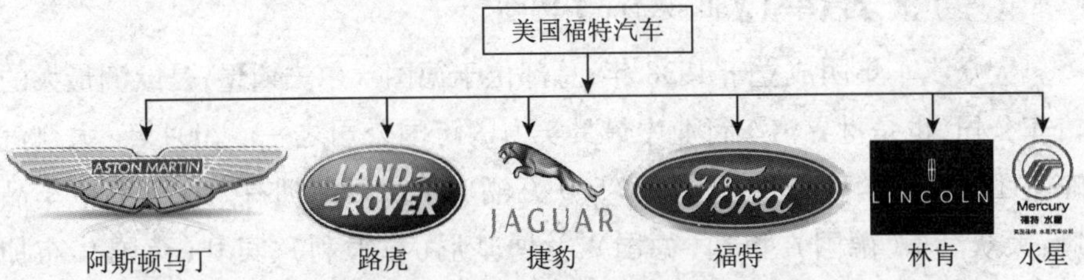

图 10－4　福特汽车集团所属品牌

（三）戴姆勒—克莱斯勒（DAIMLER CHRYSLER）集团

戴姆勒—克莱斯勒集团公司成立于 1998 年，是由原德国戴姆勒—奔驰汽车公司与美国克莱斯勒汽车公司合并而成。强强联手让戴姆勒—克莱斯勒集团公司一跃成为当时世界上第二大汽车生产商。2007 年戴姆勒—克莱斯勒集团公司完成分拆，联手 9 年后，戴姆勒—奔驰与克莱斯勒又各奔东西。集团所属品牌如图 10－5 所示：

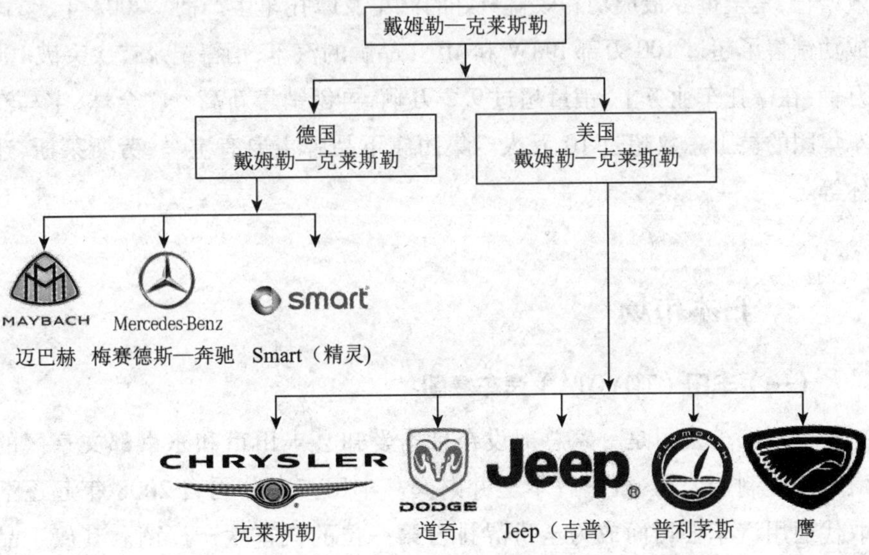

图 10－5　戴姆勒—克莱斯勒集团所属品牌

二、德国市场

（一）大众汽车（Volkswagen）集团

大众汽车集团成立于1938年，总部位于德国沃尔夫斯堡，是欧洲最大的汽车公司，也是世界汽车行业中最具实力的跨国公司之一。2004年，大众汽车集团向全球消费者共销售汽车500万辆。集团目前拥有九大著名汽车品牌：大众汽车（德国）、奥迪（德国）、兰博基尼（意大利）、宾利（英国）、布加迪（法国）、西亚特（西班牙）、斯柯达（捷克）、大众汽车商用车（德国）、保时捷（德国）。大众汽车集团在全球建有68家全资和参股企业，业务领域包括汽车的研发、生产、销售、物流、服务、汽车零部件、汽车租赁、金融服务、汽车保险、银行、IT服务等。

（二）宝马汽车（BMW）集团

宝马汽车公司的历史始于1916年，在中国大陆早年翻译为巴依尔。公司最初是一家飞机发动机制造商，1917年还是一家有限责任公司，1918年更名巴伐利亚发动机制造股份公司并上市。今天的宝马汽车集团高档品牌高效增长，是全世界最成功和效益最好的汽车及摩托车生产商。2002年，公司成功销售了超过100万部BMW和MINI品牌的汽车，销售纪录首次突破100万辆；在摩托车业务上，销量超过9.2万辆，再创销售新高。在全球，宝马汽车集团的员工总数超过10万人。集团旗下品牌主要有宝马、劳斯莱斯、迷你等。

三、日本市场

（一）丰田（TOYOTA）汽车集团

丰田汽车公司是一家总部设在日本爱知县丰田市和东京都文京区的汽车工业制造公司，隶属日本三井财阀。丰田汽车公司自2008年起逐渐取代通用汽车公司而成为全世界排行第一位的汽车生产厂商。其旗下品牌主要包括凌志、丰田等系列高中低端车型等。集团所属品牌如图10－6所示：

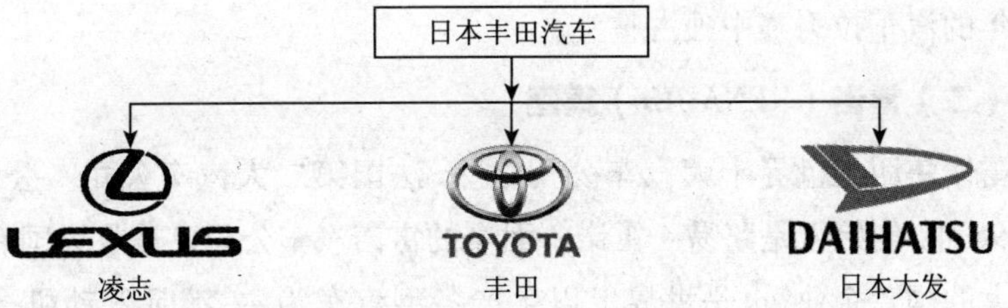

图 10－6　丰田汽车集团所属品牌

（二）本田（HONDA）集团

本田株式会社是世界上最大的摩托车生产厂家，汽车产量和规模也名列世界十大汽车厂家之列。公司 1948 年创立，创始人是传奇式人物本田宗一郎，总部在东京，雇员总数达 18 万人左右。现在，本田公司已是一个跨国汽车、摩托车生产销售集团。其产品除汽车、摩托车外，还有发电机、农机等动力机械产品。

本田公司的经营方式十分灵活。在美国设立的本田分公司，1991 年在美国市场上的销量已超过克莱斯勒汽车公司名列第三。本田的雅阁和思域汽车历年来被用户评为质量最佳和最受欢迎的汽车。在欧洲，本田公司在英国也建立了分公司。本田公司汽车产量已高达约 300 万辆。

四、法国市场

（一）标致—雪铁龙（PEUGEOT）集团

标致汽车公司是世界十大汽车公司之一，是法国最大的汽车集团公司。该公司创立于 1890 年，创始人是阿尔芒·标致。1976 年标致公司吞并了法国历史悠久的雪铁龙公司，从而成为世界上一家以生产汽车为主，兼营机械加工、运输、金融和服务业的跨国工业集团。标致汽车公司的总部在法国巴黎，汽车厂多在弗南修·昆蒂省，雇员总数为 11 万人左右，年产汽车 220 万辆。

20 世纪 80 年代，标致公司和中国合作在广州建立合资企业，将标致 504 型、505 型汽车输入到中国。标致汽车产品从微型到豪华型都有，最受欢迎的是中型汽车。标致汽车的特点是寿命长、质量好，它的 205 型、309 型汽车在历年的汽车拉力赛中独占鳌头。

（二）雷诺（RENAULT）集团

雷诺集团是世界十大汽车公司之一，法国第二大汽车公司。公司创立于1898年，创始人是路易·雷诺。而今的雷诺汽车公司已被收为国有，是法国最大的国营企业，也是世界上以生产各型汽车为主，涉足发动机、农业机械、自动化设备、机床、电子业、塑料橡胶业的垄断工业集团。

雷诺汽车公司汽车产品十分齐全，除小客车和载货车外，各种改装车、特种车应有尽有，在十大汽车公司也是独此一家。雷诺公司下分小客车、商用车、自动化设备以及工业产品四个部门，统管国内外所有的子公司。

雷诺汽车公司与日产汽车、三星汽车公司结成合作伙伴。

五、意大利市场

菲亚特（FIAT）集团

菲亚特集团是世界十大汽车公司之一，公司始建于1899年7月意大利都灵市，创始人是乔瓦尼·阿涅利。当时，公司有30个股东，共有资产80万里拉。旗下的主要车型有菲亚特、阿尔法·罗密欧、蓝旗亚、依维柯、玛莎拉蒂、法拉利等。

六、韩国市场

现代（HYUNDAI）集团

现代汽车公司是韩国最大的汽车企业，是世界20家最大汽车公司之一。公司创立于1967年，创始人郑周永。公司总部在韩国汉城，现任董事长郑周永，汽车年产量100万辆，主要产品有小马牌、超小马牌、斯拉塔牌小客车及载货车。目前，现代汽车公司已发展成为现代集团，其经营范围由汽车扩展到建筑、造船和机械等领域。

复习题

1. 汽车一般由哪几部分构成？

2. 按照新国标规定，汽车可以分为哪两大类，这两类又可细分为哪些类别？

3. 评定汽车的性能指标主要有哪些？

本章小结

本章主要介绍了汽车的基本结构、汽车的分类，以及汽车评价指标等内容，并对全球汽车产业格局做了初步介绍。

第十一章

家用电器

学习目的与要求

通过本章的学习，掌握家用电器的发展史，明确家用电器的分类和安全标准，了解家用电器未来发展趋势。

关键词

家用电器　发展史　分类　安全标准　发展趋势

建议3课时

导入案例

CES:2013 的 4K 电视 梦想照进现实

今年的消费者电子大展(CES)上,各电视厂商都带来了自己的4K电视产品,这预示着这种技术已经成熟,并将在2013年大放异彩。

几乎是整整一年前,Vizio在CES上昭告世人,它将进入4K电视领域,但当时的时机还未成熟。今年它信守承诺带着4K电视产品来了。

在更高分辨率的旗舰级电视方面,美国厂商并不寂寞。索尼、松下、夏普等日本传统大屏彩电巨头都带着合适的零售产品参加了今年的CES大展。加上东芝以及韩国的三星和LG,甚至是中国的低端厂商海信也推出了自己的4K电视产品。

在今年的展会上,夏普向美国观众推出了自己的高端系列4K电视。受惠于日本本土市场销售形势良好的提振。夏普相信现在是时候进入竞争更加激烈的美国市场。这对于4K电视的成熟是个积极的信号。作为一种合法的消费产品,用户当然希望它有足够的销量,质量也要足够好,对得起高价格。

LG代表在CES上表示,所有LCD生产商都准备将业务从廉价密集型生产转向高利润的高端产品。作为低成本高销量,对价格十分敏感的显示屏代工厂商,现在连LG都开始寻求创新,将自己的未来放在销售数量减少,但利润非常高的面板之上。

为此,CES 2013是4K电视的集体展示。索尼和松下都有56英寸的4K OLED电视,ULTRA HD OLED电视的华丽效果要亲眼所见才能感受。松下则展示了一款20英寸的4K电视,更不用说三星和LG也展示了自己的4K电视原型机。

即便是众多潜在买家担心的片源问题也在得到积极解决。其中索尼是最为积极的,它已经为自己的4K电视买家提供了量身定做的内容方案,并发布了全球首个4K视频分销服务。索尼首席执行官平井一夫也在推动4K

媒体标准化的定制，以便加快 UHD 的普及。这些公司的高管都希望推动这一格式的普及，在此期间，将依靠从低分辨率转换来的视频支撑。

去年 9 月的德国柏林国际电子消费品展览会（IFA）上，4K 电视已经打下了坚实基础。4K 已经摆脱了实验性技术的身份，并逐渐成为电视机厂商未来发展方案中坚实的一部分。IFA 是以欧洲为中心的展会，展示的是不切实际的 84 寸超级电视。CES 是以美国为中心，而且电视尺寸更加居家。从以往迷恋 3D 中走出来，电视行业已经重回正确轨道，Ultra HD 电视将在 2013 大放异彩。

资料来源：搜狐 IT，2013 - 01 - 10

第一节　家用电器发展史

家用电器的发展与现代科技发展紧密相关，电和无线电的发明及发展是家电的起步，通信技术、智能技术、计算机及网络技术使它如虎添翼。

一、摩擦起电

大约在 2500 年以前，古希腊七“圣人”之一著名哲学家泰勒斯，在自己的长袍上反复摩擦琥珀，想让它更加光彩夺目，却突然发现桌上的一片小羽毛向琥珀移过去，最后粘到了琥珀上。东汉初期（公元 1 世纪）的科学家王充就在他的著作《论衡》一书中写道：“顿牟掇芥”，“顿牟”就是玳瑁，是一种跟龟很相似的海洋动物的甲壳，“掇芥”就是吸引芥籽的意思，总的意思就是经过摩擦的玳瑁能够吸引一些轻小的芥籽。

世界上最古老的电池起源于大约 2000 年前，这个被叫做“巴格达”的电池，至今还保存在伊拉克首都的博物馆内。

二、电的来源

世界上第一个认真研究电现象的人是 16 世纪末的英国医生威廉·吉尔伯特，他是英国女王伊丽莎白一世的御医，除了具有高超的医道之外，他还以研究磁力现象而著称于科学史。他对泰勒斯的故事十分感兴趣，动手做了大量的实验，还特地在女王面前做了琥珀吸引羽毛的表演，吉尔伯特第一个提出了“电”的概念。

三、电的发展

1752年美国科学家富兰克林，通过“风筝实验”证实了电的存在。1800年6月26日在伦敦皇家学会演讲厅里，伏打演示了在伽伐尼启发下发明的“伽伐尼电池”。伏打的发明具有重大而深远的意义：伽伐尼电池是世界上第一种可以控制的制造电流仪器，戴维就用这种电源发现了许多种元素，法拉第用它发现了电解定律；早期的电弧灯、电动机、电报等新技术也都是用它来作为能源的，它对近代科学技术的发展产生了巨大的促进作用。1831年英国大科学家法拉第，发现了由磁感应生电的奥秘，制成了人类历史上第一架感应发电机，使人类获得了打开电能宝库的一把钥匙，为人类进入电气化时代奠定了基础。

四、无线电的发明

1837年莫尔斯发明了有线电报，从此开始了电气通信的时代。1887年，只有31岁的德国优秀青年物理学赫兹做了人类第一次实验，有意识地探测到一个电磁波信号。赫兹的实验不仅证明了英国物理学家、经典电磁理论的奠基人麦克斯韦发现的真理，更重要的是开辟了电子技术的新纪元。赫兹向人们指出早已存在在我们周围的电磁波，被誉为无线电通信的前驱。后人为了纪念他，把频率的单位称为赫兹。1895年俄国科学家波波夫表演了他的第一架无线电接收装置——雷电计，并研究出用听筒收听无线电报信号的方法。同时，意大利马可尼也成功地进行了使用无线电报机进行通信的实验。他们使用的装置虽然极其简陋，但却是世界上最早的无线电收发装置，是现代各种无线电设备的先驱，在无线电通信史上写下了光辉的一页。

五、家用电器的起源

早在1832年,美国就在市场上出售过人力驱动的洗衣机;1914年,电动洗衣机问世,使人们从繁重的体力劳动中得到解放。1834年美国人柏金斯制作了第一台压缩式制冷设备,这就是现代的压缩式制冷技术的萌芽,但直到1951年才生产出了可供实用的冷冻箱。

1876年大发明家爱迪生发明了留声机,这是机械录音技术的开端。1888年美国的奥柏林·史密斯(Oberlin Smith)首先提出了用永久剩磁来录音的设想,但他未能实现。1898年丹麦工程师沃尔德曼·波尔森第一个通过磁畴的取向,记录和重放了声音,制成了世界上第一台磁性录音机。由于当时还没有掌握电子放大技术,这种录音机录下的信号极其微弱,还达不到实用的阶段,但它具备了现代录音机的雏形。

1904年著名科学家弗莱明根据"爱迪生效应",发明了世界上第一只电子二极管,它取代了原始的矿石检波器,大大提高了检波效率。1906年美国的利·德·福雷斯持,发明了电子三极管,解决了电信号放大的问题。

在此基础上相继研究出四极管、五极管……直到八极管,真空电子管的出现是电子科学技术史上一件划时代的大事,它不仅推动了无线电技术的迅猛发展,而且奠定了近代电子工业的基础。

从1922年开始收音机逐步普及,当时的收音机采用的是调幅方式。美国人阿姆斯特朗在1935年发明了调频方式,从而使收音机的保真度大大加强。

早在19世纪末,就有人研究电视机。开始利用光电管,采用"同时传送制"的方法,后来改用"顺序传送制",以后又研究出圆盒机械电视系统。到了20世纪30年代初制造出摄像管,人类梦寐以求的"千里眼"——电视机,才真正成为现实。1936年英国广播公司在伦敦市郊兴办了世界第一座电视台。1946年美国才正式开始了黑白电视的广播,20世纪50年代美国又开始了彩色电视广播。1957年,世界上第一台磁带录像机在美国研制成功。美国被公认为是家用电器的发祥地,至今在家用电器工业生产与技术的许多领域里,仍然处于领先的地位。这和它发达的电力和电子工业是分不开的。

在20世纪初,电熨斗首先大量生产并投放于市场,随之,收音机、电唱机、录音机、电风扇;洗衣机、吸尘器、面包炉、电冰箱等相继问世,给家用电器行业带来了繁荣。到 20 世纪 20 年代末期,在一些先进国家特别是美国,家用电器工业发展比较迅速。到 30 年代末期,英国、法国、德国、意大利和日本,家用电器工业也都具有了一定的规模。

1947 年,美国贝尔实验室发明了半导体点接触式晶体管,从而开创了人类的硅文明时代,它标志着电子器件进入了一个新的阶段,为电子工业的兴起开辟了新的途径。电子工业的兴起,又为家用电器的生产提供了大量高性能的元器件,使家用电器的产量、质量都大大提高。因此,从 20 世纪 50 年代开始到 70 年代中期,家用电器发展非常迅速。到 70 年代末,有些国家的家用电器市场已接近饱和程度。

六、我国家电发展概况

早在 20 世纪 30 年代,我国就能生产电熨斗、电风扇、电炉子、留声机和电子管收音机等。1951 年,上海钟声电工社制成了我国第一台钢丝录音机,以后又生产出钟声 591 型磁带录音机。1955 年,天津医疗器械厂试制出第一台使用封闭式压缩机的冰箱。1958 年,天津 712 厂生产出新中国第一台自主研发、制造的显像管电视机——北京牌 14 英寸黑白电视机,标志着当时中国电视机研制技术与日本基本处在同一水平。1962 年,沈阳日用电器研究所试制出中国第一台洗衣机。1965 年,上海空调机厂生产出中国第一台三相窗式空调器。1970 年 12 月 26 日,中国第一台彩色电视机同样在天津 712 厂诞生,但在生产规模、产量、性能、质量等方面与同期已进入高速发展的日本相比差距明显。1976 年,广州家用电器总厂试制成功全塑喷流式洗衣机;随后,波轮式套桶洗衣机在无锡洗衣机厂试制成功。经过改革开放的努力,我国目前已形成完整家电工业体系,在电视机、冰箱等许多领域已走在世界前列。

第二节　家用电器的定义和分类

一、家用电器的定义

家用电器(简称家电)是指适用于家庭或类似条件(指人数较少的社会单位,如幼儿园、学校、医院、游艺场、办公室等)或个人使用的一切电器产品。

与一般日用工业品不同,家用电器必须要在电能的作用下才能正常工作。家用电器多数属于高档耐用消费品,购置后往往可以使用几年、十几年。因此,人们在购置家用电器时,对商品的质量要求高,挑选比较严格。家用电器的主要要求有:

1. 具备使用的适宜性

使用适宜性是指满足家用电器用途所必须具备的主要性能,如电冰箱必须要有满足冷冻、冷藏食品的降温性能;电视机必须要有满足收看的清晰图像和伴音。至于人们不同档次的使用要求,可以由不同的品种和规格来满足,如电冰箱的星级和电视机的荧光屏尺寸。在家用电器使用适宜性的质量要求中除了基本功能要求外,还要注意多功能性、操作自动化程度、适体性和便于维修性。尽可能完善的多种功能是家用电器商品发展的趋势之一,如电风扇除了要求它能吹风,还希望能改变风速与风向,变速和摇头装置可以克服对人体直吹所引起的不适感觉。

2. 坚固耐用

家用电器的坚固耐用程度一般可用使用寿命、可靠性、可修复性、一次开箱合格率、返修率等指标来衡量。使用寿命一般是指该种商品的平均使用期限,它主要取决于主要部件的使用寿命。家用电器的结构比较复杂,往往由若干个部件组合装配而成,有的家用电器的元器件多达几百,甚至上千个。因此,家用电器的质量直接取决于每一组成部分的元器件质量和装配的工艺水平。可靠性是指电器产品在规定的条件下和规定的时间内完成规定功能的概率。电器产品的可靠性与产品设计、元器件质量、制造工艺、质量管理和生产技术管理以及使用条件和使用环境都有密切关系。可修复性好,相当于延长了商品的寿命。商业上的一次开箱合格率反映了产品在贮运当中造成的质量破坏,返修率说明了实际使用中无故障工作时间的长短。

3. 使用安全

安全性是衡量家用电器质量的重要指标。家用电器必须有良好的绝缘性能和防护设施,以保证安全使用。家用电器要求在使用过程中不得产生有害于人身健康、生命财产安全的伤害事故,也不得产生污染环境的危险。这不仅要求在正常使用条件下而且即使在误操作和有故障条件下,也必须确保安全。家用电器必须有良好的绝缘性能,并要有一定的安全系数以承受种种恶劣使用环境和意外因素造成的过压、过流。新式家用电器采用双重绝缘结构使产品安全性提高。绝缘材料还要有足够的耐热性,以防止在运行中起火燃烧。电视机荧光屏的 X 射线、微波炉的微波辐射、电器的噪声都必须控制在安全限度之内。对于金属外壳的家用电器一般要采用带防护地线的插头。

4. 符合一般美学要求

家用电器不仅要求实用,而且还要通过造型、色泽起到装饰环境、美化生活的作用,因此其外观质量要符合一般美学。美观性要求主要通过形体结构、比例、色彩、质地、装饰件的配合、无肉眼可见的外观质量疵点表现出来。外观的形式美可以给人审美上的享受,同时,一定的形式美也反映了商品的时代特征和内在的科学技术水平。

5. 符合经济性要求

家用电器的经济性要求一般指性能价格比要好,多功能、功能强的家用电器往往比较受欢迎;维修性好可以降低维修成本,“一遭烂”的商品无人问津;使用过程中是否节省电耗也是消费者要考虑的重要因素;选材要符合我国国情,减轻重量,降低消耗是从整体上提高家用电器经济性的有力措施。此外,销售家用电器要实行严格的“三包”(包修、包换、包退)制度,不但从技术上,而且从管理上保证消费者合法的经济权益。

二、家用电器的分类

家用电器的分类方法在世界上尚未统一,主要有以下几种:

（一）按家用电器的功能、用途分类

1. 空调器具

空调器具主要用于调节室内空气温度、湿度以及过滤空气，如电风扇、空调器、空气清洁器等。

2. 制冷器具

利用所属单位装置产生低温，以冷却、保存食物和饮料，如电冰箱、冷饮机、制冷机、冰淇淋机等。

3. 清洁器具

用于个人衣物、室内环境的清理与清洗，如洗衣机、干衣机、淋浴器、抽烟机、排气扇、吸尘器、地板打蜡机、擦窗机等。

4. 熨烫器具

用于熨烫衣物，如电熨斗、熨衣机、熨压机等。

5. 取暖器具

通过电热元件使电能转换为热能，供人们取暖，如空间加热器、电热毯等。

6. 保健器具

用于身体保健的家用小型器具，如电动按摩器、按摩靠垫、空气负离子发生器、催眠器、脉冲治疗器等。

7. 整容器具

用于修饰人们面容，如电吹风、电推剪、电动剃须刀、多用整发器、烘发机、修面器等。

8. 照明器具

用于室内各类照明及艺术装饰用的灯具，如各种室内照明灯具、镇流器、启辉器等。

9. 家用电子器具

家用电子器具是指家庭和个人用的电子产品。这类家电产品门类广、品种多，主要包括以下几类：

（1）音响产品：如收音机、录音机、组合音响、电唱机等；

(2)视频产品:如电视机、录像机等;

(3)计时产品:如电子手表、电子钟等;

(4)计算产品:如计算器、家用电子计算机、家用电脑学习机等;

(5)娱乐产品:如电子玩具、电子乐器、电子游戏机等;

(6)其他家用电子产品:如电子人、家用通信产品等。

10. 厨房器具

用于食物准备、食具清洁、食物制备、烹调等的电器器具,如电饭锅、电火锅、电烤箱、微波炉、电磁灶、开罐器、搅拌器、绞肉机、洗碗机、榨汁机等。

(二)我国常用分类法

在我国,家用电器也可以分为白色家电、黑色家电、米色家电,现在还有绿色家电。

白色家电:也称“白电”,顾名思义就是白色的家电产品,指可以替代人们家务劳动的产品,如洗衣机、冰箱等。由于家庭里会有许多的电器存在,而这些家电大都体积庞大,早期消费者在购买家电时喜欢选用看起来不突兀的白色,就算现在的家电产品做得多彩多姿,还是有很多人都称家电产品为白色家电。

黑色家电:也称“黑电”,指可提供娱乐的家用电器,如彩电、音响等。

米色家电:指电脑信息产品。

绿色家电:指在质量合格的前提下,高效节能且在使用过程中不对人体和周围环境造成伤害,在报废后还可以回收利用的家电产品。

黑电和白电都是中国的分类方法。不过从另一个角度来说,黑电和白电也有明显的区别:黑电产品带给人们娱乐、休闲;而白电产品则减轻人们的劳动强度,如洗衣机、部分厨房电器;改善生活环境,提高物质生活水平,如空调器、电冰箱等。

也可以从其工作原理和核心零部件来区分黑电和白电。黑电更多的是通过电子元器件、电路板等进行工作;而白电更多的是通过电机将电能转换为热能、动能进行工作。

近年来,各类家电产品也出现了互相渗透交融的现象,如网络家电、带液晶电视的冰箱等。

第三节 家用电器安全标准概述

家用电器产品安全标准是为了保证人身安全和使用环境不受任何危害而制定的,是家用电器产品在设计、制造时必须遵照执行的标准文件。严格执行标准中的各项规定,家用电器的安全就有了可靠的保证。贯彻实施这一系列国家标准,对提高产品质量及其安全性能将产生极大影响,并为我国家电产品大量进入国际市场开辟了广阔的前景。安全标准涉及的安全方面分为对使用者和对环境两部分。

对于使用者的安全包括以下5项:

1. 防止人体触电

触电会严重危及人身安全。如果一个人身上较长时间流过大于自身的摆脱电流(IEC 报告,60 公斤体重成年男子为 10mA,妇女为其 70%,儿童为其 40%),就会摔倒、昏迷和死亡。防触电是产品安全设计的重要内容,要求产品在结构上应保证用户无论在正常工作条件下还是在故障条件下,使用产品均不会触及到带有超过规定电压的元器件,以保证人体与大地或其他容易触及的导电部件之间形成回路时,流过人体的电流在规定限值以下。据统计,每年我国因触电造成的死亡人数均超过3000 人,其中因家用电器造成触电的死亡人数超过 1000 人。因此,防触电保护是安全标准中首先应当考虑的问题。

2. 防止过高的温升

过高的温升不仅直接影响使用者的安全,而且还会影响产品其他安全性能。如造成局部自燃,或释放可燃气体造成火灾;高温还可使绝缘材料性能下降,或使塑料软化造成短路、电击;高温还可使带电元件、支承件或保护件变形,改变安全间隙引发短路或电击的危险。因此,产品在正常或故障条件下工作时应当能够防止由于局部高温过热而造成人体烫伤,并能防止起火和触电。

3. 防止机械危害

家用电器中像电视机、电风扇等,儿童也可能直接操作。因此对整机的机械稳定性、操作结构件和易触及部件的结构要特殊处理，防止台架不稳或运动部件倾倒。防止外露结构部件边棱锋利、毛刺突出，直接伤人。还要能保证用户在正常使用时或做清洁维护时，不会受到刺伤和损害。例如，产品外壳、上盖的提手边棱都要倒成圆角，电视机、收录机的拉杆天线顶端要安装一定尺寸的圆球，用来保证既清楚可见、不易误刺伤人，又能传递不致压刺伤人的压力。

4. 防止有毒有害气体的危害

家用电器中所装配的元器件和原材料很复杂，有些元器件和原材料中含有毒性物质，它们在产品发生故障、发生爆炸或燃烧时可能挥发出来。常见的有毒有害气体有一氧化碳、二硫化碳及硫化氢等，因此，应该保证家用电器在正常工作和故障状态下，所释放出的有毒有害气体的剂量在危险值以下。

5. 防止辐射引起的危害

辐射会损伤人体组织的细胞，引起机体不良反应，严重的还会影响受到辐射人的后代。家用电器中电视机显像管可能产生 X 射线、激光视听设备会产生激光辐射、微波炉会产生微波辐射，这些都会影响到消费者的安全，因此在设计这些产品时应使其产生的各种辐射泄漏限制在规定数值以内。

对于环境的安全方面包括以下 5 项：

1. 防止火灾

家用电器起火将严重危及人们生命财产安全。据统计，某地一家庭由于电视机变压器无电源输入端保险丝装置过热造成爆炸，引发火灾，死 2 人，火灾损失 16 万元。北京市每年平均因家用电器引发火灾66 起。由于使用劣质“热得快”，造成触电、火灾时有发生。由于劣质电热毯引发火灾每年达 700 起，烧毁民居、商店损失达数千万元。因此家用电器的阻燃性防火设计十分重要。在产品正常或故障甚至短路时，要防止由于电弧或过热而使某些元器件或材料起火，如果某一元器件或材料起火，应该不使其支承件、邻近元器件起火或整个机器起火，不应放出可燃物质，防止火势蔓延到机外，危及消费者生命财产安全。

2. 防止爆炸危险

家用电器有时在大的短路电流冲击下发生爆炸，如电视机显像管受冷热应力或机械冲击产生爆炸。按家用电器安全标准要求,电视机显像管万一发生爆炸,碎片不能伤害在安全区内的观众,安全区是指正常收看位置(最佳收看距离为屏幕高度的4~8倍),以及离电视接收机更远的地区。

3. 防止过量的噪声

洗衣机、电脑、空调、冰箱等家用电器不免会产生一定的噪声,各种家用电器要将噪声控制在一定的范围内,以免影响人们正常的工作和生活。

4. 防止摄入和吸入异物

许多家用电器,如电脑、手机等都离不开电池,而电池的主要成分有锌皮、碳棒、汞、硫酸物等,这些成分几乎都具有一定的毒性,一旦重金属等有害物质泄露,进入食物链,被人食用,便会引发多种疾病。一节小小的纽扣电池扔进水里可污染600吨水,相当于一个人一生的饮水量。

5. 防止跌落造成人身伤害或物质损失

这些要求都是从维护消费者人身健康和安全、保护生态环境所必需的。

家用电器的使用寿命是由其设计寿命决定。各种家用电器的功能、使用环境和使用率不同,决定了它们的使用寿命各有差异。除设计、工艺和材料等因素外,使用寿命受实际使用环境的影响。恶劣的使用环境和不正确操作都会影响家用电器的局部或整机使用寿命,如受潮、经常骤冷骤热,强烈震动等都对家用电器使用寿命产生影响。当一件家用电器接近使用寿命时,由于整体老化会不断出现故障,从安全和经济角度,应尽早弃旧更新。

由于家用电器是关系到安全的产品,必须首先制定和贯彻实施安全标准,以保证产品质量,创造企业平等竞争的客观环境,发展商品经济,切实保护广大消费者人身和财产安全。我国各类家用电器均参照国际电工委员会(IEC)出版物制定的安全标准,如《家用和类似用途电器的安全通用要求》(GB4706. 1—1998),对各类家用和类似用途电器安全通用要求做出了规定。在该标准基础上,根据各类家用电器的性能,制定不同的安全特殊要求标准,达到保护用户使用安全的目的。如《家用和类似用途电器的安全特殊要求》(GB 4706—GB 4706. 49)中所含的一系列标准,就是根据电熨斗、食物搅拌器、电水壶、电炒锅、自动电饭锅、真空吸尘器、电热毯、电热垫、电热褥、电动剃须刀、电推剪、电动按摩器、快热式电热水器、贮水式电热水器、家用电冰箱和食品冷冻箱、电烤箱、面包烘烤器、华夫烙饼模、皮肤及毛发护理器、电池驱动电动剃须刀、电池充电器、液体加热器、微波烹调器、室内加热器、洗衣机、洗碟机、电风扇和调速器、吸排油烟机、电磁灶等家用和类似用途电器的安全,制定的该产品安全特殊要求标准。这一系列标准都是针对某一特定产品的特殊安全要求,结合一定时期内各个产品的具体情况,对通用安全标准中有关章、条、款、项的内容进行补充、增加和更换。凡在特殊安全标准中未做补充、增加和替换的章、条、款、项,应该执行通用安全标准中相应的章、条、款、项的规定,即安全特殊要求必须与通用要求配合使用。

第四节　家用电器的基本安全要求

家用电器都是在通电后才能工作,而且大多数家用电器使用的都是220伏交流电,属于非安全电压。此外,有的家用电器,例如电视机本身会产生1万伏以上的高压,人体一旦接触这样高的电压,发生触电,就会有生命危险。还有的家用电器中某些元器件存在着爆炸危险,如显像管等。所谓安全性就是指人们在使用家用电器时免遭危害的程度。因此,安全性是衡量家用电器的首要质量指标。举个例子,在上述的国家标准《家用和类似用途电器的安全通用要求》(GB 4706.1—1998)中,要求家用电器必须有良好的绝缘性能和防护措施,以保护消费者使用的安全。如规定了防触电保护,过载保护,防辐射、毒性和类似危害的措施。上述标准还规定了家用电器的设计和制造应保证在正常使用中安全可靠地运行,即使在使用中可能出现误操作,也不会给使用者和周围环境带来危害。

家用电器安全防护分为两大类:一类是按防触电保护方式分;另一类是按防水程度分。为阐明家用电器5种防触电保护方式,现介绍以下几个基本概念:

1. 基本绝缘

施加于带电部件对电击提供人基本防护的绝缘。这是指在电器中的带电部件上,用绝缘物将带电部件封闭起来,对防触电起基本保护作用的绝缘,如套有绝缘材料的铜、铝等金属导线。从结构上,这种绝缘都置于带电部件上,直接与带电部件接触。

2. 附加绝缘

在基本绝缘万一损坏时,为对电击提供保护而另外施加于基本绝缘的独立绝缘。如电热毯电热丝外包覆的塑料套管。

3. 双重绝缘

由基本绝缘和附加绝缘构成的绝缘系统。同时具有基本绝缘和附加绝缘起防触电保护作用的绝缘,一旦基本绝缘失效时,由附加绝缘起保护作用。如电视机电源线就采用双重绝缘。

4. 加强绝缘

在 GB 4706.1 规定的条件下,提供与双重绝缘等效的防电击等级,而施加于带电部件的单一绝缘。它提供的防触电保护程度相当于双重绝缘,但它是一种单独的绝缘结构,可以由几个不能像基本绝缘或附加绝缘那样单独试验的绝缘层组成。

下面介绍五种防触电保护方式:

1. O 类电器

依靠基本绝缘防止触电的电器。它没有接地保护,在容易接近的导电部分和设备固定布线中的保护导体之间,没有连接措施。在基本绝缘损坏的情况下,便依赖于周围环境进行保护的设备。一般这种设备使用在工作环境良好的场合。近年来对家用电器的安全要求日益严格,O 类电器已日渐减少,老式单速拉线开关控制的吊扇是 O 类电器。

2. O Ⅰ类电器

至少有基本绝缘和接地端子的电器,电源软线中没有接地导线,插头也没有接地插脚,不能插入带有接地的电源插座。目前,国内生产的家用电动洗衣机多为 O Ⅰ类电器。只备有接地端子,而没有将接地线接到接地端子上,使用时由用户用接地线将机壳直接接地。

3. Ⅰ类电器

该类电器的防触电保护不仅依靠基本绝缘,而且还有一个附加预防措施,其方法是将易触及的导电部件与已安装在固定线路中的保护接地导线连接起来,使易触及的导电部件在基本绝缘损坏时不成为带电体。例如,国产电冰箱多为Ⅰ类电器。

4. Ⅱ类电器

该类电器在防止触电保护方面,不仅依靠基本绝缘,而且还具有附加的安全预防措施。其方法是采用双重绝缘或加强绝缘结构,但没有保护接地或依靠安装条件的措施。例如,国内生产的电热毯多为Ⅱ类电器。

5. Ⅲ类电器

电器在防触电保护方面,依靠安全特低电压供电,同时在电路内部任何部位均不会产生比安全特低电压高的电压。

国际电工委员会(IEC)出版物中的安全特低电压,是指为防止触电事故而采用的特定电源供电的电压系列。这个电压的上限值,在任何情况下,两个导体间或任一导体与地之间,均不得超过交流(50～500赫兹)有效值50伏。

我国规定安全特低电压额定值等级为42伏、36伏、24伏、12伏、6伏,当电器设备采用了超过24伏的安全电压时,必须采取防止直接接触带电体的保护措施。目前使用的移动式照明灯多属Ⅲ类电器。

家用电器安全防护按防水保护程度可分为4种:普通型器具、防滴型器具、防溅型器具、水密型器具。部分房间用空调器属于防溅型电器,吸尘器有普通型、防溅型电器两种,部分电热毯也有做成水密型电器,标志为IPX0～IPX7。

我国政府为兑现入世承诺,于2001年12月3日对外发布了强制性产品认证制度,从2002年5月1日起,国家认监委开始受理第一批列入强制性产品目录的19大类132种产品的认证申请。现在强制性产品目录共有22大类157种产品。它是我国政府按照世贸组织有关协议和国际通行规则,为保护广大消费者人身和动植物生命安全、保护环境、保护国家安全,依照法律法规实施的一种产品合格评定制度。主要特点有:国家公布统一目录,确定统一适用的国家标准、技术规则和实施程序,制定统一的标志标识,规定统一的收费标准。凡列入强制性产品认证目录内的产品,必须经国家指定的认证机构认证合格,取得相关证书并加施认证标志后,方能出厂、进口、销售和在经营服务场所使用。

我国国家监督检验检疫总局和国家认证认可监督管理委员会于2001年12月3日一起对外发布了《强制性产品认证管理规定》,对列入目录的19类

132 种产品实行“统一目录、统一标准与评定程序、统一标志和统一收费”的强制性认证管理。将原来的 CCIB 认证和长城 CCEE 认证统一为中国强制认证(China Compulsory Certification,CCC) ,故又简称 3C 认证(见图 11 -1)。

3C 认证从 2003 年 5 月 1 日(后来推迟至 8 月 1 日)起全面实施,原有的产品安全认证和进口安全质量许可制度同期废止。目前已公布的强制性产品认证制度有《强制性产品认证管理规定》、《强制性产品认证标志管理办法》、《第一批实施强制性产品认证的产品目录》和《实施强制性产品认证有关问题的通知》。第一批列入强制性认证目录的产品包括电线电缆、开关、低压电器、电动工具、家用电器、音视频设备、信息设备、电信终端、机动车辆、医疗器械、安全防范设备等。

需要注意的是,3C 标志并不是质量标志,而只是一种最基础的安全认证。

3C 认证主要是试图通过“统一目录,统一标准、技术法规、合格评定程序,统一认证标志,统一收费标准”等一揽子解决方案,彻底解决长期以来我国产品认证制度中出现的政出多门、重复评审、重复收费以及认证行为与执法行为不分的问题,并建立与国际规则相一致的技术法规、标准和合格评定程序。

图 11 -1　3C 认证标志

第五节　家用电器的发展趋势及新型家用电器设计

摩尔定律:集成电路(IC)上可容纳的晶体管数目,约每隔 18 个月便会增加一倍,性能也将提升一倍。摩尔定律是由 Intel 名誉董事长 Gordon Moore 经过长期观察发现得之,为计算机第一定律。摩尔定律所阐述的趋势一直延续至今,且仍不同寻常地准确。人们还发现这不光适用于对存储器芯片的描述,也精确地说明了处理机能力和磁盘驱动器存储容量的发展。

新摩尔定律:联合国"1999 世界电信论坛会议"副主席、加拿大北电网络公司(Nortel)总裁约翰·罗斯(John Roth)在世界电信论坛开幕演说时,提出了新摩尔定律——光纤定律(optical law),即 Internet 频宽每 9 个月会增加一倍的容量,但成本也同时降低一半,比芯片在 18 个月中的变革幅度还大。

摩尔定律和新摩尔定律都反映了随着技术的进步,家用电器发展速度将越来越快。

一、家用电器的发展趋势

随着科技水平的进步,人们对家用电器的要求不仅仅停留在方便实用,还附加了许多其他需求。家用电器的发展呈现以下趋势:

1. 操作简单化,数码菜单化

这种趋势以微波炉、录像机、摄影机等为主要潮流。SHARP 行动较早,1991 年将微波炉的按钮由十几个减少到四个、两个。日立公司开发了只有"录、放、停"的录像机。现在的家用电器基本功能很简单,一用就上手,但通过数码菜单又可以取得专业操作效果。

2. 模块化、集成化

模块化、集成化,方便维修、可重新配接配套。以微型计算机为例,分成显示器、键盘、鼠标、主机箱等几部分,主机箱又由十多件符合标准的组件构组成。IBM 开创的这种模块化开放式 PC,构成了众多厂家合作的平台,打败苹果公司,成为电脑的主流。电路板也由几百个元件变成以集成电路为核心、几十个元件或仅有集成电路就能工作的模式,比如集成稳压模块,傻瓜功放 IC 等。模块化、集成化的引入,大大方便了维修。

3. 绿色革命

无污染:如用两相电源照明,减少闪烁。液晶电视比阴极射线管电视电磁辐射小,采用不含汞的电池,等等。

节能:家电是否节能可以通过节能产品认证来展示,如计算机的节能模式,美国的"能源之星"。

澳大利亚政府2007年2月20日宣布一项计划,将最晚在2010年开始逐步禁止使用传统的白炽灯,代之以更加节能的日光灯等节能灯具。这是澳大利亚倡议的减排温室气体以阻止全球气候变暖的措施之一。

4. 便于维修

家用电器大部分是耐用消费品,当然要维修,在设计上采取许多措施以方便维修。

主要从两方面考虑,一是发出故障提示,如打印机自检,复印机发出故障代码,汽车的状态检测仪。二是方便拆装,区别故障部位。如元器件立体安排、电脑由多个部分组成、电器中多色连线。连线的规定很多,特别注意,接地优先用绿,其次用绿地带黄纹,最后用黑色。直流电正极用红,接地首先用黑,其次用紫。通电测试的电压测试所用的点,不能放在机芯或印刷电路板的背面,也不能被元器件遮住。

5. 组合化

从美国一家公司开发出一种名叫“牛顿”的个人产品到今天功能齐全的家用电脑、掌上电脑、手机。组合了计算机、通信、家电等多种功能的电器越来越多。传统家电也与信息电器融合,组合了台灯、钟、收音机、取暖器、电风扇的小家电,收音机作为模块出现在热水器、电视机有了收音机功能……组合的电器功能强大,非组合的电器专业性更强。

6. 网络化

电脑上网,手机也可以上网,一般家电也需要上网,例如,洗衣机会从网上下载最新洗衣程序,提高洗净度。人们的生活已无时无刻不受网络影响了。

7. 方便家电的回收

家用电器寿命到了,功能不行了,外观不时尚了,都要进行淘汰。电子垃圾越来越多,如何处理?社会要求家用电器制造商和进口商对电冰箱、电视机、洗衣机和空调器等家用电器有回收和实施再商品化的义务。并要求制造商在产品的策划、设计阶段考虑制造出在产品的生命周期内环境负荷小的环境和谐型产品,即在以往的设计要求方面增加使用回收利用性和废弃特性好的、适合环境的材料,不使用有害物质,注重产品制造及使用过程中的节能性,还必须像考虑产品的制造成本一样,考虑废弃或回收利用成本。

二、消费类电子产品介绍

消费类电子产品(consumer electronic products, CE)并不是生活必需品，而只是为了满足娱乐或其他需求。消费类电子产品在不同发展水平的国家有不同的内涵,在同一国家的不同发展阶段有不同的内涵。

我国消费类电子产品是指用于个人和家庭与广播、电视有关的音频和视频产品,主要包括电视机、影碟机(VCD、SVCD、DVD)、录像机、摄录机、收音机、收录机、组合音响、电唱机、激光唱机(CD)等。而在一些发达国家,则把电话、个人电脑、家庭办公设备、家用电子保健设备、汽车电子产品等也归在消费类电子产品中。随着技术发展和新产品、新应用的出现,数码相机、手机、掌上电脑等产品也在成为新兴的消费类电子产品。从20世纪90年代后期开始,融合了计算机、信息与通信、消费类电子产品三大领域的信息家电开始广泛地深入家庭生活,它们具有视听、信息处理、双向网络通信等功能,由嵌入式处理器、相关支撑硬件(如显示卡、存储介质、IC卡或信用卡的读取设备)、嵌入式操作系统以及应用层的软件包组成。从广义上来说,信息家电包括所有能够通过网络系统交互信息的家电产品,如PC、机顶盒、HPC、DVD、超级VCD、无线数据通信设备、视频游戏设备、WEBTV等。目前,音频、视频和通信设备是信息家电的主要组成部分。从长远看,电冰箱、洗衣机、微波炉等也将会发展成为信息家电,并构成智能家电的组成部分。面对多渠道、多形式的信息,人们对信息的整合运用与随时调整的要求越来越高,消费类电子产品无疑将潜移默化地改变人们的生活。目前,消费类电子产品行业每年都持续增长,所涉及的产品领域和行业越来越多。丰富的消费类电子新品正从各个角度向消费者展示着“数字生活”的全新概念,给人带来了耳目一新的全面享受。

国际消费类电子产品展览会

国际消费类电子产品展览会(International Consumer Electronics Show, CES),简称国际消费电子展。每年1月在美国内华达州拉斯维加斯举行,由消费类电子产品协会赞助(见图11-2)。在展览期间,会有许多产品的预览或宣布新产品。国际消费类电子产品展览会是全球规模最大的消费科技产品交易会之一。IT和家电业的巨头如英特尔、索尼等均会出现在会场站台上。首届国际消费类电子产品展览会于1967年6月在纽约举行，有参展厂商200家，参展人数达到17500人。自那时起，国际消费类电子产品展览会的规模已经增长了10倍以上。

图11－2　国际消费类电子产品展览会

基于大会组织消费类电子产品协会（CEA）的努力，在2003年度国际消费类电子产品展览会上，有超过2200个参展厂商在总面积近120万平方英尺的展厅中向与会的11.7万参展人员展示了他们的最新产品和服务，规模已经超过了老牌IT业展会Comdex。近年来，电脑、通信及消费类电子产品产业整合趋势日益明显，各种新式3C整合产品均以国际消费类电子产品展览会为试金石。2005年是该展的第38届，展出面积达13万平方米，参展企业2400多家，贸易观众超过13万人次，交易额由2004年的850亿美元猛增至950亿美元。可见该展已成为批发商、连锁零售商、开发商及有关厂商等世界级买家采购的理想场所。也是中国电子业厂商开拓美国乃至美国周边国家市场，了解国际最新电子行业趋势，掌握电子行业最新动态之最佳管道。

柏林国际电子消费品展览会

柏林国际电子消费品展览会（Internationale Funkausstellung Berlin，IFA）是目前德国最具规模的电子产品博览会之一。柏林国际电子消费品展览会源于1924年（见图11－3），在第二次世界大战后为两年举行一次。由于市场需求上升，2005—2006年起改为每年举办。它也是世界上最大的消费类电子产品的展览会，不断增长的参展和参观人数以及不断提高的参展水平，使该展成为电子消费品行业最重要的信息交换市场和了解发展咨询的平台。

图 11-3　柏林国际电子消费品展览会

复习题

1. 按家用电器的功能、用途可分为哪些类别？
2. 家用电器对于使用者的安全包括哪 5 项？
3. 家用电器安全防护分为哪两大类？

本章小结

家用电器与人们的日常生活息息相关，在给我们的工作、生活带来极大方便的同时，也提供了耳目一新的使用体验，提升了人们的生活品质。

家用电器的分类方法多种多样，主要按照其功能、用途分类，我国又约定俗成地分为黑电、白电等。为了保证人身安全和使用环境不受任何危害，家用电器产品在设计、制造时必须遵照一定的安全标准，如 3C 认证。随着科技的进步，家用电器的发展呈现越来越快的趋势，更加注重用户体验。

第十二章

食品类商品

学习目的与要求

本章主要介绍了食品的营养卫生、酒类以及茶叶类食品的相关知识。要求学生了解食品分类、营养成分、卫生等基本知识；掌握酒类、茶叶类等食品的分类、特点及质量评审要点；能够对酒类、茶叶类食品进行感官质量检验。

关键词

食品分类　食品营养　食品卫生　酒类商品　茶叶类商品

建议 5 课时

导入案例

食品安全让人忧：
蜜饯加着色剂　饼干面包微生物超标

深圳市市场监督管理局在其官网上公布了一季度该市流通环节食品检测的相关情况，其中抽检的蜜饯合格率最低，共抽检47批次，检验发现有15批次样品不合格，食品安全抽检合格率为68.1%。

蜜饯食品添加剂超标

市场监督管理局对蜜饯进行抽检，共抽检47批次，检验发现有15批次样品不合格，抽检合格率为68.1%。检验项目包括致病菌（沙门氏菌、志贺氏菌、金黄色葡萄球菌）、食品添加剂。检测项目为防腐剂比例之和（防腐剂混合使用时，各自用量占其最大使用量的比例之和）、着色剂使用量、二氧化硫残留量。本次检验不合格15批次都为食品添加剂超标，这些食品添加剂都有限定的使用范围和使用量。抽检出蜜饯食品添加剂超标的有盐田区万之城生活超市的黑加仑、南山区登良百货商场的一品梅、赛壹便利店的乌梅和纪州青梅、沙井供销社新二加油站的盐津话梅肉等。

饼干面包微生物超标

同时，市场监督管理局也对加油站便利店的饼干、面包等预包装食品共进行了283批次的抽检。检验发现有15批次样品不合格，抽检合格率为94.7%。不合格检测项目主要是微生物指标（大肠菌群、菌落总数）和食品添加剂、二氧化硫残留量数量超标。

资料来源：深圳新闻网，2012-10-16。

第一节 食品的营养卫生

一、食品分类

“民以食为天”,食品在消费者的日常生活中占有非常重要的地位。食品是维持生命力、促进人体发育和保证健康所不可缺少的生活资料,健康、合理的饮食可起到预防疾病、保障健康的功效。

根据《中华人民共和国食品安全法》,食品是指各种供人食用或者饮用的成品和原料以及按照传统既是食品又是药品的物品,但是不包括以治疗为目的的物品。

食品通常分为原料食品和加工食品两大类,前者由农、林、牧、渔业提供,后者由食品工业提供。在企业的经营活动中,对食品的分类还有一些习惯上的其他分类方法,主要有:

根据食品的来源可以分为:植物性食品、动物性食品和矿物性食品。

根据食品在膳食中的比重可以分为:主食和副食。

根据食品的形态可以分为:固态食品、半固态食品及液态食品。

原料食品还可以分为:鲜活食品、生鲜食品和谷物类食品。其中,鲜活食品、生鲜食品是商业企业经常使用的概念。

知识链接

我国已实施食品质量安全市场准入管理的食品种类

目前,我国已实施食品质量安全市场准入管理的食品共28大类,包括:

1. 小麦粉:包括通用小麦粉(特制一等小麦粉、特制二等小麦粉、标准粉、普通粉、高筋小麦粉和低筋小麦粉)、专用小麦粉(面包用小麦粉、面条用小麦粉、饺子用小麦粉、馒头用小麦粉、发酵饼干用小麦粉、酥性饼干用小麦粉、蛋糕用小麦粉、糕点用小麦粉等)。

2. 大米:不包括江米、糙米。

3. 食用植物油:含食用调和油(不包括芝麻油)。

4. 酱油:酿造酱油、配制酱油(不包括调味液、酱汁)。

5. 食醋:酿造食醋、配制食醋(不包括醋精)。

6. 肉制品:包括腌腊肉制品(咸肉类、腊肉类、中国腊肠类和中国火腿类等);酱卤肉制品(白煮肉类、酱卤肉类、肉松类和肉干类等);熏烧烤肉制品(熏烧烤肉类、肉脯类等);熏煮香肠、火腿制品(熏煮香肠类和熏煮火腿类)。

7. 乳制品:包括液体乳(巴氏杀菌乳、灭菌乳、酸牛乳);乳粉(全脂乳粉、脱脂乳粉、全脂加糖乳粉、调味乳粉);其他乳制品(炼乳、奶油、干酪)。

8. 饮料:包括瓶(桶)装饮用水(饮用天然矿泉水、饮用纯净水、饮用水);碳酸饮料(碳酸饮料、充气运动饮料);茶饮料;果(蔬)汁及果(蔬)汁饮料;含乳饮料(包括发酵型、配制型)及植物蛋白饮料(豆乳类、椰子乳/汁类、杏仁乳/露类、核桃乳、花生乳等);固体饮料(果香型如酸梅晶、蛋白型如麦乳精和豆晶粉、其他型如速溶咖啡和速溶茶粉,但不包括烧煮型咖啡)。

9. 糖:包括白砂糖、绵白糖、赤砂糖,冰糖(单晶冰糖、多晶冰糖)、方糖。

10. 味精:包括谷氨酸钠(99%味精)、味精(强力味精和特鲜味精)。

11 -1. 方便面:包括油炸方便面、热风干燥方便面。

11 -2. 饼干:包括酥性饼干、韧性饼干、发酵饼干、薄脆饼干、曲奇饼干、夹心饼干、威化饼干、蛋圆饼干、蛋卷、粘花饼干、水泡饼干。

12. 罐头:包括畜禽水产罐头、果蔬罐头(包括果酱类、果汁类、浓缩果汁类)、其他罐头(坚果类罐头如花生米、核桃仁等罐头;汤类罐头如蘑菇、猪肚汤、牛尾汤等罐头;混合类罐头如豆干猪肉罐头、榨菜肉丝罐头;婴儿食品罐头如肉泥罐头、菜泥罐头;麦面食类罐头如八宝粥、茄汁肉末罐头;调味类罐头如香菇肉酱罐头)。

13. 冷冻饮品:包括冰淇淋、雪糕、雪泥、冰棍、食用冰、甜味冰。

14. 速冻面米食品:面点类如水饺、包子等;米类如汤圆、粽子、八宝饭、玉米棒等;其他类如南瓜饼、春卷、脆皮鲜奶等。

15. 膨化食品:包括焙烤型、油炸型、直接挤压型、花色型4种类型。例如雪米饼、妙脆角、炸薯片、油炸膨化红薯、油炸玉米片、油炸籼米片、虾条、虾球、乐芙球、爆米花、挤压膨化玉米条等。

16. 糖果:包括糖果(口香糖、泡泡糖)、巧克力(黑巧克力、牛奶巧克力、白巧克力)及巧克力制品(如杏仁巧克力、威化巧克力、巧克力豆等)。

17. 葡萄酒及果酒。

18. 啤酒：包括生啤酒、熟啤酒、鲜啤酒、特种啤酒(干啤酒、冰啤酒、低醇啤酒、小麦啤酒、浑浊啤酒)。

19. 黄酒。

20. 酱腌菜：

(1)酱渍菜类，如酱黄瓜、酱什锦菜、酱茄子、酱八宝菜等；

(2)糖醋渍菜，如糖大蒜、糖醋萝卜、蜂蜜蒜米等；

(3)糟渍菜类，如糟黄瓜、贵州独山盐酸菜等；

(4)虾油渍菜类；

(5)糠渍菜类，如米糠萝卜等；

(6)酱油渍菜类，如北京辣菜、榨菜萝卜、面条萝卜等；

(7)清水渍菜类，如东北酸菜等；

(8)盐渍菜类，如泡菜、酸黄瓜、萝卜干、干菜笋、咸香椿芽等；

(9)菜脯类，如安徽糖冰姜、湖北苦瓜脯、糖藕等；

(10)菜酱类，如辣椒酱、番茄酱等。

21. 蛋制品：包括再制蛋(如皮蛋、咸蛋、糟蛋等)；干蛋(如蛋粉、干蛋白、干蛋黄)；冰蛋(冰全蛋、冰蛋黄、冰蛋白)。

22. 水产加工品：

(1)干制水产品，如干海参、虾皮、虾米、干贝、鱿鱼干、干海带、紫菜、烤鱼片、烤虾、虾片等；

(2)盐渍水产品，如盐渍海带、盐渍裙带菜、盐渍海蜇皮、盐渍海蜇头等；

(3)鱼糜制品，如熟制鱼糜灌肠、冻鱼糜制品。

23. 淀粉及淀粉制品：包括原淀粉中的谷、薯、豆类淀粉和淀粉制品(粉丝、粉条、粉皮)。

24. 茶叶：包括绿茶、红茶、乌龙茶、黄茶、白茶、黑茶和经过再加工制成的花茶、袋泡茶、紧压茶。

25. 蜜饯：

(1)蜜饯类，如蜜陈皮、蜜金橘、糖莲子、糖莲藕、糖樱桃、化皮榄、糖冬瓜条等；

(2)凉果类，如陈皮梅、西梅、情人梅、嘉应子、杨梅等；

(3)果脯类，如杏脯、桃脯、梨脯、苹果脯、太平脯、山楂脯、地瓜脯等；

(4)话化类，如化陈皮、九制陈皮、乌梅、甘草杨桃、芒果干(丝)、话梅(话

梅肉、九制话梅、奶油话梅、雪山梅)、话杏(雪梅、杏梅、丁香梅)、话李(相思梅、野乌梅、望梅、柠檬梅)等;

(5)果丹(饼)类,如陈皮丹、百草丹、佳宝丹、金橘丹、猴王丹、山楂片等;

(6)果糕类,如山楂糕、芒果糕、菠萝糕、金糕条、草莓糕等。

26. 炒货食品:

(1)烘炒类,如炒黑瓜子、炒白瓜子、炒葵花子、炒松子、炒山核桃、糖炒栗子、炒榛子、开心果等;

(2)油炸类,油炸青豆、油炸花生米、怪味花生、油炸豆瓣酥、琥珀桃仁等。

27. 可可制品:可可液块、可可脂、可可粉。

28. 焙炒咖啡:焙炒咖啡豆、咖啡粉。

二、食品的营养成分

食品类商品的营养成分又称营养素,一般来说,食物所包含的营养物质可分为六大类:蛋白质、脂肪、糖类、维生素、矿物质和水分。食品的营养成分不仅决定着食品的营养价值,而且与食品的质量和质量变化有着密切的关系,所以食品的营养成分是研究食品质量和储藏的重要内容。

(一)蛋白质

蛋白质是构成生命的基本物质,没有蛋白质就没有生命,因此,蛋白质是一种对健康至关重要的营养物质。我们的皮肤、肌肉、内脏、毛发、韧带、血液等都是以蛋白质为主要成分。食物中蛋白质的功用主要有两个方面:一是维持人体组织的生长、更新和修复,以实现其各种生理功能;二是供给能量。

蛋白质由氨基酸组成,是一种重要的供能物质,同时也能够促进生长发育和新陈代谢。但过量的摄入蛋白质会增加肾脏的负担,因此蛋白质的摄入要根据营养状况、生长发育要求达到供求平衡。通常摄入的蛋白质所产生的热量占总热量的20%左右为宜。

通常人体能直接吸收的是蛋白质水解后的产物——氨基酸分子,这些氨基酸分子在人体再合成人体所需的各种蛋白质。食品中的天然蛋白质中含有20多种氨基酸,其中有8种(婴幼儿是9种)在人体内无法合成或转化，而人体偏偏对它们的需求量较大，这些氨基酸称被为必需氨基酸，只能直接从食物中摄取。如果食物中缺乏这些氨基酸，人体得不到全面的营养，就不能维持正常的生命活动。这 8 种必需氨基酸分别是亮氨酸、异亮氨酸、赖氨酸、蛋氨酸、苯丙氨酸、苏氨酸、色氨酸和缬氨酸（对婴幼儿来讲，组氨酸也是必需的）。

（二）脂肪

人体所需的总能量的 10% ~40% 是由脂肪所提供的，人体内的脂肪是重要的储能物质和组织细胞的结构成分。脂肪又是含热量最高的营养物质，其发热量高，占体积小，是人体内最佳的储能物质。从饮食中摄入的超出人体需求量的糖类和蛋白质会转化为脂肪物质储备起来。

脂肪是复杂的有机化合物，基本构成物质与糖类相似，即由碳、氢、氧三种元素所组成，脂肪需分解为脂肪酸才能被人体吸收。在脂肪酸中，有一些不饱和脂肪酸是人体所必需的，且人体内不能合成，要直接取之于食物，这类脂肪酸称为必需脂肪酸。这些必需脂肪酸包括亚油酸、亚麻酸、花生四烯酸。膳食中增加含脂肪酸的植物油，能起到防止动脉硬化等保健作用。脂肪还是有助于人体获得脂溶性维生素的重要营养物质。

脂肪是人体能量的储备形式，其更多的营养价值在于它是机体代谢所需能量储存运输的主要方式，与糖类所提供营养的区别主要体现在被利用的快慢上。没有人身上会有许多糖类物质作为能量储存，反而如果血糖浓度过高还是一种病症——糖尿病，而几乎所有人都会有多余的脂肪组织，在需要的时候，这些脂肪可以被利用来“燃烧”产生人体所需能量。

但是过多食用高脂肪食品，往往会引起各种疾病，如脂肪肝、肥胖症等。西方人的饮食结构比较单一，多是高脂肪的食品（烤肉、汉堡等），所以相对肥胖的人要比中国多，从而各种所谓“富贵病”的发病率也往往高于中国。

（三）糖类

糖类又称碳水化合物，是构成人体的重要成分之一。根据其分子结构复杂程度的不同，糖类可分为单糖、双糖和多糖三类。其中不能再被水解的简单糖类叫单糖，如葡萄糖、果糖、半乳糖；由两个单糖分子缩合而成的糖叫双糖，如蔗糖、麦芽糖、乳糖；由许多单糖分子缩合而成的糖称为多糖，如淀粉、糖原、纤维素、半纤维素及果胶质等。糖类是最经济的供能物质，发热量与蛋白质相近，普遍存在于自然界中，很容易获取。摄入的双糖和多糖，在体内经过酶的催化，水解成单糖后再被吸收。只有多糖中的纤维素和半纤维素不能被人体消化，但仍有特殊的保健作用。

平常我们吃的主食如馒头、米饭、面包等都含有糖类物质。白糖、红糖属于糖类物质，水果中也含有很多的糖类。糖类的主要功能是为人体的生命活动供给能量，人体所需能量的70%以上是由糖类氧化分解提供的。

（四）维生素

维生素是人和动物维持生命和生长必需的一类低分子有机化合物。它们虽不能供给人体热量，在生理上的需要量也极微，但它们对人体内营养成分的消化吸收、能量的转换及其他正常的生理活动，都具有十分重要的功能。因此，人体的生长、发育以及生命活动都离不开维生素。而大部分维生素人体自身不能合成，所以必须从食物中摄入。若饮食中某种维生素长期不足或缺乏，会对人体造成不同程度的危害，引起各种维生素缺乏症。因此，维生素的作用是其他营养物质不能也不可取代的。

目前，已经发现的维生素有30多种，对于其化学组成、结构已经有了深入的了解，并且能够以人工的方法合成。按照溶解性，维生素可分为脂溶性维生素和水溶性维生素两大类。

1. 脂溶性维生素

脂溶性维生素只溶于脂肪中，不溶于水，与机体代谢有关，包括维生素A、维生素D、维生素E、维生素K等。

(1)维生素A，又称抗干眼病维生素或视黄醇。其主要功能是保证正常视力，防止视力减退和夜盲症；预防表皮细胞角化，增加对传染病的抵抗能力，促进生长发育。缺乏维生素A容易引起上皮组织细胞萎缩，进一步角质化；容易引起眼角膜炎及夜盲症等疾病。其主要存在于动物的肝脏、蛋黄及乳品中。

(2)维生素D，又称抗佝偻病维生素。其主要的生理功能是提高肌体对钙、磷的吸收；有助于牙齿和骨骼的形成。如果人体缺乏维生素D，儿童易患佝偻病，成年人易患骨质疏松症等疾病。其主要存在于动物性食品中，如动物肝脏、蛋黄中较多，尤其以海产鱼肝油中含量最为丰富。

(3)维生素E，又称生育酚。其主要生理功能是促进生育能力，预防不育症;对抗衰老和预防动脉硬化有显著作用。维生素 E 广泛分布于动植物食品中,尤其是各种植物油,如小麦胚油、棉籽油、花生油、玉米油等都富含维生素 E;此外,肉、鱼、禽、蛋、乳、豆类、水果及几乎所有的绿色蔬菜中均含有维生素 E。

(4)维生素 K,又称止血维生素。其主要功能是有助于血液中凝血因子的形成,参与凝血作用。维生素 K 缺乏时,人体组织受创伤后血液不易凝固。

2. 水溶性维生素

水溶性维生素在水中溶解,易在烹饪加工中流失,主要包括 B 族维生素即维生素 B_1、维生素 B_2、维生素 B_5、维生素 B_6、维生素 B_{11}、维生素 B_{12}及维生素 C。

(1)维生素 B_1,又称硫胺素。是人体充分利用碳水化合物所必需的物质。维生素 B_1最主要的功能是预防及治疗神经炎和脚气病,以及促进儿童发育和增进食欲。缺乏维生素 B_1会引起心脏扩张,心跳减慢,体重减轻,生长迟缓。维生素 B_1主要存在于大豆、花生、豌豆以及动物内脏、瘦肉中,尤其在酵母中含量丰富。

(2)维生素 B_2,又称核黄素。是脱氢酶的主要成分,由于呈橙黄色而得名。维生素 B_2是活细胞进行氧化反应所必需的物质,对促进生长、维持人体健康有益。缺乏维生素 B_2易患口腔溃疡、舌炎、脂溢性皮炎、角膜炎等疾病,还容易引起白内障。维生素 B_2主要存在于动物内脏、乳品和蛋黄中。

(3)维生素 B_6,又称吡哆醇或抗皮炎维生素。其主要功能是参与人体内多种代谢过程。缺乏维生素 B_6会导致皮肤发炎,口、舌生疮,严重时会损害中枢神经和造血机构。维生素 B_6分布广泛,在动物的肝脏、肌肉、水产品、蛋黄、豆制品及谷物中都有存在。

(4)维生素 B_{12}。因其有钴参与,又称为钴胺素或钴维生素。它是人体内核酸以及红细胞合成的必需物质,可以预防恶性贫血。缺乏维生素 B_{12}会引起贫血、脊髓变性、神经退化等疾病。维生素 B_{12}在动物性食品中大量存在,如动物的肝脏、蛋及乳等食物中含量较高。

(5)维生素 C,又称抗坏血酸。其具有促进细胞间质形成,保护微血管以及预防坏血病的功能。缺乏维生素 C 易使血管脆化、破裂导致坏血病,同时降低人体对疾病的抵抗能力。在新鲜的蔬菜、水果中含有大量的维生素

C,特别是在深色蔬菜中含量较高;一些野生的植物果实,如刺梨、沙棘等,维生素 C 的含量也较高。

在目前已知的维生素中,除某些 B 族维生素和维生素 K 能在体内合成外,大多数维生素必须由食品中摄取。我国传统的膳食以谷物和蔬菜为主,动物食品摄入较少,故容易引起维生素 A、维生素 D、维生素 B_2 的缺乏。此外,食物中的维生素在食品储存、加工、烹调过程中要损失一部分,长期食用不新鲜的食物或加工烹调方法不当也是造成人体缺乏维生素的重要原因之一。因此,日常生活中人们应从各个方面努力,确保摄入各类和数量充足的维生素。

(五)矿物质

矿物质又称无机盐,食品经高温煅烧而残留的灰分中所含的各种元素,均称为矿物质。矿物质也是人体所需营养素之一。

食品中的矿物元素按其在人体组织中所占份额的多少分为常量元素、微量元素和超微量元素。含量在 0.01% 以上的矿物元素称常量元素,如钙、镁、钾、钠、磷、氯、硫等;含量低于 0.01% 的矿物元素称为微量元素,如铁、碘、氟、铜、锌、锰等;含量在微克数量级的矿物元素为超微量元素,如铅、汞、镭等。

矿物质也可从营养学角度出发,分为必需元素、非必需元素和有毒元素。目前已知的必需元素是铁、锌、铜、碘、锰、钼、钴、铬、镍、硒、硅、氟、钙、锡 14 种。

常量元素人体需要得最多;某些微量元素和超微量元素,虽为人体生理所必须,但超过一定量却有害于健康。矿物质是调节人体生理功能和维持体内酸碱平衡的成分之一。矿物质在人体内含量并不多,占人体重量的 4% ~5% ,但对人体有重要作用。

在水果、蔬菜和谷物中都含有重要的矿物质;矿泉水中矿物质的含量也非常丰富,我们平时的饮用水中也溶有矿物质。人类的一些疾病与各种矿物质的不足有关,例如,有一种贫血就是因为病人体内铁的含量不足而引起的;骨折病人需要多吃含钙的食物,因为骨骼的生长需要钙;有些儿童发育迟缓,智力发展也比同龄孩子慢,这是因为他们对锌的摄入不足;长期缺碘会引发甲状腺肿大等病症,在食盐中加入碘能预防这类疾病。

但近些年来环境污染使动植物食品中某些元素的含量远远超出人体发

育和生理活动的需要量，使食品中含有一些有害物质。因此，要保证人们身体健康就必须保护环境，严格控制食品中某些物质的含量。

（六）水分

水存在于很多食物中，不仅对食品的营养、风味产生很大影响，同时也是很多食品质量的重要指标以及影响其质量发生变化的重要条件。同时，水是维持人体生命的最重要物质之一，水对人体无直接营养，但人的一切生理活动均离不开水。普通成年人人体的水分含量占其体重的55% ~65%，这些水分分布在人体的各组织器官中。人体中如果损失了20%的水分，便无法维持生命。

1. 食品中的水分

各种食品都有其特定的水分含量，因此才显示出它们各自的色、香、味、形等特征。水对食品的新鲜度、硬度、流动性、成味性、保藏性、加工等方面均有重要影响，水也是微生物繁殖的因素。水的溶解力强，大多数有机物均能溶于水中，即使不能溶于水的物质（如脂肪等）也能在适当条件下分散在水中。

2. 食品中水的存在形态

食品中水的存在形态有两种：结合水（束缚水）和自由水（游离水）。由于自由水能给食物中的微生物繁殖提供合适的环境，因而为防止食物的腐败，延长保存期，就要设法减少食品中自由水的含量，以获得良好的保存效果。

三、食品卫生

据世界卫生组织（WTO）的定义：食品卫生是指食品从生长、加工、储存、运输、销售、烹调到最后食用每一个环节均能保持良好完整。作为人类天然的食品，其本身一般不含有或很少含有对人有害的成分，不会对人体造成危害。但从种植、养殖到收获，从生产加工、储运销售到烹调食用的每一个环节都可能出现有害物质的污染，进而造成食品的安全卫生问题。

研究食品卫生的目的是研究食品中存在的、威胁人体健康的有害因素的种类、来源、性质、作用、含量水平和控制措施，以提高食品安全性，预防食源性疾病，保护食用者健康。食品中有毒有害的物质，有的来源于食品本身，有的来源于各种污染。

（一）食品自身产生的毒素

有些天然食品本身就含有毒素，如河豚鱼的肝、血、卵等含有河豚毒素；苦杏仁、木薯块根中含有氰苷类毒素；土豆发芽后会产生龙葵素；死亡后的鳝鱼、鳖、河蟹的体内含有组胺毒素等，故食用时一定要加以注意。

（二）食品的各种污染

污染食品的有害物质按其性质大体上可分为生物性污染、化学性污染及放射性污染三种。

1. 生物性污染

食品的生物性污染是指食品在生产、运输、贮藏、销售等各个环节中，受到致病微生物和寄生虫、卵的污染。污染食品的微生物主要是细菌及其毒素、霉菌及其毒素。微生物污染食品后，在适宜的条件下大量繁殖，使食品产生一系列复杂的变化，降低或失去食用价值。某些微生物还可能产生各种危害人体健康的代谢产物即毒素，导致人体患上各种疾病，严重时导致人体死亡。如黄曲霉毒素就是一种常见的霉菌代谢产物，它的毒性极大，会破坏人体肝脏的功能，诱发各种癌症，是人类的大敌。

防止食品生物性污染，主要是加强食品的卫生管理和监督，提高食品卫生的科学管理水平，创造一个适宜的食品贮藏环境。

2. 化学性污染

化学性污染是指食品在生产、加工、运输、贮藏、销售等各个环节中被某些化学有害物质污染。主要有以下几种：

(1)农药污染。适当的使用农药是消灭农作物的病虫害和杂草、保证农产品丰收的一项重要措施。但是，广泛过量地使用农药、化肥、杀虫剂、除草剂、动植物生长剂等，致使一些有害成分进入食品中，对食品造成污染。目前，对人体危害最大的农药为有机氯农药，尽管许多国家已停止使用这类农药，但因其不易分解、残效期长而在土壤和人体中积累，故仍可能污染食品。为了防止农药对食品的污染，国家对农药使用的种类和用量都有严格的限制，有效地控制了食品的污染。

(2)重金属污染。重金属是污染食品的又一途径，重金属主要是工业生产中不适当地排出的废气、废水和废渣即工业的“三废”，对人体危害较大的重金属有汞、镉、砷、铅等。重金属进入人体后，与蛋白质结合形成不溶性盐，使蛋白质变性，使人体出现各种中毒症状。

(3)添加剂污染。食品添加剂是为改善食品品质和色、香、味，以及为防腐或因加工工艺的需要而加入食品中的化学或天然物质。

由于添加剂多为化学物质，这些物质不一定具有营养价值，对添加剂使用不当或采用不合乎卫生要求的食品添加剂会使有害物质进入食品中，如长期大量摄入，可能会产生一定的毒害作用。如防腐剂苯甲酸可引起过敏性哮喘；发色剂亚硝酸盐可与蛋白质代谢的中间产物仲胺生成亚硝胺，亚硝胺是一种强致癌物。

食品中的添加剂主要有防腐剂、抗氧化剂、发色剂、漂白剂、凝固剂、疏松剂、着色剂、香精等。食品添加剂分为天然与人工合成两种。对于食品添加剂允许使用的种类，我国有严格的国家标准。

3. 放射性污染

放射性污染的主要来源有两种：①来自宇宙射线和地壳中的放射性物质，即天然的放射性物质；②来自核试验及利用原子能时产生的放射性物质，即人为的污染。

对食品中可能存在的有害因素的控制措施，主要是依照道德规范、法律规范和技术规范在全社会开展食品卫生工作，如政府设立机构，依法进行食品卫生监督检验；制定食品卫生标准和管理办法等；向群众和食品生产经营人员宣传卫生知识，自觉遵守卫生法规、卫生标准，抵制不卫生的行为。

第二节 酒类商品

凡是含有酒精成分的饮料都称为酒。我国是酒的故乡，也是酒文化的发源地，是世界上酿酒最早的国家之一。酒的酿造，在我国已有相当悠久的历史。在中国数千年的文明发展史中，酒与文化的发展基本上同步进行。中国制酒源远流长，品种繁多，名酒荟萃，享誉中外。酒类商品也是广大人民群众长期以来习惯性的消费品。适量饮酒，有兴奋神经、舒筋活血、祛湿御寒等作用。许多低度酒，如黄酒、啤酒、果酒等还能够给人们提供一定的营养素，有益于身体健康。在酒中加入药材的药酒，有一定治疗和强壮身体的作用。因此每逢节假日，家人团聚、宴请宾客，人们都喜欢饮酒助兴。但长期过量地饮用高浓度的酒，对人的身体健康是有害的。

一、酒的分类

酒的分类方法很多，常用的分类方法有以下几种：

（一）按制作工艺分类

(1)蒸馏酒。蒸馏酒指原料发酵后，用蒸馏的方法使酒糟和酒液分离而制得的酒。这类酒的酒精含量较高，其固形物含量极少，刺激性较强。如白酒、伏尔加、白兰地酒等均属此类。

(2)发酵原酒，又称压榨酒或酿造酒。指原料发酵后再用压榨或过滤的方法直接使酒糟和酒液分离得到的酒。其酒精含量低，且保留了原料的风味和营养，刺激性小。多数低度酒如黄酒、啤酒、葡萄酒、果酒等都是发酵原酒。

(3)配制酒，配制酒指用成品酒或食用酒精为酒基。以糖料、香料、药材等为配料，按一定工艺制成的酒。这类酒含有糖分、色素和不同含量的固形物，其酒精含量因品种不同而有区别，一般中度居多。各种露酒、药酒等都属于配制酒。

（二）按酒精含量分类

(1)高度酒。酒精含量在40%以上的酒类，如各种白酒、白兰地等。

(2)中度酒。酒精含量在20% ~40%的酒类，如各种露酒和药酒。

(3)低度酒。酒精含量在20%以下的酒类，如黄酒、啤酒、葡萄酒、果酒等各种发酵酒。

（三）按商业经营习惯分类

按商业经营习惯，酒可分为白酒、啤酒、黄酒、葡萄酒、果酒、露酒等。其中，葡萄酒、果酒、露酒统称为色酒。

二、白酒

以含糖或含淀粉的物质为原料，经过糖化、发酵、蒸馏等工艺而制成的一种无色、透明的酒称为白酒,是我国传统的饮用酒。白酒的酒精含量较高,易挥发燃烧,渗透力和刺激性强,不易变质。白酒是中国特有的一种蒸馏酒,品种繁多。由于所用原料、糖化剂以及发酵工艺的不同,酒的风味和质量差别很大。

(一)白酒的原料

酿造白酒的原料包括含淀粉或糖分的原料、辅料、酒曲、酒母、水等。

1. 含淀粉或糖分的原料

凡是含有淀粉或糖分的粮谷或农副产品以及无毒无异味的野生原料均可酿酒,主要有谷物如高粱、大米、玉米、大麦等;薯类如白薯、马铃薯、木薯等;农副产品原料如米糠、高粱糠等和野生植物原料如橡子等。

2. 辅料

采用固体法发酵时,在配料中必须加入一定量的辅料,用来调整淀粉浓度,以利于糖化发酵。辅料能为发酵和蒸酒创造适宜的条件,辅料的种类较多,主要有稻壳、谷壳、花生壳和玉米芯等。

3. 酒曲

酒曲是淀粉原料的糖化剂。酒曲中存在的糖化菌能把淀粉水解为单糖,同时有一定的发酵作用。不同的酒曲不仅关系到淀粉原料的出酒率,而且对白酒的质量和风味均起着重要的作用。酿造白酒的酒曲种类主要有大曲、小曲和麸曲等。

4. 酒母

纯种酵母经扩大培养后,含有大量酵母菌的培育液称为酒母。酒母是酿酒中的发酵剂,其主要作用是使可发酵糖变成酒精和二氧化碳。用于酿造白酒的酒母应选择发酵力较强的菌种。

5. 水

水是酒中的主要成分之一,水质的好坏直接影响到产品的质量和风味,如水的pH值、水质洁净与否将影响糖化和发酵。因此,酿造白酒所用的水应该是无色透明、无异味、无杂质的,水的硬度适宜并应符合饮用水的正常要求。

（二）白酒的主要成分

白酒中的主要成分是酒精和水，二者约占总量的98%以上。此外还含有少量的其他成分，如醛类、酸类、高级醇及酯类等，这些成分占到总量的1%～2%，但酒的质量及风味却与这些成分的含量和比例有着密切的关系。另外，对于白酒中含有的某些对人体有害的成分，国家食品卫生标准中有限量规定。

1. 酒精

酒精为无色透明液体，有独特的辛辣气味，具有较强的刺激性。酒精是衡量白酒酒度高低的标志，白酒的酒度是用20℃时酒精容量百分比来表示的，如100毫升白酒中含酒精40毫升，则其酒度为40度。白酒中酒精含量的增加不仅会引起刺激性的增加，而且还会有灼烧的感觉，对人体健康也不利，所以不能以酒度高低来评价白酒的质量。我国北方白酒酒度偏高，国外蒸馏酒的酒度均不超过45度。

2. 总酸

白酒中各种酸的总称。白酒中的有机酸主要是指醋酸、丁酸、己酸和少量乳酸，有机酸含量对白酒的风味影响较大，白酒中还存在有一些低分子脂肪酸。它们随水蒸气蒸馏进入白酒中，具有刺激性。随着分子量增加刺激性降低，对白酒中主香气体起烘托作用，使主香气突出，是构成白酒“后味”的重要成分之一。白酒中含有少量的酸可以提高酒的风味。酒中酸含量少酒味淡薄，但含酸过多又会使白酒刺激性增加，风味变劣，产生酸涩味，口感粗糙。因此，白酒中总酸含量应控制在一定的范围内。

3. 总酯

总酯是白酒中各种酯类的总称。白酒中所含有的各种酯类主要是乙酸乙酯、己酸乙酯、乳酸乙酯和丁酸乙酯。在储酒过程中，酒中的有机酸与醇作用形成酯，由于白酒中存在的有机酸和醇的种类不同，因此形成的酯也不同，不同的酯具有各自的香气特点。酯是决定白酒香型的主要成分，而在发酵后期形成的酯较多，因此发酵时间长的白酒比较芳香。

4. 总醛

总醛是白酒中各种醛类的总称，白酒中的醛类包括乙醛、乙缩醛、丙烯醛及糖醛。醛类不仅具有强烈的刺激性和辛辣味，而且对人体健康有害。白酒中所含的醛主要是乙醛，乙醛沸点低，蒸馏时酒头中含量较多，新蒸出的白酒含醛较多，但白酒经储存后，乙醛会因挥发而减少。一般白酒中醛类的含量不超过 0.01 克/100 毫升。

5. 高级醇

高级醇是各种高分子醇的混合物，白酒中存在的高级醇主要是异戊醇、异丁醇、正丙醇和少量的其他高级醇。白酒的甜味主要来源于高级醇，优质白酒中高级醇有几十种。少量的高级醇能赋予白酒较浓的香气，但酒中高级醇含量高时，会使酒产生苦涩味，饮后上头，因为高级醇可引起中枢神经麻醉，有害人体健康，所以称它为“酗酒之本”。因此我国对白酒中的高级醇的含量有限制，按国家食品卫生标准规定，白酒中高级醇的总量不得超过 0.15 克/100 毫升。

（三）白酒的香型

我国的白酒由于酿造原料、工艺、设备不同，形成了不同的香气特点，因此根据不同的香型特点可将白酒划分为以下五种不同的类型：

1. 酱香型

其风味特点是酱香突出，幽雅细致，酒体醇厚，回味悠长。酱香型白酒略有焦香，饮后空杯的香气经久不散。酱香的主体香气成分比较复杂，我国酱香型白酒种类不多，典型代表为贵州茅台酒。

2. 浓香型

其风味特点是窖香浓郁，香味协调，回味悠久，可以概括为“香、甜、浓、净”四个字。其主体香气成分是乙酸乙酯和适量的丁酸乙酯。浓香型白酒种类很多，如泸州老窖、五粮液、洋河大曲、古井贡酒、剑南春等。

3. 清香型

其风味特点是清香纯正，口味协调，微甜绵长，余味爽净。该类酒的主要香气成分是乙酸乙酯和乳酸乙酯相互搭配协调。典型代表是山西杏花村汾酒。

4. 米香型

其风味特点是米香清雅纯正，入口柔绵，回味怡畅。其主体香气成分以乳酸乙酯为主,乙酸乙酯稍低。小曲酒多属米香型,代表品种有广西桂林三花酒、湖南浏阳河小曲等。

5. 兼香型

兼香型又称复香型、混合香型。其特点是闻香、口香和回味香各有不同香气,具有一酒多香的风格。这是一类兼有两种以上香型的白酒,如贵州遵义的董酒、陕西凤翔的西凤酒。

(四)白酒质量的感官鉴定

白酒的质量鉴定包括感官鉴定和理化、卫生指标鉴定。

1. 感官鉴定

对白酒进行感官鉴定,要求鉴定人员是训练有素的专业人员。白酒的感官质量指标包括色泽、香气和滋味。

(1)色泽。白酒的正常色泽应是无色透明、无悬浮物和沉淀物的液体。将白酒注入杯中,杯壁上不得出现环状不溶物。将酒瓶倒置,在光线中观察酒体,不得有悬浮物、浑浊和沉淀。发酵较长、贮藏期较长的优质白酒,如酒液略带微黄是允许的。冬季如白酒中有沉淀可用水浴加热到30℃ ~40℃,如沉淀消失为正常。

(2)香气。在对白酒的香气进行感官鉴别时,最好使用大肚小口的玻璃杯,将白酒注入杯中稍加摇晃,即刻用鼻子在杯口附近仔细嗅闻其香气。或倒几滴酒在手掌上,稍搓几下,再嗅手掌,即可鉴别香气的浓淡程度与香型是否正常。

白酒的香气可分为溢香、喷香和留香三种:①溢香即酒的芳香或芳香成分溢散在杯口附近的空气中,用嗅觉即可直接辨别香气的浓度及特点;②喷香即酒液饮入口中,香气充满口腔;③留香即酒已咽下,而口中仍持续留有酒香气。一般的白酒都应具有一定的溢香,而很少有喷香或留香。白酒不应该有异味,诸如焦煳味、腐臭味、酒糟味等不良气味。名酒中的五粮液就是以喷香著称的,而茅台酒则是以留香而闻名。

(3)滋味。白酒的滋味应有浓厚、淡薄、绵软、辛辣和纯净之别,酒咽下后,又有回甜、苦辣之分。白酒的滋味评价以醇厚、无异味、无强烈刺激性为上品。感官鉴别白酒的滋味时,饮入口中的白酒,应于舌头及喉部细细品尝,以识别酒味的醇厚程度和滋味的优劣。白酒的滋味与其香气是协调一致的，香气较好的，滋味也较好。优质酒要求滋味醇厚、味长、回甜，有愉快舒适的感觉。

2. 理化、卫生指标鉴定

白酒的理化指标有酒精度、总酸、固形物等含量指标；卫生指标有甲醇、铅等限制性指标。

通过理化指标的测定，能够了解白酒的大概组成情况，特别是其中对人体有毒害的成分，但是却不能全面地反映出白酒的色、香、味等情况。因此要将感官鉴定与理化、卫生指标鉴定结合起来做出综合性的评价，全面地评价白酒的质量。

三、啤酒

啤酒是以大麦、酒花和水为主要原料，经糖化、发酵而酿造成的含有低度酒精和二氧化碳的发酵原酒。啤酒具有独特的苦味和香味；营养成分丰富，含有各种人体所需的氨基酸、维生素和矿物质等；其发热量大，易消化吸收。啤酒在世界营养食品会议上被列入营养食品行列，有“液体面包”之称，是一种对人体有益的低度酒。

（一）啤酒原料

啤酒的原料主要有大麦、酒花、啤酒酵母、水及辅助原料。啤酒采用大麦作为原料，一方面取其淀粉和蛋白质成分，另一方面使大麦发芽，取其淀粉酶作为糖化剂。酒花是一种植物，给啤酒以特殊的香气和爽口的苦味，促进麦汁的澄清，提高啤酒的稳定性，增加啤酒的泡沫持久性。用于酿造啤酒的酵母要求是纯种培养的耐低温酵母。酿造啤酒要求用深井水，且水的硬度不宜大，水质的好坏会影响啤酒的色泽、风味和稳定性。常用的辅料有碎大米和去胚的碎玉米，加入辅料主要是为了节省大麦芽，有利于降低成本和提高啤酒的质量。

（二）啤酒的成分

啤酒中的水分含量占到了90%左右，此外，还有少数其他成分。这些成分与啤酒的保存期及口味有密切关系，这些成分主要包括：

1. 酒精

酒精含量是表示啤酒度数的一种方法,啤酒酒精含量的高低与啤酒的保存期有一定关系。酒精含量由麦芽汁浓度和发酵度决定,通常麦芽汁浓度高和发酵度强的啤酒,酒精含量较高,稳定性较好,保存期较长。啤酒的酒精含量通常为3%~5%。

2. 二氧化碳

啤酒中的二氧化碳是啤酒质量的重要特征,也是啤酒产生热量的主要来源。啤酒中的二氧化碳是在发酵期间积聚而溶解在酒液中的,可降低啤酒的 pH 值,使口味柔和并且具有清凉爽口的风味。二氧化碳还可防止杂菌污染。若缺少二氧化碳,啤酒喝到口里感到平淡无味。当然,啤酒中的二氧化碳含量也不易过高,通常要求其含量在3%略高一点。

3. 浸出物

啤酒中的浸出物主要是指糖分、蛋白质、矿物质等,多为营养性物质,其含量多少与啤酒口味的醇厚、泡沫的持久性有关。

(三)啤酒的分类

1. 按麦芽汁浓度分类

低浓度啤酒:麦芽汁浓度在6~8度(巴林糖度计),酒精含量为2%左右,属于营养型啤酒。夏季可做清凉饮料。缺点是稳定性差,保存时间较短。

中浓度啤酒:麦芽汁浓度在10~12度,以12度啤酒最为普遍,酒精含量在3.5%左右,是我国啤酒生产的主要品种。

高浓度啤酒:麦芽汁浓度在14~20度,酒精含量为4%~5%。这种啤酒生产周期长,含固形物较多,稳定性好,适于储存和远途运输。很多高级啤酒和黑啤酒属于这一类。

2. 按啤酒色泽分类

黄啤酒:又称浅色啤酒,呈浅黄色。因用短麦芽作为原料,口味较鲜爽,是啤酒中最主要的品种。

黑啤酒:又称深色啤酒,呈咖啡色而有光泽,是用焦香麦芽为原料,麦汁浓度较高,固形物含量高,口味比较醇厚。黑啤酒在我国消费尚不普遍。

3. 按工艺中是否杀菌分类

鲜啤酒：又称生啤酒，在生产中未经过杀菌的啤酒。这种啤酒味道鲜美，营养价值高；但稳定性差，容易变质。保质期为 7 天左右，多为夏季桶装啤酒。

熟啤酒：装瓶后经过巴氏杀菌的啤酒。巴氏杀菌可以防止酵母发酵和微生物引起的质量变化，稳定性好，不易发生混浊，易保管。保存期一般为 60 天以上，高档产品可保存半年以上。多用于瓶装和罐装。

（四）啤酒的感官质量鉴别

1. 透明度

要求啤酒酒液透明、有光泽，不能有悬浮的颗粒，更不能有沉淀。啤酒出现不透明现象，则质量不符合要求，不允许供应市场。

2. 色泽

啤酒的色泽取决于麦芽的颜色。啤酒的颜色分浅色和深色两种，浅色啤酒呈淡黄色，深色啤酒呈咖啡色。对不同种类的啤酒颜色都有相应的要求，一般的要求是颜色鲜明、协调，色泽在标准范围之内。一般采用比色法鉴定颜色。

3. 泡沫

酒类中唯有啤酒将泡沫作为一项质量指标。要求啤酒倒入杯中，应立刻有泡沫升起；泡沫应洁白、细腻；起初要盖满酒面，之后缓慢消失，持久地挂杯。

4. 香气和滋味

正常的啤酒应有显著的酒花的香气和麦芽香。黄啤酒要求酒花清香突出，而黑啤酒则要求有明显的麦芽香。啤酒的滋味应具有爽口愉快的感觉，不得有酸味或其他异味。

四、葡萄酒和果酒

（一）葡萄酒和果酒的分类

1. 葡萄酒的分类

葡萄酒的分类有多种，主要有：

(1)按酒的颜色:可分为红葡萄酒和白葡萄酒。

①红葡萄酒是选用红色或紫红色葡萄为原料,采用带皮发酵的方法酿制而成。酒中溶有葡萄的色素,氧化后酒的颜色呈红色或暗红色。红葡萄酒口味浓郁醇和,酸度适中,香气芬芳。

②白葡萄酒是选用黄绿色葡萄或用红皮白肉的葡萄为原料,采用皮肉分离的方法发酵酿制而成。发酵后,酒的色泽多为黄色、淡黄色或金黄色。酒液澄清透明,口味纯正,酸甜爽口。

(2)按酒中含糖量:可分为干葡萄酒、半干葡萄酒、半甜葡萄酒及甜葡萄酒。

①干葡萄酒:葡萄中糖分经发酵后,大部分成为了酒精。干葡萄酒每升含糖量为4克以下,在口中无甜味,只有酸味和清怡爽口的感觉,有明显的葡萄果香。在欧洲,干葡萄酒是销量很大的佐餐酒,消费量大。我国消费者不习惯饮用。

②半干葡萄酒:每升含糖量为4~12克,酒香浓郁,微酸爽口。

③半甜葡萄酒:每升含糖量为12~50克,口味略甜,醇厚爽顺。

④甜葡萄酒:酒中糖分含量高,每升含糖量在50克以上时,酒有明显甜味,较符合我国消费者的饮酒习惯。

(3)按酒中葡萄酒原汁含量:可分为全汁葡萄酒和半汁葡萄酒。

①全汁葡萄酒:用百分之百的葡萄原汁酿造而成的葡萄酒。高档葡萄酒一般均为全汁酒。酒的酿制工艺也相对复杂。

②半汁葡萄酒:当葡萄原汁含量在50%以下的为中档酒,在30%以下的为低档酒。这类酒酿造过程中要加入砂糖、酒精等,故口味欠佳,营养价值偏低。

2. 果酒的分类

果酒是指以葡萄以外的其他水果或野生果实为原料酿造的酒,酿造方法与葡萄酒基本相似。此类酒的命名,以果实名称而定。我国的果酒都属于甜酒型,主要有山楂酒、橘子酒、苹果酒、海棠酒、草莓酒、杨梅酒、猕猴桃酒、石榴酒及桑葚酒等。

(二)葡萄酒和果酒的质量评价

1. 感官指标

(1)外观

①色泽。葡萄酒和果酒因种类不同而色泽不同,且应具有与天然果实

相近的色泽。红葡萄酒呈紫红色、宝石红、砖红色等。白葡萄酒、苹果酒应呈黄色、浅黄色、金黄色等。

②透明度。透明度是反映酒质是否正常的一项指标。优质葡萄酒应澄清透明、有光泽、不混浊、无沉淀。

(2)香气

葡萄酒中香气主要是果香和酒香,应具有葡萄本身特有的果香和浓郁的酒香。果香是形成各种酒风味的重要因素,酒香是在酿造中产生的香气。构成酒香的成分不仅有酯类,而且还包括酚类、酸类、酮类等。酒香越丰满持久,酒质越佳。

(3)滋味

滋味是决定葡萄酒质量的重要指标。优质葡萄酒酒味香甜、爽口、醇厚、软润,不得过酸、过苦、过涩。

2. 理化指标

(1)酒精度

葡萄酒属于低度酒,一般酒精含量为10% ~14%。

(2)酸度

酒中含有挥发酸和不挥发酸,两者之和为总酸。以葡萄酒为例,一般总酸为0.4% ~0.6%(以酒石酸计)。

(3)糖分

葡萄酒的糖分含量一般为9% ~18%,最高可达20%。

(三)葡萄酒和果酒的储存

保管场所应空气流通,清洁卫生,避光光线照射。库房温度应在8℃ ~25℃。温度过高,会加速酒中胶粒碰撞,易形成混浊;温度过低,酒中大分子聚集产生沉淀。温度低于0℃,酒精含量低的酒会出现结冰现象,破坏酒液的稳定性,易出现混浊和沉淀。葡萄酒和果酒运输时,如温度过高或过低易使酒质变化,所以应有防护措施。相对湿度应保持在70% ~75%以下,不应与有异味商品共同储存,同时还应轻装轻卸,防止破损。

第三节　茶叶类商品

茶叶、咖啡、可可是世界性的三大饮料。而茶叶作为饮料，历史最悠久、饮用地区最广、产量最大，远远超过咖啡和可可。我国产茶历史悠久，产茶地区分布广阔，品种繁多。中国是文明古国，礼仪之邦，很重礼节，凡来了客人，沏茶、敬茶的礼仪是必不可少的。近年来，除生产传统的名茶之外，还根据市场需要生产速溶茶、袋泡茶等，很受国内外消费者的欢迎。

一、茶叶的分类

茶叶经过不同加工方法，可以制成具有各种色、香、味、形和独特风格的成品茶。根据加工方式的不同，我国通常将茶叶分为绿茶、红茶、乌龙茶、花茶和紧压茶五大类。其代表性品种和特点有以下几种：

（一）绿茶

绿茶是不发酵茶，鲜叶经过杀青，酶被破坏，防止了茶多酚的氧化，保持了鲜叶的绿色。杀青，即在绿茶初制时采取高温处理，制止酶对茶多酚的氧化，从而达到绿茶色绿汤青的品质要求。绿茶色绿汤青，滋味清鲜，香气浓郁，即有“干绿、汤绿、叶底绿”的“三绿”特点，其产销量在我国均占首位。按照干燥方法的不同，绿茶分为炒青、烘青和晒青三类：

1. 炒青绿茶

干燥时用铁锅炒制的茶，称为炒青绿茶。其特点是茶叶条索紧结，水色和叶底翠绿，滋味醇厚，耐冲泡。由于炒法不同，炒青绿茶又可分为圆炒青绿茶、扁炒青绿茶及长炒青绿茶等。圆炒青绿茶外形呈圆形颗粒状，如珠茶等。扁炒青绿茶外形扁平光滑，如龙井、旗枪、大方等名品，其中龙井就以“色绿、香郁，味甘、形美”著称。长炒青绿茶是长条形的炒青绿茶，是我国主要的出口绿茶，主要有碧螺春等名品。

2. 烘青绿茶

烘青绿茶干燥方式是采用烘笼或烘干机，而不是直接接触铁锅。烘青绿茶既有成品茶,也是供窨制花茶的原料茶。烘青绿茶外形较为舒展,色泽翠绿油润;汤色黄绿明亮,香气清纯;叶底细嫩。著名品种有黄山毛峰、六安瓜片、信阳毛尖、君山银针等,主产于安徽、湖南、河南等地。

3. 晒青绿茶

晒青绿茶是利用日光干燥的一类绿茶,其品质不及炒青和烘青,一般香气低,汤色和叶底黄色,多以产地命名。这类茶除在产地销售外,一般多作为紧压茶的原料。主产于云南、湖北、湖南、贵州、广西等地。

(二)红茶

红茶品质特征和绿茶不同,绿茶以保持天然绿色吸引人,而红茶则以红艳而名贵。红茶是一种全发酵茶,是利用茶多酚在酶的作用下氧化变红的原理制作而成。制作中,采用细嫩叶为原料,经完全发酵使绿叶变为红叶,发酵是红茶品质形成的关键。发酵使茶多酚加速了酶促氧化反应,其品质特征是红叶红汤,干茶色泽乌黑油润;冲泡后汤色红艳明亮,香气浓烈,滋味醇厚。根据制法与品质的差异,红茶分为功夫红茶、小种红茶及碎红茶三类。

1. 功夫红茶

功夫红茶是我国特有的传统产品。在制作过程中做工精细,很讲究茶的形状和色、香、味,特别要求紧卷、完整、匀称、洁净。其成品特点是外形紧结,色泽乌润,香气浓烈;汤色红艳明亮,滋味甘醇;叶底匀嫩鲜红。多以产地冠名,其中祁红(安徽祁门)、滇红(云南西双版纳)、宜红(湖北宜都)、川红(四川)被称为我国的四大红茶。

2. 小种红茶

小种红茶是福建省的特产。外形比功夫红茶松散粗大,茶条粗实,叶质肥厚,色泽乌黑,汤色红浓,味烈爽口。因烘干时用松木熏制,故成品茶有独特的松木香味,这是小种红茶与功夫茶最明显的区别。小种红茶大多用来外销,加入牛奶和白糖共饮。

3. 碎红茶

碎红茶在加工中经充分揉捻、切碎,然后经过发酵、干燥而制成。其外形整齐一致,色泽红艳明亮,滋味浓厚,具有“强、浓、鲜”的口味特点。由于质地较碎,故一冲即能饮用,且可以将大部分有效成分浸出。红茶在国际市场上最受欢迎,多用于出口。以云南、广东、广西等地所产的大叶种碎红茶质量最好。

(三)乌龙茶

乌龙茶又称青茶,属于半发酵茶,其综合了红茶与绿茶的加工技术制作而成。先取红茶的加工技术,经过摇青,叶与叶相碰互相摩擦,使叶缘细胞破裂,茶汁流出,氧化发酵,发酵到适当程度后取绿茶的加工方式立即杀青,使发酵过程终止。这样,使得茶叶边缘发酵而中心部分不发酵,故而其品质介于红茶、绿茶之间。成品茶的特点既有绿茶的鲜爽也有红茶的甘醇,而且叶底具有绿叶红镶边的特点。经临床医学研究证明,乌龙茶对高血压、高血脂病有显著疗效,同时还具有分解脂肪、减肥健美等功效。

乌龙茶也是我国的特产。主产于福建、广东、台湾三省,以福建的产量最大,品种最多,质量最好。乌龙茶的种类约有40余种,主要品种有安溪铁观音、武夷岩茶等。

(四)花茶

花茶属再制茶,它是在成品茶的基础上,加入鲜花窨制而成。花茶窨制是利用茶叶中含有的高分子的棕榈酸和萜类化合物有较强吸收异味的特性,让茶坯吸收鲜花的香气,茶香和花香混合。茶叶经花窨制后,不仅香气增加,茶叶吸收鲜花的香桂油,有助消化和兴奋作用;并且在泡饮时清香鲜爽、滋味浓厚,既有茶香又有花香,水色清澈明亮,叶底细嫩匀净。花茶的品种很多,都是以鲜花的名称来命名的,如茉莉花茶、玫瑰花茶、桂花茶等。各种花茶具有不同的香气,以茉莉花茶质量最优。不同地区制出的茉莉花茶风味也不同,以苏州的茉莉花茶香清而烈、福州的茉莉花茶香浓而长最著名。

(五)紧压茶

紧压茶一般是用黑茶和红茶的副茶为原料,经蒸茶、装模压制而成的再制茶。紧压茶的命名不一致,有的以形态来命名,有的以产地来命名。主要品种有砖茶、饼茶、方包茶、普洱茶等,其形状以砖形最多。特点是保持原茶的品质,压缩体积,便于携带、运输和储存。

二、茶叶的主要成分

茶叶中含有多种成分,这些成分不仅决定茶叶的质量,还与茶叶的功效有密切联系。其中包括多种有益于人体健康的营养物质,如维生素、矿物质、蛋白质、糖类等;还有与茶叶质量直接相关的成分,主要包括影响色、香、味的多酚类、生物碱、芳香油和色素等。

(一)茶单宁

茶单宁又名茶多酚、茶鞣质,是一种多酚类的混合物。茶单宁不仅和茶叶的色、香、味、质量密切相关,而且茶叶的许多功效也与之有关。它能杀菌消炎,增强人体血管的抗压能力,促进人体维生素的积累。茶单宁容易与高铁盐氧化成蓝、黑色的氧化物,所以泡茶不能用铁壶。

茶单宁略呈酸性,具有收敛性的涩味,在热水中溶解度大,在冷水中溶解度小。茶单宁使茶叶具有特殊味道,以稍带有收敛性而又带有甜味的为最佳,高级茶都是这个特点。

(二)咖啡碱

咖啡碱又名茶素,是茶叶中的主要生物碱,还有少量的可可碱、茶叶碱、黄嘌呤等。咖啡碱对茶叶的色、香、味虽无直接关系,但有生理功效,具有兴奋神经中枢、加快血液循环、消除疲劳、增强心脏、肌肉和肾脏功能的作用。咖啡碱呈白色针状、有光泽的长条状晶体,稍有苦味,微溶于冷水,其溶解度随水温升高而增大。茶汤冷后往往出现乳浊现象,这叫茶叶的“冷浑浊”。幼芽嫩叶咖啡碱含量多,老叶含量少。茶叶采摘越早、越嫩,质量就越好。

(三)芳香油

芳香油是形成茶叶香气的主要物质,是一种很复杂的混合物,包括醇类、醛类、酚类、酮类等,具有挥发性的香气。芳香油在茶叶中含量虽然很少,但它决定茶叶的香气。一般情况下芳香油的含量是嫩叶多于老叶,高山茶多于平地茶,红茶多于绿茶。由于芳香油属易挥发成分,故陈茶的茶香通常较差。

(四)蛋白质和氨基酸

茶叶中含有较多的蛋白质,为17% ~20%(干茶)。除蛋白质外还含有一定量的游离氨基酸(1% ~3%),氨基酸的存在有利于提高茶汤的滋味,使茶汤具有鲜爽味。

(五)糖类

茶叶中含20% ~30%的糖类,有单糖、双糖以及淀粉、纤维素、果胶质等多糖。单糖和双糖能使茶汤具有甜醇味,还有助于提高茶香,可溶性果胶质可以使茶汤具有醇厚感。

(六)色素

色素是构成干茶、茶汤、叶底颜色的主要物质。绿茶的色素物质主要是叶绿素,故茶绿、汤绿、底绿;红茶的色素主要是咖啡碱的氧化产物,即茶黄素和茶红素等,故茶红、汤红、底红。

三、茶叶质量的感官评审

茶叶的鉴定习惯上称为评审,对茶叶质量采用感官评审是目前国内外普遍采用的方法。茶叶质量的感官评审分为外形评审和内质评审两个方面,即鉴别茶叶质量好坏的方法可以通过两个方面,冲泡前对干茶进行识别以及对冲泡后的茶叶进行识别。

(一)茶叶的外形评审

茶叶的外形评审包括外形、嫩度、色泽和净度四项指标,主要反映了原料鲜叶的老嫩程度和制茶工艺是否恰当。

外形的评审方法是将茶叶放入审茶盘中,双手转动审茶盘,由于茶叶的轻重程度不同,形成上、中、下不同层次的茶叶,一般粗大的茶叶多浮于上层,较细小的茶叶或碎末多分布在下层,而中层多为较匀整的茶叶。用这种方法可以检查下脚茶、粗老茶占的比例,观察茶叶外形匀度。

茶叶的老嫩和茶叶条索的松紧有直接关系。嫩质茶叶的条索紧结匀齐,圆直重实;而质地较老的茶叶,条索弯曲松散,粗松细碎。

看茶叶的颜色和光泽,不同品种的茶叶有不同的颜色和光泽。绿茶以色泽翠绿、有光泽为质优,花茶以色泽纯绿、油润为好,而红茶色泽乌润为好。

茶叶的净度是指茶叶中含杂质多少的程度。所谓杂质主要是指梗、末或其他非茶类夹杂物。质量好的茶叶中一般不允许含任何杂质,质量一般的茶叶中不能含有非茶类杂质。

(二)茶叶的内质评审

内质评审包括香气、汤色、滋味和叶底四项指标。

1. 香气评审

闻香时不要把杯盖完全掀开,只需稍稍掀开杯盖,把它接近鼻子,闻后仍旧盖好,放在原位。茶叶的香气在热、冷时差别很大,一般情况下热时香气高,区别比较明显,但冷时闻香,可以闻其特殊的香气和香气的持久性。每次闻香不能过久,否则容易嗅觉迟钝。茶叶香气的评审主要区别香气的强弱、持续时间的长短以及是否纯正、有无异味等。

2. 汤色评审

评审汤色应在茶叶沏泡后及时进行,因为茶汤冷却后,不仅色泽转深,而且还会出现"冷浑浊"。汤色清亮、纯净的是好茶;汤色灰暗、浑浊的是次茶。绿茶的汤色以碧绿清澈者为优;红茶的汤色以红艳明亮为优;乌龙茶以橙黄或金黄明亮者为优;花茶以浅黄明亮者为优;紧压茶的汤色因原料茶不同而有所区别,以明亮浓者为优。

3. 滋味评审

茶叶的滋味是由多种成分形成的,其中最主要的是茶单宁和咖啡碱,氨基酸和糖分也起着一定作用。另外,茶叶的香气也与滋味密切相关。品尝茶汤的滋味,不要直接咽下,要用舌头在口腔内打转 2 ~ 3 次后,再吐出来。质量好的茶叶,其滋味入口后稍有苦涩之感,但很快就有回甜清爽的感觉。

4. 叶底评审

从茶叶叶底的色泽和嫩度,可以反映鲜叶原料的老嫩。叶底的色泽还与汤色有密切关系,叶底色泽鲜亮与浑暗,往往和汤色的明亮和混浊是一致的。茶叶叶底柔软者说明鲜叶比较细嫩,叶底比较硬说明鲜叶比较粗老。

红茶叶底以鲜红明亮者为优;绿茶以淡黄色为正常的色泽;乌龙茶的叶底应绿叶红镶边,其叶脉和叶缘部分为红色,其余部分为绿色;花茶的叶底与绿茶类似,以黄绿均匀者为优;紧压茶的叶底虽因原料不同,色泽有所区别,但以柔软鲜明者为优。

复习题

1. 酒是如何分类的?
2. 简述红茶、绿茶、乌龙茶的特征及其代表品种。

本章小结

本章主要介绍了食品的分类、营养成分及食品卫生的基本知识,此外,还介绍了两类典型食品——酒类、茶叶类食品的相关知识。

第十三章

纺织类商品

学习目的与要求

本章主要介绍了服装材料及服装商品的基本知识,要求学生知道纺织纤维的类别和性质;了解服装面料和辅料的种类;掌握服装的质量要求及鉴别方法;能够运用所学知识和方法鉴别服装质量,同时了解服装的选购与熨烫常识。

关键词

纺织纤维　服装面料　服装辅料　服装质量鉴别　服装吊牌

建议3课时

导入案例

帛雅纺织品一款艾帛春秋被抽检不合格

上海市质量技术监督局对上海帛雅纺织品有限公司生产的一款艾帛春秋被进行抽检,其抽检结果为不合格。

上海市质量技术监督局对该市生产和销售的床上用品产品质量进行专项监督抽查。结果显示,由上海帛雅纺织品有限公司生产的一款规格型号为200厘米×230厘米,条码:6945009800203的艾帛被子(柔软春秋被)不符合相关标准的规定,主要不合格项目为pH值、纤维含量。据悉,pH值不合格,就会破坏人体皮肤表面弱酸性环境,并使皮肤容易受到病菌的侵害;纤维含量不合格表现为实测结果与标注的不相符,影响使用。

资料来源:亲贝网,2012-08-03。

第一节　服装材料

一、纺织纤维的分类和性质

纤维是一类直径为几微米到几十微米,而长度比其直径大千百倍的细长柔韧物体。纤维的种类很多,并不是所有的纤维都能用来纺纱织布的,通常把用来制造纺织品的纤维称为纺织纤维。纺织纤维的种类繁多,习惯上分为天然纤维和化学纤维两大类。

(一)天然纤维类

1. 棉

棉是天然植物纤维。其织物具有吸湿透气、柔软舒适等特点,常用于内衣、童装和休闲服装等。全棉服装易皱、易缩水,不够挺括。为改善其性能,全棉面料通常采用后整理工艺,使服装具有抗皱、防缩等性能。

2. 亚麻

亚麻是天然植物纤维。其织物具有吸湿、透气、导热性好,且挺括、不易贴身等特点,多用于夏装面料。未经特殊处理的麻面料较为粗糙,穿着有刺痒感,所以麻制服装大多要经过水洗、柔软整理等处理,使面料柔软舒适。

3. 真丝

真丝是天然动物蛋白质纤维,具有光滑柔软,富有光泽的特点。其织物多用于夏装面料,穿着舒适凉爽,轻薄透气,高贵典雅。为避免面料褪色和脆化,洗涤后不宜暴晒。

4. 羊毛

羊毛是天然动物蛋白质纤维。其织物具有手感柔软、保暖耐磨、富有弹性、不易褶皱的特点,常用于制作大衣、西装、针织衫等。毛料服装要注意防霉防虫,大衣、西装等宜干洗,羊毛衫宜冷水洗涤,避免用力揉搓,防止羊毛毡缩。常见的毛纤维还有美利奴羊毛、羊仔毛、安哥拉兔毛、马海毛、骆驼毛等。

5. 山羊绒

山羊绒是山羊的细绒毛,属于天然动物蛋白质纤维。亚洲克什米尔地区在历史上曾是山羊绒向欧洲输出的集散地,因此国际上习惯称山羊绒为克什米尔。由于稀少和卓越的触感,羊绒素有纤维女王、软黄金的称谓。羊绒面料具有纤细、轻薄、柔软、滑糯、保暖等特点,常用于高档服装面料。

(二)化学纤维类

1. 人造纤维类

(1)粘胶

粘胶是粘胶纤维的总称。粘胶纤维是以棉或其他天然纤维为原料生产的再生纤维素纤维。分为棉型、毛型和长丝型,俗称人造棉、人造毛和人造丝。

(2)醋酯纤维

醋酯纤维又称醋酸纤维。它是抽取木材中最柔嫩的部分加以溶化制丝后纺织而成的,多用于里布。

(3)天丝

天丝是一种人造纤维素纤维。天丝纤维采用纯天然材料为原料,制造流程符合绿色环保的要求,堪称21世纪的绿色纤维。具有棉的舒适、涤的强度、毛的豪华美感和丝的独特触感及悬垂性能。其织物广泛应用于内衣、牛仔面料、裙料和针织服装等。

(4)莫代尔

莫代尔是一种全新的纤维素纤维。原料采用欧洲的榉木,经打浆、纺丝而成,并且在纤维生产过程中不产生类似粘胶纤维的严重污染环境问题,和天丝纤维一样都是绿色环保纤维,但其价格只是天丝纤维的一半。莫代尔纤维面料的吸湿性能、透气性能都优于纯棉织物。该纤维与棉、涤混纺交织加工整理后的织物,具有丝绸般的光泽,悬垂性好,手感柔软、滑爽,有极好的尺寸稳定性和耐穿性,是制作高档服装、流行时装的首选面料。

(5)竹纤维

竹纤维是我国自行开发研制并产业化的新型再生纤维素纤维,它是从天然的竹子中提取出的一种纤维素纤维,可以在瞬间吸收和蒸发水分,故被专家们誉为“会呼吸的纤维”。用这种纤维纺织成的面料具有吸湿性强、透气性好,有清凉感,有较强的耐磨性和良好的染色性能,同时又具有天然抗菌、抑菌、除螨、防臭和抗紫外线功能。

2. 合成纤维类

(1)聚酯纤维

聚酯纤维又称涤纶,是广泛用于服装面料的一种合成纤维。涤纶面料具有悬垂挺括,滑爽舒适,色彩鲜艳,不易褪色的优点。其缺点是不透气、不吸汗,易产生静电。涤纶服装洗涤保养简单,机洗、手洗均可。遇热易变形,所以熨烫时温度不能过高,中温熨烫。

(2)聚丙烯腈纤维

聚丙烯腈纤维又称压克力,俗称腈纶、人造毛。聚丙烯腈纤维的性能极似羊毛,弹性较好,具有柔软、保暖、强力好的优点,但透气性差。

(3)聚酰胺纤维

聚酰胺纤维又称锦纶,也称尼龙。它是化纤中染色性能最好的,具有防水防风、耐磨的特点,弹性也很好,但耐热和耐光性较差。我们脚上穿的袜子就常用尼龙这种材料。

(4)聚氨酯纤维

聚氨酯纤维又称氨纶。它是一种弹力纤维,弹性好,手感平滑。氨纶用在一般衣服上的比率较小,主要用于为满足舒适性要求,需要可以拉伸的服装。如专业运动服、健身服、游泳衣、胸罩和吊带、牛仔裤、袜子、内衣等。可机洗,耐热性差。

(5)莱卡

莱卡是前杜邦全资子公司——英威达的一个商品名,由于杜邦公司在氨纶领域中的垄断地位,莱卡几乎成了所有氨纶纱的代名词。莱卡纤维的弹性非常好,可自由拉长4~7倍。但它一般不单独使用,可与任何其他人造或天然纤维交织使用。它大大改善了织物的手感、悬垂性及折痕回复能力,提高了各种衣物的舒适感与合身感。莱卡适用范围极广,如泳装、体操服、内衣、定制外套、西服、裙装、裤装、针织衫等。和大多数的氨纶丝不同,莱卡拥有特殊的化学结构,在湿水后处于湿热密封的空间里也不会长霉。目前,只要是采用了莱卡的服装都会挂有一个三角形吊牌,这个吊牌也成为高质量的象征。

(6)丙纶

丙纶(PP)是以聚丙烯为原料制得的合成纤维。丙纶纤维具有强度高、耐磨损、耐腐蚀的特点,可以纯纺或与羊毛、棉或粘纤等混纺混织来制作各种衣料,也可以用于各种针织品如织袜、手套、针织衫、针织裤、洗碗布、蚊帐布、尿不湿等。由丙纶中空纤维制成的絮被,具有质轻、保暖、弹性良好的特点。

(7)金属丝

金属丝又名金银纱,是塑料皮铝线的商标名。添加金属丝的面料具有特殊的金属光泽,是近年来较为流行的新面料。

二、服装面料

(一)服装面料的种类

服装面料就是用来制作服装的材料。作为服装的重要要素之一,面料不仅可以诠释服装的风格和特性,而且直接左右着服装的色彩、造型的表现效果。在服装大世界里,服装的面料种类繁多、日新月异。

1. 棉布

棉布是各类棉纺织品的总称。我们常见的棉布有:

(1)纯棉

纯棉顾名思义是全部以棉花为原料织成,具有保暖、吸湿、耐热、耐碱、卫生等特点,它多用来制作时装、休闲装、内衣和衬衫。其优点是轻松保暖、柔和贴身、吸湿性、透气性甚佳。其缺点是易缩、易皱、易起球,外观上不大挺括美观,在穿着时必须时常熨烫。

(2)精疏棉

精疏棉正确说法是“精梭棉”,简单说就是织得比较好、处理得比较好,而且是纯棉的。这类布料可以最大限度地防止起球。

(3)涤棉

涤棉是混纺。相对于纯棉而言就是涤纶和棉混纺,相对于“精梭棉”来说要容易起球。但是因为有涤的成分,所以面料相对纯棉来说,要软和一点,不容易起皱,但是吸湿性要比纯棉差一些。

(4)水洗棉

水洗棉是以棉布为原料,经过特别处理后使织物表面色调、光泽更加柔和,手感更加柔软,并在轻微的皱度中体现出几分旧料之感。这种衣物穿用、洗涤时,具有不易变形、不褪色、免熨烫的优点。比较好的水洗棉布的表面还有一层均匀的毛绒,风格独特。

(5)冰棉

冰棉,通俗点说就是在棉布上又加了个涂层。冰棉以薄、透气、凉爽等特点对抗夏日,颜色以单一色调为主,有白、军绿、浅粉、浅褐等。冰棉有透气、凉爽的特点,手感光滑柔软,有凉凉的感觉,表面有自然褶皱,穿在身上薄而不透。适合女士制作连衣裙、七分裤、衬衫等,穿起来别有风格,是制作夏日服装的上等面料。

(6)莱卡棉

莱卡棉就是在棉布中加入了莱卡。它不可单独使用,能与任何其他人造或天然纤维交织使用。它不改变织物的外观,是一种看不见的纤维,能极大地改善织物的性能。其非凡的伸展与回复性能令所有织物都大为增色。莱卡棉衣物不但穿起来舒适合体,行动自如,而且独具超强的褶皱复原力,衣物经久而不变形。

(7)网眼棉

网眼棉也是纯棉,只不过织法不同,而且更吸汗且不易变形。

(8)丝光棉

丝光棉选用的棉花原料较为高档,又经过一系列严格的加工程序,其产品可谓棉布中的极品。丝光棉既保留了纯棉柔软舒适、吸湿透气的天然优点,还具有很多独特优势:纱线强力增大,不易断裂;光泽度增加,有丝一般亮度;染色性能提高,色泽鲜亮,不易掉色;纱线断裂深度随张力的增大而减少,即不易拉长而变形。

2. 麻织物

麻织物主要以竺麻、亚麻为原料,或由它们与其他纤维混纺的混纺纱为原料纺织而成。此外,也有全部用化学纤维纺制的仿麻织物。

一般被用来制作休闲装、工作装、女装,目前也多以其制作普通的夏装。其优点是强度极高、吸湿、导热、透气性甚佳,穿着极其有型。其缺点是穿着不甚舒适,外观较为粗糙,生硬。服装面料常见的一般是棉麻混纺。麻棉混纺布一般采用55%麻与45%棉或麻与棉各50%的比例进行混纺。外观上保持了麻织物独特的粗犷挺括风格,又具有棉织物柔软的特性,改善了麻织物不够细洁、易起毛的缺点。棉麻交织布多为棉作经、麻作纬的交织物,质地坚牢爽滑,手感软于纯麻布。麻棉混纺交织物多为轻薄型,适合夏季服装。

3. 毛料

毛料,又称呢绒。是用各类羊毛、羊绒织成的织物或人造毛等纺织成的衣料。常见服装面料有以下几种:

(1)华达呢

华达呢是精纺呢绒的重要品种之一。其风格特点是呢面光洁平整,不起毛,纹路清晰挺直,纱线均匀,手感滑爽,丰满活络,身骨弹性好,结实耐磨。光泽自然柔和,无极光,显得较为庄重。

(2)哔叽

哔叽是精纺呢绒的传统品种。其风格特点是色光柔和,手感丰厚,弹性好,坚固耐穿。

(3)花呢

花呢是精纺呢绒中品种花色最多、组织最丰富的产品。利用各种精梳的彩色纱线、花色捻线、嵌线做经纬纱,并运用平纹、斜纹等组织的变化和组合,能使呢面呈现各种条、格、小提花及颜色隐条效应。如按其重量可分为薄型花呢、中厚型花呢、厚型花呢三种:①薄型花呢的织物重量一般在每平方米280克以下,常用平纹组织织造。手感滑爽又轻薄,弹性好,花型美观大方,颜色艳而不俗,气质高雅。②中厚花呢的织物重量一般在每平方米285~434克,有光面和毛面之分。其特点是呢面光泽自然柔和,色泽丰富,鲜艳纯正,手感光滑丰厚,身骨活络有弹性。适于制作西装、套装。③厚花呢的织物重量一般在每平方米434克以上,有素色厚花呢,也有混色厚花呢等。其特点是质地结实丰厚,身骨弹性好,呢面清晰。适于制作秋、冬季各种长短大衣。

(4)凡立丁

凡立丁又名薄毛呢。其风格特点是呢面经直纬平,色泽鲜艳匀净,光泽自然柔和,手感滑、挺、爽,活络富有弹性,具有抗皱性,纱线均匀,透气性能好。适于制作各类夏季套装等。

(5)板司呢

板司呢是精纺毛织中最具立体效果的职业装面料。其风格特点是呢面光洁平整,织纹清晰,悬垂性好,滑爽有弹性。

(6)其他

精纺毛织品还包括派力司、哈呋呢、马裤呢、麦尔登、法兰绒、大衣呢、女式呢等。

4. 丝绸

丝绸是以蚕丝为原料纺织而成的各种丝织物的统称。与棉布一样,它的品种很多,个性各异。它可被用来制作各种服装,尤其适合用来制作女士服装。

(1)雪纺

服装面料中最常见的就是雪纺了。根据所用原料可分为真丝雪纺、人造雪纺和涤纶丝雪纺等几种。同样是雪纺面料,不同的原料所织成的面料差别是很大的,质地和手感的相差甚远,所以价格差别也非常的大。雪纺面料质地柔软、轻薄透明,手感滑爽富有弹性,外观清淡爽洁,具有良好的透气性和悬垂性,穿在身上舒适感很强,非常的飘逸。差点的雪纺面料手感僵硬,贴在皮肤上不是很舒适。

(2)塔夫绸

塔夫绸又称塔夫绢,是一种以平纹组织织制的高档丝织品。经纱采用复捻熟丝,纬丝采用并合单捻熟丝,以平纹组织为地,织品密度大,是绸类织品中最紧密的一个品种。塔夫绸的特点是绸面细洁光滑、平挺美观、光泽好,织品紧密、手感硬挺,但折皱后易产生永久性折痕。因此不宜折叠和重压,常用卷筒式包装。塔夫绸是女士礼服的上品,欧美和许多地区妇女都很喜欢。但塔夫绸生产工艺复杂,产量不多,只能有限供应,这样更显得其名贵难得了。

5. *皮革*

皮革是动物的毛皮经鞣制去毛处理后制得,具有一定的柔韧性和透气性,且不易腐烂,具有耐水性。

(1)皮革的种类

皮革的种类很多,按原皮种类可分为牛皮革、猪皮革、羊皮革、马皮革等;按整饰加工可分为正面革、绒面革、修面革、多脂革等;按皮革用途分为鞋面革、服装革、箱包革、沙发革、皮带革、工业革等。

(2)皮革的性能特点

皮革有以下优点:①具有良好的耐热性和耐寒性。皮革制品一般在热水中的收缩度都在60℃以上,有些革甚至在沸水中也不收缩,通常热至120℃~160℃时也不变形;在冰雪寒冷的冬天,甚至在-50℃~-60℃时,仍保持一定的柔软性和坚固性。②具有较高的机械强度。其耐磨强度、抗张强度、拉伸强度和耐折度等在一定程度上都强于其他材料。③由于皮革属于多孔性的变性物质,因此具有保温性、透气性、透湿性和卫生性。④皮革具有很好的着色能力,因此它具有鲜艳的颜色和很好的光泽。

皮革的主要缺点是耐水性差。因为皮革里填充着可溶性物质。当这些可溶性物质遇到水,就会被水溶出来,这样皮革就会变得疏松而不耐磨,也容易破裂。此外,皮革的耐酸碱能力较差。由于皮革的原料主要来源于动物皮,所以价格也较贵。

6. 裘皮

(1)天然裘皮

天然裘皮是从动物体上剥下的经过鞣制处理的毛皮。天然裘皮因其具有质量轻、手感柔软、吸湿透气、坚实耐用和保暖性极佳等优点,成为理想的冬季防寒服装材料。它既可做面料,又可做里料和絮料。另外,各种动物的皮张都具有美丽自然的花纹和高贵华丽的色泽。出于环保,现用天然裘皮多取自人工养殖的野生动物。

(2)人造毛皮

人造毛皮是用纺织工艺加工而成的一种在外观性能上与天然裘皮相似的裘皮替代品。随着环保意识的增强,穿用人造裘皮也已成为一种时尚。何况人造皮毛仿制工艺也越来越先进,已近乎于以假乱真的境地。人造皮毛具有原料来源丰富、易加工、成本低、品种多、易保管等一系列优点,故其消费群体渐趋扩大。人造毛皮按毛绒原料构成和制成方法的不同又分为不同种类,其质量主要由毛绒的整齐、均匀、色泽、花纹、弹性等因素决定。

7. 化学纤维

化学纤维简称化纤,是利用高分子化合物为原料制作而成的纤维纺织品。通常分为人工纤维与合成纤维两大门类。其优点是色彩鲜艳、质地柔软、悬垂挺括、滑爽舒适。其缺点是耐磨性、耐热性、吸湿性、透气性较差,遇热容易变形,容易产生静电。虽可用以制作各类服装,但总体档次不高。

8. 混纺

混纺是将天然纤维与化学纤维按照一定的比例混合纺织而成的织物,可用来制作各种服装。它的长处是既吸收了棉、麻、丝、毛和化纤各自的优点,又尽可能地避免了它们各自的缺点,而且在价值上相对较为低廉,所以在市场上大受欢迎。

（二）服装面料的性质

1. 吸湿性

吸湿性是指物体在空气中吸收或放出气态水的能力，具体说就是指服装材料能及时吸收人体皮肤表面排出的汗液和蒸汽，并能通过纤维传到织物的另一面，释放到空气中的能力。吸湿性越好，人体皮肤越干燥，尤其是在闷热的夏季和剧烈运动时，人不会有闷热感。

服装热湿舒适性是指在热湿环境条件下，显著影响人体舒适的服装的综合散热、散湿性能。人体散热的途径主要有传导、对流、辐射和蒸发，但在热环境或运动条件下，人体主要是靠蒸发散热来维持热平衡，它占人体总散热量的75%以上。在人体蒸发散热的同时，必然引起服装与皮肤间微气候区的湿度上升，使人体产生不舒适感。服装作为人体与环境间的防护层，它应能使热量快速散发又不引起衣内微气候湿度过度增加，因此在热湿条件下，服装的综合散热、散湿性能对人体热平衡起着重要作用。

服装材料吸湿性的大小取决于构成服装材料的纤维的结构、纱线的结构、面料的组织和后整理等方面。服装材料中，天然纤维材料的吸湿性比化学纤维材料好；化学纤维材料中，人造纤维材料比合成纤维材料好。近些年来，有些国家又开发出了高吸湿性的纤维织物，超细纤维、改型纤维、异型纤维织物的出现，在一定程度上都增加了织物的吸湿性，从而提高了服装材料的舒适性。

2. 保暖性

服装材料的保暖性是指材料阻止空气通过的能力，也就是阻止材料两面空气的热交换能力。服装材料在一定时候要有适当的保暖性，如冬季（也包括严寒的地区）的服装要有较强的保暖性，以防止人体被冻伤；夏季的服装要求透热性比较好，而春秋季保暖性要适宜，使人感觉既不太冷又不很热。

服装材料的保暖性取决于纤维、纱线的结构，面料的厚度、疏密等，也就是取决于它们所含静止（不能流动的）空气的多少。

3. 透气性

透气性是指气体透过织物的能力。作为服装材料来说要有一定的透气性，因为人体皮肤每时每刻也在进行呼吸，和外界进行气体的交换，每天都有皮屑的脱落、汗脂的排出。从卫生学的角度来说，服装材料要有一定的透气性，有利于面料内外气体的交换，有利于人体皮肤的新陈代谢。当然，作为冬季的服装材料，相对来说透气性要小，这样有利于服装的保暖；夏季的服装材料透气性越大越好，这样有利于人体热量的散发，人体感觉凉爽舒适，但还要有适度的保暖性。

4. 柔软度

柔软度是指服装面料的柔软程度，这主要是指人体皮肤等的触觉舒适性。面料越柔软光滑，人体感觉越舒适。尤其是内衣、睡衣以及其他紧贴肌肤的服装，柔软感是非常重要的。

织物的柔软度与纤维品种、纱线的捻度、织物的组织和后整理等都有关系。棉纤维和丝纤维柔软，其织成物也较柔软；纱线的捻度越小，织物的组织越疏松，织物也就越柔软；经过起毛（绒）整理和柔软整理的织物也都较柔软。这样的织物加工成服装，其舒适性也就较好。

5. 伸缩性

织物受外力作用后被拉伸，去除外力后能够恢复到原状态的能力，称为伸缩性。作为服装用的织物，应该具有一定的伸缩性，这样首先有利于人体的基本活动。对于运动服装来说，因为要从事各种各样的体育运动，人体各部位运动的剧烈程度、活动范围不同，对服装各部位的伸缩要求也不一样，服装材料的弹性要能够满足具体运动项目的要求。

很多女装，尤其是内衣，为了突出女性体型的优美线条，又要使人感觉穿着舒适，较好的伸缩性也是基本的要求，现在的大多数针织物和弹性的机织物都能满足要求。过紧的、缺乏弹性的服装，限制了人体的活动，甚至影响人的正常呼吸，长时间穿着这样的服装，还会使人体骨骼发生变形，对未发育成熟的青少年来说危害更大。

6. 重量

服装面料的重量对人体来说也是比较重要的。如果抛开因裁剪的原因所造成的不舒适因素，那么服装材料重量越大，对人体的压迫感就越强，人体感觉越不舒适。近几年来，新型材料不断出现，新型的面料和保暖材料在提高保暖性的同时，材料的重量也大大降低，使人体着装更为轻便和舒适，人们在从事各种生产生活时，更为方便、灵活和自由。

现代服装发展的趋势是轻、薄、软、挺,可见轻是很重要的。服装材料要在保证轻便的前提下,还要保证其他性能的稳定,如吸湿、保暖、透气等。当然,面料过轻可能会使面料的悬垂感下降,挺括感减弱,所以我们在选择服装材料时要注意。

7. 化学性能

天然纤维对人体的危害很小很小,而化学纤维对人体的影响相对较大。不同的纤维纺成纱线,再织成织物,还需经一定的处理后才能到消费者手里,或加工成各种服装后再到消费者手里。其间要经过的一系列处理,如染色、印花、后整理等,要加入和使用一定的化学物质,这些化学物质中有些对人体有一定的危害性。服装材料要针对不同的人进行有针对性的选择,应尽量选择天然纤维材料,尽量选择不含或较少含化学物质和较少经过化学处理的材料。有时人体排泄出的汗液和染料发生作用,也会对人体皮肤产生一定的影响,而使服装的舒适性降低。

(三)我国服装面料行业的现状

目前,上海、江苏、浙江、广东、山东五省市纺织面料产量占全国的一半以上,在这些东部省市形成了一些规模较大的纺织面料批发交易市场,如浙江湖州的织里棉布城、浙江的中国轻纺城、江苏吴江的中国东方丝绸市场、广东西樵轻纺城等一级批发市场。企业在市场建立销售网点,主要负责将面料批发给周边地区和外省的服装企业、二级批发商和零售商。我国生产的面料技术含量低、质量不稳定,使我国的出口服装特别是中高档服装生产面料自给率不高。服装面料行业存在的问题是设计力量薄弱,开发能力差;技术标准滞后,质量意识差;生产渠道杂乱,管理水平低;环保意识差,交货周期长等。

三、服装辅料

构成服装的元素中,除了面料以外用于服装上的一切材料都称为服装辅料。服装辅料是与面料相依存的配用材料,起衬托、填充、装饰等作用。一件质量上乘的高档服装不仅对面料有较高要求,还要求辅料质量能与之相配。

（一）服装衬料

1. 衬料包括衬布与衬垫两种

衬布主要用于服装衣领、袖口、袋口、裙裤腰、衣边及西装胸部等部位，一般含有热熔胶涂层，通常称为粘合衬。根据底布的不同，粘合衬分为有纺衬与无纺衬。有纺衬底布是梭织或针织布，无纺衬布底布由化学纤维压制而成的。粘合衬的品质直接关系到服装成衣质量的优劣，因此，选购粘合衬时不但对外观有要求，还要考察衬布参数性能是否与成衣品质要求相吻合。例如，衬布的热缩率要尽量与面料热缩率一致；要有良好的可缝性和裁剪性；要能在较低温度下与面料牢固地粘合；要避免高温压烫后面料正面渗胶；附着牢固持久，抗老化、抗洗涤能力越强。

衬垫包括上装用的垫肩、胸垫，以及下装用的臀垫等，质地厚实柔软，一般不涂胶。

2. 选择服装衬料的注意事项

(1)衬料应与服装面料的性能相匹配。包括衬料的颜色、单位重量、厚度、悬垂等方面。如法兰绒等厚重面料应使用厚衬料，而丝织物等薄面料则用轻柔的丝绸衬，针织面料则使用有弹性的针织衬布，淡色面料的垫料色泽不宜深，涤纶面料不宜用棉类衬等。

(2)衬料应与服装不同部位的功能相匹配。硬挺的衬料多用于领部与腰部等部位，外衣的胸衬则使用较厚的衬料；手感平挺的衬料一般用于裙裤的腰部以及服装的袖口；硬挺且富有弹性的衬料应该用于工整挺括的造型。

(3)衬料应与服装的使用寿命相匹配。须水洗的服装则应选择耐水洗衬料，并考虑衬料的洗涤与熨烫尺寸的稳定性；衬垫材料，如垫肩则要考虑保形能力，确保在一定的使用时间内不变形。

(4)衬料应与制衣生产的设备相匹配。专业和配套的加工设备，能充分发挥衬垫材料辅助造型的特性。因此，选购材料时，结合加工设备的工作参数，有针对性地进行选择，能起到事半功倍的效果。

（二）服装里料

服装里料是服装最里层的材料，通常称为里子、里布或夹里，是用来部分或全部覆盖服装面料或衬料的材料。

里料是用于服装夹里的材料，主要有棉织物、再生纤维织物、合成纤维织物、涤棉混纺织物、涤纶塔夫绸、醋酯纤维与粘胶纤维混纺织物、丝织物及人造丝织物。里料的主要测试指标为缩水率与色牢度，对于含绒类填充材料的服装产品，其里料应选用细密或涂层的面料以防脱绒。选择服装里料时应注意：

(1)里料的性能应与面料的性能相适应。这里的性能是指缩水率、耐热性能、耐洗涤、强力以及厚薄、重量等等，不同的里料有不同的性能特点。

(2)里料的颜色应与面料相协调，一般情况下，里料的颜色不应深于面料。

(3)里料应光滑、耐用、防起毛起球，并有良好的色牢度。

（三）服装填料

服装填料指服装面料与里料之间的填充材料，主要用于冬季服装的防寒保暖，也有防辐射、降温、卫生保健等功能。用于保暖的填料有棉絮、丝绵、化纤絮、羽绒、驼绒等絮类填料，絮类填料是指未经过纺织的散状纤维和羽绒等絮片状材料，没有一定的形状，使用要有夹里，并且要求面里料有一定的防穿透性能；毛皮、人造毛皮等材料填料；用于发挥一些特殊功能的防护型新型填料，如防辐射填料、降温填料、导温填料、杀菌除臭填料等。

近年来，冬季服装趋向轻便、薄爽，各种质轻、保暖、易定型的化纤喷胶棉大量使用，这些填料与面料合为一体，用其加工服装，不但工艺简便快捷，而且成型后的服装体积小，外形美观、俏丽。

（四）线带类材料

1. 线类材料

线类材料主要是指缝纫线等线类材料以及各种线绳、线带材料。缝纫线在服装中起到缝合衣片、连接各部件的作用，也可以起到一定的装饰美化作用，无论是明线还是暗线，都是服装整体风格的组成部分。选择服装用线时应注意：

(1)色泽与面料要一致，除装饰线外，应尽量选用相近色，且宜深不宜浅。

(2)缝线缩率应与面料一致，以免缝纫物经过洗涤后缝迹会因缩水过大而使织物起皱；高弹性及针织类面料，应使用弹力线。

(3)缝纫线粗细应与面料厚薄、风格相适宜。

(4)缝线材料应与面料材料特性接近,线的色牢度、弹性、耐热性要与面料相适宜,尤其是成衣染色产品,缝纫线必须与面料纤维成分相同(特殊要求例外)。

2. 带类材料

带类材料主要由装饰性带类、实用性带类和护身性带类组成。装饰性带类又可分为松紧带、螺纹带、帽墙带、人造丝饰带、彩带、滚边带和门襟带等;实用性带类由锦纶搭扣带、裤带、背包带、水壶带等组成;护身性带主要指的是束发圈、护肩、护腰、护膝等。

(五)紧扣类材料

紧扣类材料在服装中主要起连接、组合和装饰的作用,它包括纽扣、拉链、钩、环与尼龙子母搭扣等种类。选择紧扣材料时应遵循以下原则:

(1)应考虑服装的种类,如婴幼儿及童装紧扣材料宜简单、安全,一般采用尼龙拉链或搭扣;男装注重厚重和宽大,女装注重装饰性。

(2)应考虑服装的设计和款式,紧扣材料应讲究流行性,达到装饰与功能的统一。

(3)应考虑服装的用途和功能,如风雨衣、游泳装的紧扣材料要能防水,并且耐用,宜选用塑胶制品。女内衣的紧扣件要小而薄,重量轻而牢固,裤子门襟和裙装后背的拉链一定要自锁。

(4)应考虑服装的保养方式,如常洗服装应少用或不用金属材料。

(5)考虑服装材料,如粗重、起毛的面料应用大号的紧扣材料,松结构的面料不宜用钩和环。

(6)应考虑安放的位置和服装的开启形式,如服装紧扣处无搭门不宜用纽扣。

(六)其他辅料

其他辅料还包括花边、珠边等各种装饰材料;有尺码带、商标、吊牌等标识材料。这些辅料虽在服装整体中所占比例不大,但就其功能来说样样不可或缺。如果这些小字号的辅料在选择、使用上与服装整体不协调,那么会因小失大,功亏一篑。

第二节　服装商品

一、服装的分类及性能特点

服装的种类很多，由于服装的基本形态、品种、用途、制作方法、原材料的不同，各类服装亦表现出不同的风格与特色，变化万千，十分丰富。目前，主要有以下几种分类方法：

（一）根据服装的基本形态分类

依据服装的基本形态与造型结构进行分类，可归纳为体形型、样式型和混合型三种。

1. 体形型

体形型服装是符合人体形状、结构的服装，起源于寒带地区。这类服装的一般穿着形式分为上装与下装两部分。上装与人体胸围、项颈、手臂的形态相适应；下装则符合于腰、臀、腿的形状，以裤型、裙型为主。裁剪缝制较为严谨，注重服装的轮廓造型和主体效果。如西服类多为体形型。

2. 样式型

样式型服装是以宽松、舒展的形式将衣料覆盖在人体上，起源于热带地区的一种服装样式。这种服装不拘泥于人体的形态，较为自由随意，裁剪与缝制工艺以简单的平面效果为主。

3. 混合型

混合型结构的服装是将寒带体形型和热带样式型混合的形式，兼有两者的特点，剪裁采用简单的平面结构，但以人体为中心，基本的形态为长方形，如中国旗袍、日本和服等。

（二）按用途分类

依据服装的用途分为内衣和外衣两大类。内衣紧贴人体，起护体、保暖、整形的作用；外衣则由于穿着场所不同，用途各异，品种类别很多。又可分为社交服、日常服、职业服、运动服、室内服、舞台服等。

（三）按年龄及性别分类

1. 成人服装

有男装、女装和中老年服装之分。一般男装款式、色彩变化不多，注重用料与做工。时下男装的大品种有西服、夹克、衬衫、T恤衫及休闲装。女装款式、色彩、用料丰富且千变万化，流行趋势明显。套装、裙装、休闲装应有尽有，而且各种功能服装现今界线模糊，使各大类的品种更趋丰富。

中老年服装当然也有性别区分。其共同的追求是在款式上趋于饰物减少，以追求庄重；线条变化简单，以适合中老年人在体型上的生理变化；用料趋向于纯天然与高档；色彩趋向于稳重和深沉，少受流行色影响。其整体风格是自然舒适，又得体而不失身份。

2. 儿童服装

儿童服装分婴儿服、幼童服、中童、大童服等。款式、色彩鲜明活泼，用料以纯天然为主流。

3. 青年服装

这是适合特殊年龄群消费者穿着的服装。不把它归为成年组是因为青年人是追求个性、独树一帜的特殊群体。此类消费者对服装流行趋势特别敏感，他们是各种新派前卫服饰的主体消费者。如今国内青年服装市场前景广阔，值得研究的课题很多。青年人既逐潮流而动，又是消费潮流的创造者。青年服装在款式、色彩及用料上均以追求新、奇、异为主流。

二、服装的质量要求及鉴别

（一）　服装的质量标准

服装的质量标准是指服装生产和贸易中检验和评价服装质量是否合格的尺度。

1. 服装质量标准种类

(1)按内容分类

基础标准：一般共性、广泛指导意义的标准。如服装号型系列标准、服装名词术语标准、服装制图符号标准。

方法标准:如男女西装大衣标准、衬衫标准、牛仔装标准等。

产品标准:如粘合衬服装剥离强度测试方法标准等。

(2)按级别分类

国际标准:是指国际标准化组织(ISO)制定的标准。

国家标准:是在全国范围内使用的标准,代号是GB。

专业标准:是指在全国服装工业范围内统一使用的标准,代号是FZ。

企业标准:指没有国家标准、专业标准的产品生产时,由企业或上级有关机构批准执行的标准。

2. 服装质量标准内容

服装质量标准的内容包括:①主题内容和适用范围;②引用标准;③工具;④检验规则;⑤号型规格;⑥技术要求;⑦检验方法;⑧检验;⑨标志、包装、运输、储存等。其中技术要求和检验方法是服装检验的依据和手段,检验后按检验规则进行等级判定。因此,服装质量标准的主要内容是技术要求。

(二)服装质量的检验

这里所说的服装质量检验,是指产品进入市场销售之前,生产企业或订货方根据质量标准或订货合同对服装进行的质量评价。这样的工作须严格按照服装技术标准在特定的环境条件与设备上,按规定的方法与程序完成,从抽样开始,直至评出质量等级。其基本程序及核心内容分述如下:

1. 检验顺序

在很短的时间内,要对服装的质量做出准确评价,就必须遵循科学合理的检验顺序:先上后下,先左后右(或先右后左),从前到后,从面到里。基本操作要求是不漏检,动作不重复、多余,达到既好又快的工作效果。

2. 检验项目

检验项目主要有规格检验、疵点检验、色差检验、缝制质量检验和外观质量检验五项。

(1)规格检验

用卷尺测量成衣各部位的尺寸,对照质量标准来判定是否符合要求。通常测量的方法和部位有:①领大:领子摊平横量,立领量上口,其他领量下口;②衣长:由前身左侧肩缝最高点垂直量至底边;③胸围:扣好纽扣或拉好拉链，将衣服前后身摊平，沿袖窿底缝横量；④袖长：从袖最高点量至袖口边中间；⑤总肩宽：由肩袖缝交叉处横量；⑥裤（裙）长：从腰上口侧缝摊平垂直量到脚口；⑦腰围：扣上裤扣以门襟为中心握持两侧，用软尺测量裤腰的中线尺寸；⑧臀围：从侧缝袋下口处前后身分别横量。

（2）疵点检验

服装成品的疵点可以分为三大类：原料疵点、尺寸偏差及其他。疵点按其对服装质量的影响大小可再分为三大类，即次要疵点、主要疵点和重要疵点。次要疵点可被接受，它们对服装可用性及销售价格等影响不大。主要疵点的存在会影响服装的可用性及售价，必须进行修补或当做次品出售。重要疵点的修补非常困难，甚至不能修补，只能做次品处置。

（3）色差检验

色差规定是对原料的要求，即对衣服面料的要求。根据有关国家标准对色差的规定，服装的上衣领、袋面料、裤侧缝是主要部位，色差高于四级，其他表面部位四级。服装产品的色差检验，其工具是借用"染色牢度褪色样卡"。该样卡是原纺织工业部定的国家标准之一。样卡用五对灰色标样组成，分为五个等级。五代表褪色牢度最好，色差等于零，四级至一级代表褪色相对递增的程度，一级表示最严重。

（4）缝制质量检验

在针距密度中规定明线（包括不见明线的暗线）的针距，每 3 厘米 14 ~ 18 针。面料的品种很多，为保证产品的外观和牢固，不同的面料应选不同的针距。例如，硬质面料的针距一般可以稀一点，质地松软的面料一般针距可以密一点。各缝制部位的线路不准随便弯曲，要符合服装造型的需要；线路要整齐，不重叠，无跳针、抛线，针迹清晰好看，缝制的起止回针要牢固，搭头线的长度要适宜，无漏针、脱线现象，缝线松紧要与面料厚薄、质地相适应。缝制质量中的对称部位要求基本一致。对成衣缝制质量的检查除看针迹外，还应看拼接和夹里。拼接主要看裤腰、下档拼角处拼接是否合理，再看内部如挂面、领里等拼接是否符合要求。对有夹里的衣服应检查夹里的长短和肥瘦，以及里、面是否平伏。

（5）外观质量检验

这一检验项目主要完成从整体上对服装的造型要求做出评判。检验与判断时主要看产品整洁、平伏，折叠端正，左右对称，各部位熨烫平整，无漏烫，无死褶，产品无线头、无纱毛，各部位符合标准要求。线与面料相适应，包括色泽、质地、牢度、缩水率等方面，两者应大致相同，以能保证服装的内在质量与外观质量为准。纽扣的色泽应与面料色泽相称。

由于服装种类广泛，进行不同类型的服装外观质量鉴别评价时，应按各自具体要求进行。

三、服装的选购及熨烫

（一）服装的选购

消费者要想买到称心如意的服装，须具备以下常识：

(1)注意查看产品的使用说明：使用说明（即产品标识）是一种向消费者传达产品性能、质量状况、使用方法等信息的工具，服装产品使用说明由扣在服装上的吊牌和缝在服装产品上的标识组成，要注意查看吊牌上该服装的生产者或销售者的单位及地址。

(2)查看该产品的质量等级状况，当前一般服装产品质量划分为优等品、一等品、合格品；另外，查看标注的产品名称及产品现状。

(3)查看缝在服装产品上的三个标识：①查型号规格是否表达清楚，并与穿着者的体型是否相适应，当然能试穿最好。对于丝绸服装、轻薄型服装，最好选择稍宽松些，以防止使用时缝迹部位爆裂或纱线滑移；对于弹力产品和束身产品服装选择时，要模拟穿着时以不产生压抑感为前提。②查看服装布料（面料、里料、填充料等）采用的材质组成描述是否清晰齐全，因为不同材质的服装有不同的性能、不同的价值，一般做内衣、内裤或贴身穿用的服装材质最好选用纯棉或棉混纺的材质，纯棉产品穿着舒适透气，不宜选购纯化纤之类的内衣产品（如纯涤纶）。③查看服装有无洗涤方法的信息，因为这是指导用好产品的关键，因不同风格、特性的服装在使用、洗涤、维护性处理上是有所区别的，处理得当的话能使服装在较长的时期内保持外观美观并经久耐穿。

(4)消费者还可以通过手摸眼看的方法对服装产品的外观质量进行检查。消费者根据需要、穿着的经验，对需购服装根据所标注的材质、质量等级等性能方面进行验收，查看标注的内容与货品的真实现状是否相符，主要从面料的手感，布面的瑕疵、色差、污渍，缝制、拉链、纽扣的牢固程度进行观察。

（二）服装的熨烫

熨烫是运用温度、湿度、压力和时间等来改变织物密度、形状、式样和结构的工艺过程，也是对服装材料进行预缩、消皱、热塑形和定形的过程。

1. 熨烫的条件

服装熨烫主要受温度、湿度、压力和时间等因素的影响。服装要达到完美的熨烫效果，必须正确控制这些条件。

(1)温度

熨烫温度是影响熨烫效果的主要因素。纤维的状态随温度变化而变化，在低温状态下，纤维分子结构比较稳定，分子链间处于相对稳定的状态；但随着温度的升高，分子链间的相对运动开始变得容易。因此，织物也较易于在外力作用下按外力作用的方向产生变形。这种按工艺要求产生的变形通过冷却固定下来，就达到了熨烫定形的目的。由于各种面料的热学性能差异很大，耐热性不同，它们的最佳熨烫温度也不一样。因此，掌握好各类面料的熨烫温度是整理服装的关键。如果熨烫温度过高，超过面料允许受热温度，面料易烫黄、烫焦、变形，甚至熔化掉；熨烫温度过低，虽不损伤面料，但达不到熨烫效果。

(2)湿度

熨烫过程中的润湿作用十分重要，因为水分子会沿着纤维中的微小空隙进入到纤维内部，使纤维发生膨胀、伸展，变得柔软且易于变形，从而进一步改变纤维特征，给熨烫加工提供变形或定形的条件。但湿度应控制在一定范围内，过湿或过干都不利于服装定形。由于不同面料的吸湿效果不同，因此要根据面料的特征合理掌握。

(3)压力

在熨烫定形中压力也是必不可少的条件。压力可以改变物体的形状和大小，面料也是如此。但纯粹依靠压力想使服装达到定形的效果，就面料性质来说，也是非常困难的，较大的压力和较长的作用时间对于服装工业化生产是不合适的。因此，只有在一定的压力作用下，同时施以一定的温度和适当的湿度，才能发挥其应有的作用，才能使织物按要求来定形。熨烫压力的大小要根据材料、款式、部位而定。如真丝、人造棉、人造毛、灯芯绒、平绒、丝绒等材料，用力不能太重，否则会使纤维倒伏而产生极光。

(4)时间

熨烫操作的时间长短，取决于以上三个基本条件的综合作用。一般情况下，整烫的温度高，熨烫的时间就相对较短，反之，时间相对较长；面料的湿度越大，熨烫的时间就越长；压力大一些，熨烫的时间就会短一些。只有在温度、湿度、压力三个基本条件运用适当的情况下，适当延长熨烫时间，才能使服装达到较好的定形效果。

2. 熨烫的要求

熨烫时熨斗不能在同一部位时间过长，注意移动应有规律，不得盲目乱烫，以免使面料丝缕受损或烫坏衣料；熨烫时应尽量在衣料的反面进行熨烫，如必须在衣料正面熨烫时，应盖上水布，以免表面烫出极光；成品服装应符合人体体型的立体造型，因此塑形时应严格以人体体型为依据，科学地在衣片与人体凸凹部位相对应的位置施以不同的熨烫方法与力度，切不可盲目使用。对于立体部位还可借助某些辅助工具，塑造立体造型；粘烫时，应根据粘合衬种类、性能的不同而采取适当的温度、压力和时间，保证粘合衬与面料之间粘合牢固、平挺。

四、服装吊牌介绍

（一）服装吊牌的内容

服装吊牌即各种服装上吊挂的牌子，包含一些服装材质，洗涤注意事项等信息。从质地上看，吊牌的制作材料大多为纸质，也有塑料的、金属的。另外，近年还出现了用全息防伪材料制成的新型吊牌。再从它的造型上看，则更是多种多样的，有长条形的、对折形的、圆形的、三角形的、插袋式的以及其他特殊造型的。服装吊牌应具备以下八项内容：

1. 制造者的名称和地址

要求必须标明厂名、厂址，且厂名、厂址必须是在工商部门注册的。进口服装可只标明产地，但是还须同时标明代理商在国内注册的名称和地址。

2. 产品名称

要求优先选用国家标准名称，如“男西服”等；如标准无规定的，应选用不会引起误解的名称或俗名，如“休闲裤”等；允许使用“奇特名称”、“商标名称”,但应在同一部位上标注正常名称。

3. 号型

要求按新号型标准标注服装的规格,不允许单独使用现行的“S、M、L、XL”等老号型规格,号型的标注应按人体的号(身高)和型(胸围、腰围)标注;考虑到一些消费者的消费习惯,目前仍允许同时标注新旧号型,但新号型宜在前。例如,男西服上衣,可按以下方式标注:170/88A(M)。

4. 纤维成分和含量

要求使用标准的纤维名称,不得使用俗名、学名、外来语等;如同件服装的不同部分的纤维成分不同,则应分别标注,例如,棉褛的面料、填充料、里料依次为纯羊毛、100%涤纶、100%粘纤,则正确的标注为面料:纯羊毛,填充料:100%涤纶,里料:100%粘纤。

5. 洗涤方法

要求必须标注服装洗涤熨烫的方法,规定应依次标注水洗、氯漂、熨烫、干洗、水洗后的干燥五大项目的操作方法,为消费者提供正确的洗涤指引。洗涤方法应采用标准图形符号表示,可同时加注与图形符号相对应的文字说明。

洗涤五大项目应分别按以下规定标注:①水洗:应表明能否水洗;如能水洗,应标明采用何种水洗方式(小心手洗或洗衣机洗);②氯漂:应标明可否使用含氯漂白剂漂白;③熨烫:应标明能否熨烫;如能熨烫,应标明熨烫的方式(直接熨烫、垫布熨烫、蒸汽熨烫等)和熨烫温度;④干洗:应标明能否干洗;如能干洗,应标明采用干洗剂的类型;⑤水洗后的干燥:应标明水洗后的干燥方式(悬挂晾干、阴干等)。

6. 产品执行标准编号

要求标明服装执行标准的编号,向消费者明示服装的生产和质量遵循的标准。

7. 产品质量等级

要求标明服装按标准规定所属的等级,如优等品、一等品等。

8. 产品质量合格证

要求服装具备合格证,向消费者明示担保产品已经检验合格。其中上述 3、4、5 项，必须使用耐久性的标签，缝制在服装上。

（二）常见的服装洗涤标志（见图 13－1）

图 13－1　一些常见的服装洗涤标志

复习题

1. 服装面料有哪些种类？
2. 如何对服装质量进行检验？

本章小结

本章概述了服装材料和服装商品的分类与特点，分析了服装质量的鉴别方法，同时介绍了服装的选购、熨烫及吊牌的相关知识。

第十四章

洗化类商品

学习目的与要求

本章主要介绍洗涤用品以及化妆品的相关知识。要求学生了解肥皂的原料与性质、合成洗涤剂的组成与性能以及化妆品的品种等基本知识;掌握肥皂的种类、质量要求与养护,合成洗涤剂的分类以及化妆品的种类、特点与质量要求;能够合理选用以及保管化妆品。

关键词

肥皂　合成洗涤剂　日用化妆品

建议 4 课时

导入案例

网购化妆品“二要、二不要”

近年来，网购化妆品逐渐兴起。上海市食品药品监督管理局提醒广大消费者，为保护您自身的健康权益，网购化妆品要做到“二要，二不要”。

“二要”

一是要了解产品是否取得相关证件。所有我国境内的化妆品生产企业均应取得卫生许可证，特殊用途化妆品（指育发、染发、烫发、脱毛、美乳、健美、除臭、祛斑、防晒类化妆品）应取得批准证书，进口化妆品应取得备案凭证。消费者在选购时可以询问商家产品是否有上述各种证件，特殊用途化妆品批文号、进口化妆品备案号所对应的产品信息可到国家食品药品监督管理总局网站（www. sfda. gov. cn）上查询，如编号和产品信息不一致应引起警惕。

二是要留意产品标签信息是否齐全。化妆品包装标签上应当注明产品名称、厂名和生产企业卫生许可证编号，小包装或者说明书上应当注明生产日期和有效使用期限。特殊用途化妆品、进口化妆品还应当分别注明批准文号和备案凭证号。未标示上述信息的，有可能不是合法企业生产或合法途径进口的产品。

“二不要”

一是不要轻信店家虚假夸大的宣传。化妆品是指以涂擦、喷洒或者其他类似的方法，散布于人体表面任何部位（皮肤、毛发、指甲、口唇等），以达到清洁、消除不良气味、护肤、美容和修饰目的的日用化学工业产品。化妆品没有治疗作用，消费者切勿轻信个别网站宣传的所谓“神奇”功效甚至疗效。需要以注射等方式使用的也不属于化妆品范畴。

二是不要到来历不明的网站购买。网购化妆品，建议选择品牌化妆品官网或其授权的网店，或者经工商登记注册、取得电信 ICP 许可的国内大型网站，切勿贪图便宜到无工商登记注册、无电信 ICP 许可的来历不明的网站购买化妆品。

资料来源：中国上海网，2013－04－15。

第一节　洗涤用品

洗涤用品包括的范围广、品种多，在日常经营中主要包括肥皂和合成洗涤剂两大类，是人们清洁卫生的生活必需品。

一、肥皂

肥皂是指油脂与碱经皂化作用制成的高级脂肪酸盐，并辅以各种辅助原料制作而成的产品，它包括洗涤用的洗衣皂、香皂、浴皂等。肥皂一般为块状，其特点是溶解度好，去污力强，有一定硬度，使用方便而且起泡迅速。

（一）肥皂的原料

肥皂的原料主要是油脂、合成脂肪酸和碱。此外，为提高肥皂的综合性能和满足各种使用要求，通常还加入一些辅助原料和填充材料。

油脂是制造肥皂的基本原料，其组成和性质对成皂质量起着直接的决定作用，制皂用的油脂主要为动、植物油脂。合成脂肪酸是以石油为原料，经化学合成的方法制得的脂肪酸。目前主要以石油化工的副产品石蜡为原料制得，在肥皂中用量可达60%，因而可节约大量的天然油脂。随着石油化学工业的发展，合成脂肪酸将成为制皂的主要原料。碱类物质主要有氢氧化钠和氢氧化钾，氢氧化钠是制造固体肥皂的主要原料，用以皂化油脂而生成肥皂，而氢氧化钾的很多性质与氢氧化钠相近，皂化油脂生成的为软皂。

在肥皂的生产中加入辅助原料的目的是提高其特有的性能，比如，加入香料不但可增加芳香气味，诱发人们精神上的愉快和兴奋，而且还具有良好的杀菌消毒功效，其杀菌效力比常用的消毒剂石炭酸要强得多；加入色料可以装饰肥皂的颜色，增加美感；药料主要是在药皂中作为消毒剂和防腐剂，但必须要适量；松香是由松脂蒸馏去松节油而得的不饱和化合物，主要成分为松香酸和松脂酸酐，在肥皂内可以增加肥皂的泡沫，提高溶解度，并有防止酸败、使皂体组织细腻以及润滑皮肤的作用；硅酸钠又称水玻璃或泡花碱,是洗衣皂的重要助洗剂,能增加肥皂的硬度,减少肥皂的收缩变形,并具有软化硬水、防止肥皂酸败等作用;食盐用在制皂中可以使皂基与水相分离,是一种辅助原料,不构成肥皂成分。

(二)肥皂的性质

1. 结晶性

纯净的无水肥皂为白色晶体,含水肥皂随着条件的不同而变化,因水分蒸发而产生白色的纤维状结晶。在保管过程中产生这种现象较普遍,储存时间越长、越干燥,结晶越显著。而这对肥皂的内在质量并无影响,不应视为变质现象。

2. 表面活性

肥皂溶于水后,可以降低水表面张力的性质,称为肥皂的表面活性。肥皂具有表面活性,是因为皂体分子由易溶于水的亲水基和不易溶于水的疏水基的两性结构组成。亲水基一端易被水分子吸附,疏水基一端则受到水分子的排斥而亲向不溶于水的物体,从而使肥皂分子具有吸附、润湿、渗透、乳化等性能。这些性能改变了水的表面张力,经过搓洗、震荡,使衣物上的油腻和污垢同表面活性剂混合溶解于水,从而达到去污的作用。

3. 润湿性

润湿性是指肥皂能使水与不溶性物体相吸附,并扩散、渗透到固体物之间及固体物内部的性质。它有助于污垢被卷离织物和污垢颗粒被分散,从而提高去垢能力。

4. 泡沫性

肥皂溶于水后,经搅动能产生大量泡沫,且消失缓慢,这种性质称为泡沫性或起泡性。泡沫的生成有助于增大皂液的表面活性面积,并将污垢带起,对肥皂的去垢性能有一定的促进作用。

5. 吸湿性

肥皂在潮湿环境中有吸收水分的能力,称为肥皂的吸湿性。肥皂吸湿时,随着含水量的增加,当达到一定程度则溶解成胶状物。肥皂的吸湿性是由于分子中亲水基的存在而引起的,分子的碳链越短、双键越多,其亲水性越强,则吸湿性越高,溶解性越大。

6. 乳化性和悬浊化性

乳化性是指肥皂能使水与不溶于水的物体相混合，变为乳状液的性质。悬浊化性是皂液能使不溶于水的固体颗粒在水中形成悬浊液的性质。肥皂的乳化、悬浊化性是肥皂的表面活性、润湿性、吸附性等综合作用的结果。

（三）肥皂的种类

1. 洗衣皂

洗衣皂即普通肥皂，是专指用于洗衣物的块状肥皂。这类肥皂销售量最多，大都是用硬化油、猪油、牛羊油及其他动植物油、氢氧化钠和辅助材料制成的，并含有适量的松香，以增强泡沫的稳定性。

洗衣皂的颜色和气味，因所用原料不同而异，一般多呈浅黄色。优质洗衣皂组织紧密，略呈半透明状，并有清香味；中低级别的洗衣皂多呈暗黄色、棕褐色和灰色，水分较多，干后有收缩性；低劣的洗衣皂甚至变形或带有不良气味。

2. 透明皂

透明皂具有碱性小、溶解度大、泡沫多等特点，可用于洗涤丝、毛织物及合成纤维织物，目前市场上的使用量越来越多。它的缺点是溶解性大，不耐用。

3. 香皂

香皂的主要成分的高级脂肪酸盐，组织紧密，在去污功能的基础上，引进了护肤保健功能的成分，具有杀菌抑菌成分、美白成分、保湿成分等。主要用来洗手、洗脸、沐浴，还可以调节组成使之适合于干性、中性、油性皮肤的需要，用后有芳香味及清爽舒畅的感觉。

4. 浴皂

浴皂用于洗澡，所用原料和制法与香皂基本相同，只是加入了硼酸等化学药品作为消毒剂，专供洗浴所用，有保护皮肤的作用。

5. 药皂

药皂其原料和制造与洗衣皂基本相同，只是其中加入三溴水扬酰苯胺等药料作为消毒杀菌剂，适用于医院消毒洗涤用。

（四）肥皂的质量要求与养护

1. 肥皂的质量要求

判断肥皂的质量要依据以下两种质量指标：

(1)肥皂的感官质量指标

从外观上看，洗衣皂应硬度适中、不发黏，不分离，不开裂；香皂应为干硬，细腻均匀，无裂纹、气泡、斑点、剥离、冒汗等现象。从色泽上看，洗衣皂颜色均匀洁净；香皂色泽均匀而相对稳定。从形状上看，洗衣皂形状端正、收缩均匀，不得有歪斜、变形、缺边、缺角等现象；香皂可以压成各种形状，同样不得有歪斜、缺裂或字迹模糊等现象。从气味上讲，洗衣皂无不良气味；而香皂应具有各种天然或合成香料配成一定类型的持久香味。

(2)肥皂的理化质量指标

肥皂的理化质量指标主要包括总脂肪酸含量、游离碱的比率、脂肪酸凝固点、开裂级数等指标。不同品种的肥皂在这些指标上有不同的要求。

2. 肥皂的养护

(1)包装

洗衣皂一般不加内包装，高级洗衣皂多用塑料纸包装，并在箱内衬以防潮纸直接装箱。香皂都必须使用内包装纸或纸盒，包装纸和纸盒用纸应紧密，并有适当的防水性，以防止受潮和香气扩散，并保护和美化香皂的外形。肥皂的包装规格，国家没有做统一规定，由生产企业自行制定。常见的洗衣皂主要有250克、270克和300克；香皂有70克、80克、90克、100克、120克、140克和150克。

(2)保管养护

肥皂在保管中，应注意防潮、防热、防冻、防压。肥皂受潮、受热会使皂体潮解、软化、酸败，受冻会造成冻裂，受压易造成皂体变形或破碎。保管肥皂的仓库应注意通风，库内温度以0℃～35℃为宜；库内相对湿度应保持在60%～80%。堆存时，应垫高地面20厘米以上，每垛间隔20厘米，堆码不宜过高。洗衣皂保质期为15个月，香皂保质期一般不超过一年。

二、合成洗涤剂

合成洗涤剂是以合成表面活性剂为主要成分，并加入助洗剂和其他辅助材料而制成的一种洗涤用品。合成洗涤剂具有良好的去垢性和耐硬水性;不受水温限制,节省时间,用途广泛;且人工合成制品有利于保护自然资源。

(一)合成洗涤剂的组成

合成洗涤剂是由合成洗涤活性物和助洗剂两部分组成,它是以合成洗涤活性物为主体,配以其他助洗材料制成的,具有去垢洗涤能力的混合物。

1. 合成洗涤活性物

根据合成洗涤活性物在水溶液中离解出来的表面活性离子电荷不同,分为阴离子型、阳离子型、非离子型和两性离子型四类。

(1)阴离子型:这类洗涤活性物在水溶液中离解出的阴离子具有表面活性,所以称为阴离子型。它是洗涤剂用活性物的主要品类,常用的主要有烷基磺酸钠、烷基苯磺酸钠、脂肪醇硫酸钠、仲烷基硫酸钠等。

(2)阳离子型:这类洗涤活性物在水溶液中离解出的阳离子具有表面活性,主要有铵盐、季铵盐等。阳离子型的洗涤剂只有在织物纤维带有正电荷的情况下,才能充分发挥其作用,因而多用于丝、毛的洗涤。

(3)非离子型:这类洗涤活性物在水溶液中不离解成离子,而是以分子或胶束状在溶液中具有表面活性,常见的有脂肪醇聚氧乙烯醚、烷基酚聚氧乙烯醚等。

(4)两性离子型:这类洗涤活性物在水溶液中同时带有正、负两种电荷的表面活性离子;在酸性溶液中呈阳离子型,在碱性溶液中呈阴离子型。这类洗涤剂,主要用于工业洗净、抗静电、杀菌等方面,而在洗涤织物方面应用较少。

2. 助洗剂及其他辅助剂

为了提高和改进合成洗涤剂的性能,常加入各种各样的助洗剂和辅助剂以产生协同效应。适当地加入助剂和辅助原料,可以改善洗涤剂的去垢力、乳化性、泡沫性和表面活性,发挥各种组分互相协调、相互补偿的作用,使产品的综合洗涤性能更为完美,并能降低成本。常用的助剂有羧甲基纤维素、荧光增白剂、酶制剂、香料、色素等。

(二)合成洗涤剂的性能

合成洗涤剂是一种去污能力强的洗涤用品,它的主要去污性能则是由其主要成分活性物的基本特性所决定。这些特性表现为湿润、分散、乳化、增溶、泡沫等作用。

1. 润湿作用

液体在固体表面,除使表面湿润,还能渗入到固体的微细孔道中,这种现象称为润湿作用。合成洗涤剂就具有这种作用。当水中加入少量洗涤剂后,洗涤剂分子可以吸附在水的表面,使水的表面张力大大降低,水就容易吸附、扩散到衣物表面上,并渗透到纤维的微细孔道中,这样衣物就容易被润湿,从而为清洗出衣物上的污垢创造重要条件。

2. 分散作用

一些不溶性固体污粒在水中不易溶解,当加入洗涤剂后,洗涤剂活性分子就能使固体粒子聚集体分割成极细的微粒,完全分散悬浮在水中,这就是合成洗涤剂的分散作用。分散作用也有利于衣物污垢的清洗。

3. 乳化作用

合成洗涤剂分子能将浸于水中衣物上的油污分散成极细的液滴而悬浮于水中,这就是合成洗涤剂的乳化作用。洗涤剂能去油污,与它的乳化作用分不开。

4. 增溶作用

洗涤剂溶于水后,能使一些不溶于水的油类物质或固态物质在溶剂中的溶解度增大,这种性质称为洗涤剂的增溶作用。

5. 泡沫作用

合成洗涤剂也有发泡作用,由于它的润湿、分散、乳化等作用,使衣物上的污垢分散于水中,被泡沫黏附,最后被水冲走,进而达到去污的目的。

(三)合成洗涤剂的分类

合成洗涤剂主要按产品的外观形态和用途分类。

1. 按产品外观

按产品外观形态分为固体洗涤剂和液体洗涤剂。固体洗涤剂产量最大,习惯上称为洗衣粉,包括细粉状、颗粒状和空心颗粒状等,也有制成块状的;液体洗涤剂近年发展较快。还有介于二者之间的膏状洗涤剂,也称洗衣膏。

2. 按产品用途

按产品用途分为民用洗涤剂和工业用洗涤剂。民用洗涤剂是指家庭日常生活中所用的洗涤剂,如洗涤衣物、盥洗人体及厨房用洗涤剂等;工业用洗涤剂则主要是指工业生产中所用的洗涤剂,如纺织工业用洗涤剂和机械工业用的清洗剂等。

此外,还可按表面活性剂被微生物降解程度分为硬性洗涤剂和软性洗涤剂;按泡沫高低分为高泡型、抑泡型、低泡型和无泡型洗涤剂;按表面活性剂种类多少分为单一型洗涤剂和复配型洗涤剂。

(四)合成洗涤剂的质量要求与养护

1. 合成洗涤剂的质量要求

(1)合成洗涤剂的感官品质指标

优质的洗涤剂应色泽均匀,无异味,受一般外界因素影响应无变质情况。液态洗涤剂则要考虑其透明度、稠度、保存性等;固体洗衣粉颗粒的直径应在0.5~0.8毫米,颗粒均匀,流动性好,没有受潮结块现象。

(2)合成洗涤剂的理化质量指标

表面活性剂的含量以百分比表示,其含量高低涉及洗涤剂类型和去污力大小,不皂化物含量越小越好。丝毛型合成洗涤剂应呈中性,棉麻型合成洗涤剂则呈碱性,但小于或等于10.5。去污力、生物降解率越大越好。对人体无害,对皮肤刺激性小等。

2. 合成洗涤剂的养护

(1)洗衣粉是合成洗涤剂的主要大类,一般用塑料袋或塑料盒包装,一旦包装不严或破损,将会发生吸潮结块现象,从而影响使用。洗衣粉在运输、保管时,应防摔碰,防雨淋受潮;仓库应通风干燥,相对湿度不得超过85%,温度不宜超过30℃;堆存时不得与含水量大的商品同库放置,堆底要用木板垫离地面20厘米以上,四周离墙50厘米以上为宜。

(2)液体洗涤剂是用瓶装的,运输、保管时应轻装轻放,勿倒置,并要注意防冻、防热、防压。

(3)浆状洗涤剂的稳定性与洗涤剂的组成、稠度、外界温度、受力情况有关。温度过高洗涤剂易分层,温度低时无机盐易析出,受压时会有水渗出,因而运输、保管时要注意防热、防冻、防压。

合成洗涤剂无论其形态如何，长时间存放都会不同程度降低其去垢能力，因而在保管时，都应遵循先进先出的原则。

（五）常见合成洗涤剂

1. 普通洗衣粉

普通洗衣粉是由以阴离子和非离子表面活性剂为主要成分与各种助洗剂配制而成的产品。我国洗衣粉的碱性较强，适合于棉、麻、人造丝及合成纤维织物的洗涤，对羊毛、丝绸等织物则不宜。

2. 加酶洗衣粉

洗涤剂中加入酶制剂可以大大提高去污效果。加入的酶制剂有蛋白酶、淀粉酶、脂肪酶和纤维素酶等。蛋白酶的主要作用是分解蛋白质污垢，如血渍、肉渍、牛奶和咖啡等，将污垢分解为水溶性的氨基酸；淀粉酶将淀粉污垢分解为水溶性糊精；脂肪酶分解油脂污垢为脂肪酸和甘油；纤维素酶能浸入棉纤维中，能使封闭在纤维素内的污垢从纤维中除去。

3. 丝毛洗涤剂

丝毛等含氮纤维适宜用中性或弱酸性洗涤剂清洗，偏碱性则易损伤纤维。在对丝绸进行洗涤时，不能加碱性助剂；羊毛织物洗涤剂中只使用非离子表面活性剂，同时加入阳离子表面活性剂，使羊毛织物在清洗的同时获得柔软的手感。

4. 沐浴用品

沐浴用品为沐浴时的洗涤剂，清洁皮肤，使皮肤舒爽。它的主要成分是表面活性剂，一般选用对皮肤温和、去污力适中、泡沫丰富的表面活性剂。沐浴用品外观有液状、膏状和凝胶状三种。针对油性、干性及中性皮肤有多种专用的沐浴液。

5. 水果、蔬菜清洗剂

水果和蔬菜所带有的污垢是泥土、农药残留物、昆虫和细菌等。要求清洗剂去污好，本身无毒、安全。经过清洗剂洗涤的水果和蔬菜，可使90%的虫卵和细菌被洗掉。

此外，常见的合成洗涤剂还有浓缩洗衣粉、衣领洗涤液、织物柔顺剂、餐具洗涤剂、玻璃清洗剂、厕所清洗剂等。

第二节　化妆品

化妆品是以涂抹、喷洒或揉擦等不同方式涂在人体面部、皮肤表面以及毛发等处，起到清洁、保养、美化或消除不良气味作用的一种产品。它有令人愉快的香气，能充分表现人体的美，给人以容貌整洁、讲究卫生的好感，有利于人们的身心健康。

一、化妆品的性能

1. 净化功能

清洁型化妆品可以去除面部、皮肤以及毛发脏污物质。

2. 保护功能

化妆品可以保护面部、皮肤以及毛发的柔软光滑，抵御风寒、日晒。

3. 营养功能

含有营养物质的化妆品可以增加皮肤组织活动力，保持角质层含水量，促进毛发生机。

4. 治疗功能

含有药物的化妆品可以促进皮、毛的新陈代谢，对某些影响美容的皮肤缺陷有改进作用。

5. 美化功能

化妆品都有令人愉快的芳香气味，能修饰人体，给人以容貌整洁、卫生的好感，并有益于身体健康。

二、化妆品的品种和特点

化妆品按照其应用范围可分为：

1. 护肤(发)性化妆品

护肤(发)化妆品具有比较强的渗透性，容易被皮肤吸收，从而滋润保护皮肤,使皮肤富有弹性。留在皮肤表面的一层脂肪性薄膜,可以防止皮肤水分过量挥发,抑制皮肤的粗糙皲裂。防晒性化妆品还能防止紫外线对皮肤的直接伤害,抑制黑色素形成。护发性化妆品除能使头发光亮油润而不脆断外,还具有使头发蓬松飘逸和保护发型优美等作用。根据其化学组成,这类化妆品又分为两类:

(1)油基性护肤(发)品

主要有冷霜、香脂、美容霜、柠檬霜、润面油、防裂膏、凡士林及发乳、发蜡、发油等化妆品。由于油脂含量高,搽后皮肤或头发油润而光洁,宜于秋冬季使用,适用于干性皮肤和中老人。

(2)水基性护肤(发)品

主要有雪花膏、奶液、香粉蜜、柠檬蜜、粉底霜、润肤霜、面友、美容水等。因含水量高,搽用后水分蒸发,皮肤表面留有极薄的脂肪物,滋润而不黏腻,适宜春夏季使用,尤其适于干性皮肤和青年人。

2. 营养性化妆品

营养性化妆品含有易于被皮肤吸收的氨基酸、维生素等多种营养成分。除具有保护皮肤作用外,还可以提供营养素和酸性物质,能促进皮肤细胞的分裂,保持旺盛的新陈代谢,延缓皮肤衰老,使皮肤洁白细嫩、富有弹性。主要有人参霜、珍珠霜、蜂皇霜、营养面膜、胚胎盘霜等。

3. 清洁性化妆品

清洁性化妆品具有表面活性,易于清除皮肤表面及毛发上的分泌物和污垢,促进皮肤新陈代谢和皮肤膜的更新,维护毛发的正常生长。用后易冲洗,且对皮肤的刺激极弱。主要有清洁霜、清洁水、洗面奶、洗发膏、洗发香波、沐浴露等。

4. 美容性化妆品

这类化妆品主要利用其遮盖力、染色力而修饰人的五官和面部;利用其杀菌抑臭作用而增加人体的芳香气味;利用它促进人体脂肪的分解和合成,从而美化人的面形和体形。主要有香水、粉饼、香粉纸、胭脂、唇膏、睫毛油、眼影膏、眼线膏、指甲油、亮甲油、去光液、眉笔等。

5. 药用、卫生类化妆品

这类用品是在一般化妆品的基质中,加入一定量的能治疗皮肤病和增进皮肤美感的药物而制成的。它具有保护皮肤、治疗皮肤病和增进皮肤美感的多重作用。通过皮肤对药物的吸收及药剂的渗透作用，调节皮肤的生理机能，抑制过多体液分泌，达到治疗和护肤美容的目的。主要有防皱霜、祛斑霜、粉刺霜、爽身粉、痱子粉、止痒水、除狐臭剂、剃须膏等。

三、化妆品的质量要求

化妆品的包装应整洁、美观、封口严密，没有泄漏；商标、装饰图案、文字说明等应清晰、美观、色泽典雅、配色协调；使用说明书中应写明商标、品名、生产许可证编号、产品用途、生产日期、保质期、厂家厂址、容量或重量、香型、主要原料、使用方法、使用注意事项及安全警告、产品储存条件及方法等。

从色泽上讲，无色固状、粉状、膏状、乳状化妆品应洁白有光泽，液状应清澈透明，有色化妆品应色泽均匀一致，无杂色。

从组织状态上讲，固状化妆品应软硬适宜；粉状化妆品应粉质细腻；膏状、乳状化妆品应稠度适当、质地细腻；液状化妆品应清澈、均匀，无颗粒杂质。

从气味上讲，化妆品必须具有芬芳的香气，香味可根据不同的化妆品选用不同的香型，但必须持久，没有强烈的刺激性。

从安全卫生性上讲，要求外观良好，没有异臭，对皮肤没有刺激和损伤，无感染性，使用安全等。

化妆品的微生物学质量应符合下列规定：所有化妆品中，不得检出大肠菌落、绿脓杆菌和金黄色葡萄球菌；化妆品中霉菌和酵母菌总数不得大于100 个/克或 100 个/克；眼部、口唇化妆品以及婴儿和儿童用化妆品，菌落总数不得大于 500 个/毫升或 500 个/克；其他化妆品菌落总数不得大于 1000 个/毫升或 1000 个/克。

四、化妆品的选用与保管

（一）化妆品的选用

化妆品的选用有不同标准。

(1)根据各自皮肤、发质选用。皮肤的性质可分为油性、中性、干性、混合性四类,选用护肤性化妆品应根据自己的皮肤性质来确定。如干性皮肤者就应选用油质性护肤品,油性皮肤者应选用水质性护肤品。发用类化妆品也应根据自己的发质来确定。

(2)不同季节、不同时间应选用不同的化妆品。一般冬天应选用油包水型化妆品,夏季选用水包油型化妆品;白天用日霜,晚上用晚霜等。

(3)药疗类化妆品根据说明书慎用。药物化妆品对皮肤有一定的疗效作用,但因人体皮肤的吸收功能有限,所以药物化妆品的疗效也有限,属防病型。如果患有面部色素沉着或痤疮等,应及时到医院治疗。

(4)新品牌使用前应试用。当买到一种新品牌化妆品时,不妨自己做一个皮肤试验,用少许化妆品涂在耳根等部位,经 48 小时后,如感到皮肤出现不适,则说明皮肤不适合这种化妆品,不宜使用。

(5)香水类化妆品的使用。选用香水类化妆品时,应注意性别,男性宜选用男用香型,女性应选用女用香型。香水含酒精和香精较多,不宜用于脸部和皮肤破裂处,花露水则可直接涂抹于皮肤。

(6)防晒霜选择应考虑 SPF 值。SPF 值即防晒系数,是指皮肤抵挡紫外线的时间倍数。一般黄种人皮肤平均能抵挡阳光 15 分钟而不被灼伤,那么使用 SPF20 的防紫外线光用品,便有约 300 分钟的防晒时间。SPF 值过高的防晒霜中掺有过多的紫外线吸收剂,会导致一部分人出现过敏反应,因此日常护理、外出购物、逛街等可选用 SPF5 ~ 8 的防晒用品;外出游玩时可选用 SPF10 ~ 15 的防晒用品;游泳时用 SPF20 ~ 30 的防水性防晒用品。

(二)化妆品的保管

化妆品属于易变质、易损耗商品,储存期一般不宜超过一年。保管中要求库房干燥、阴凉、通风,适宜温度为5℃ ~30℃,相对湿度不应超过 80%;搬运中必须轻装轻卸,堆码不宜过高,切勿倒置,远离热源、电源;经常检查有无破损、变质现象,及时采取补救措施。

复习题

1. 肥皂有哪些种类?
2. 简述化妆品的种类及其特点。

本章小结

本章介绍了肥皂、合成洗涤剂、日用化妆品的分类与组成,种类与特点等方面的基本知识。